"十二五"普通高等教育车辆工程专业规划教材

汽车车身结构与设计

QICHE CHESHEN JIEGOU YU SHEJI

曹立波　白忠浩　干年妃　张冠军　主　编

人民交通出版社
China Communications Press

内 容 提 要

本书主要介绍了与车身设计相关的基础知识、典型汽车车身结构、汽车车身主要附件等。在对汽车车身结构的内容组织方面是按照货车、客车和轿车三大类型来划分的,便于系统掌握各车型的典型结构和设计原则。本书为高等院校车辆工程专业的教材,也可作为从事与汽车车身相关工作人员的参考书。

图书在版编目(CIP)数据

汽车车身结构与设计 / 曹立波等主编. —北京:
人民交通出版社,2012.8
 ISBN 978-7-114-09975-5

Ⅰ. ①汽… Ⅱ. ①曹… Ⅲ. ①汽车 – 车体结构 – 高等学校 – 教材②汽车 – 车体 – 设计 – 高等学校 – 教材　Ⅳ.
①U463.82

中国版本图书馆 CIP 数据核字(2012)第 174480 号

"十二五"普通高等教育车辆工程专业规划教材

书　　名:	汽车车身结构与设计
著 作 者:	曹立波　白中浩　干年妃　张冠军
责任编辑:	夏　犇
出版发行:	人民交通出版社股份有限公司
地　　址:	(100011)北京市朝阳区安定门外外馆斜街 3 号
网　　址:	http://www.ccpress.com.cn
销售电话:	(010) 59757973
总 经 销:	人民交通出版社股份有限公司发行部
经　　销:	各地新华书店
印　　刷:	北京市密东印刷有限公司
开　　本:	787×1092　1/16
印　　张:	12
字　　数:	300 千
版　　次:	2012 年 8 月　第 1 版
印　　次:	2019 年 6 月　第 3 次印刷
书　　号:	ISBN 978-7-114-09975-5
定　　价:	24.00 元

(有印刷、装订质量问题的图书由本社负责调换)

"十二五"普通高等教育车辆工程专业规划教材

编委会名单

编委会主任

龚金科(湖南大学)

编委会副主任(按姓名拼音顺序)

陈　南(东南大学)	方锡邦(合肥工业大学)	过学迅(武汉理工大学)
刘晶郁(长安大学)	吴光强(同济大学)	于多年(吉林大学)

编委会委员(按姓名拼音顺序)

蔡红民(长安大学)	陈全世(清华大学)	陈　鑫(吉林大学)
杜爱民(同济大学)	冯崇毅(东南大学)	冯晋祥(山东交通学院)
郭应时(长安大学)	韩英淳(吉林大学)	何耀华(武汉理工大学)
胡　骅(武汉理工大学)	胡兴军(吉林大学)	黄韶炯(中国农业大学)
兰　巍(吉林大学)	宋　慧(武汉科技大学)	谭继锦(合肥工业大学)
王增才(山东大学)	阎　岩(青岛理工大学)	张德鹏(长安大学)
张志沛(长沙理工大学)	钟诗清(武汉理工大学)	周淑渊(泛亚汽车技术中心)

前　言

　　本书主要针对高等院校开设"汽车车身结构与设计"相关课程的需要而编写，旨在介绍汽车车身的典型结构及其特点、汽车车身设计的基本原则、与汽车车身设计相关的一些基本知识等。其中，汽车车身典型结构是按照货车、客车和轿车三大类型来划分的，便于系统归纳各车型的典型结构和设计原则。与汽车车身设计相关的基本知识，主要介绍了汽车车身制图方法、汽车造型和人机工程学的内容，其他相关知识如空气动力学、车身制造工艺、结构强度刚度分析、碰撞安全性分析等由其他课程讲授，本书不再重复。

　　本书是在长期教学和科研工作的基础上编写而成的，注重理论与实际相结合。全书共分九章，前三章介绍了汽车车身设计的基础知识，第四、五、六章介绍了典型车身结构，第七、八、九章介绍车身附件。曹立波编写了第一、五、六章，白中浩编写了第三、四章，干年妃编写了第八、九章，张冠军编写了第二、七章。

　　在本书编写过程中，肖慧青、高海涛、陈杰、龙腾姣、唐彪、程文韬、李礼、卢静、何智成等硕士或博士参与了大量的资料收集整理工作，对他们的辛勤劳动，编者在此表示衷心感谢！同时，本书编写中参考了许多相关书籍和研究论文的内容，在此对其作者一并表示衷心感谢！尽管在编写和校对过程中编者都持以小心谨慎的态度，书中仍然可能存在不当之处，敬请读者不吝赐教。

编　者

2012 年 3 月于长沙

目 录

第一章 概述 ... 1
- 第一节 现代车身设计与制造概述 ... 1
- 第二节 对车身设计的要求 ... 5
- 第三节 车身设计中应注意的问题 ... 6
- 第四节 车身开发流程 ... 7
- 第五节 车身制图方法概述 ... 12

第二章 汽车车身造型 ... 16
- 第一节 汽车造型的特点、要求 ... 16
- 第二节 造型设计的美学原则 ... 24
- 第三节 形态设计 ... 29
- 第四节 色彩设计 ... 37
- 第五节 汽车造型设计过程及评价标准 ... 44

第三章 人—车—环境系统工程基础 ... 47
- 第一节 人体基本特性及人体模型 ... 47
- 第二节 汽车驾驶员眼椭圆 ... 54
- 第三节 汽车驾驶员手伸及界面 ... 61

第四章 货车车身结构设计 ... 65
- 第一节 概述 ... 65
- 第二节 货车车身结构 ... 68
- 第三节 货车车身的总布置设计 ... 81

第五章 客车车身结构及其设计 ... 87
- 第一节 客车车身结构及其分类 ... 87
- 第二节 车身总布置设计 ... 93
- 第三节 车架及车身骨架设计 ... 104
- 第四节 蒙皮及客车内部覆盖件设计 ... 110

第六章 轿车车身结构及其设计 ... 114
- 第一节 轿车车身结构及其分类 ... 114
- 第二节 轿车车身结构件 ... 122
- 第三节 轿车车身的设计特点 ... 130

第七章 空调、隔热、密封与防振 ... 138
- 第一节 通风系统 ... 139
- 第二节 采暖装置 ... 141
- 第三节 冷气装置 ... 145
- 第四节 车身的隔热与密封 ... 153

第五节　车身的隔振与降噪 ·· 157
第八章　车门、车窗及其附件 ·· 160
　　第一节　车门的结构 ·· 160
　　第二节　车门附件 ·· 164
　　第三节　车窗 ·· 172
　　第四节　车窗的附件 ·· 173
第九章　座椅设计 ··· 175
　　第一节　汽车座椅的类型 ·· 175
　　第二节　汽车座椅设计的要求 ·· 175
　　第三节　汽车座椅的结构 ·· 180
　　第四节　汽车座椅主要部件的设计 ·· 181
参考文献 ·· 183

第一章 概述

汽车工业作为国民经济的支柱产业,其发展带动了钢铁、材料、机械、电子、轻工、化工等行业的发展,综合地反映了国家的物质文明和精神文明水平。

汽车由发动机、底盘、车身、电气系统四大部分组成,如图 1-1 所示。汽车车身是汽车的"上层建筑",给人们以直观形象,不仅是驾驶员、乘客、货物的承载体,而且是一种工业艺术产品,给人们以艺术的造诣、工业的水平、工艺的精良等方面综合的概念,是汽车工业中最有活力和最积极的因素,总是在不断地变化、创新。在各种世界汽车博览会上,各大汽车公司推出的新产品无不以车身造型的新颖、车体制作的精良、车辆性能的优越来表现其市场的竞争能力。因此,车身的研究、开发、制作是汽车工业中关键的一环。

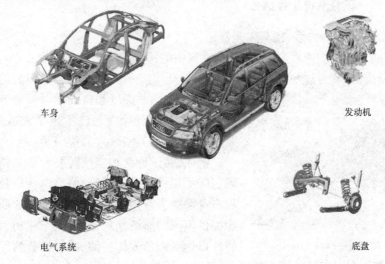

图 1-1 汽车的四大组成

纵观汽车车身的发展史,不难看出,车身设计的实质就是设计师们不断地协调材料、结构、工艺、技术与造型美之间的矛盾关系,使设计出来的汽车既能满足其功能要求又能满足人们的审美要求。

第一节 现代车身设计与制造概述

一、造型千变万化

随着国民经济的蓬勃发展,汽车已经逐渐成为不可或缺的交通工具。它正以惊人的数量、卓越的性能和多样化的用途渗透到人类各个领域,并以它完美的艺术造型和舒适的内部设施而备受人们的青睐。同时,由于汽车的灵便、快捷和高效加快了人们的生活节奏,使其成为21世纪现代文明的主要标志。也正是因为如此,消费者的消费观念更趋感性,对汽车的需求偏好也逐步发生变化、升级。人们已不再仅仅满足于产品功能上的要求,更加注重品牌理念和审美价值。这就要求汽车不仅要在其结构和性能方面不断提高,而且在艺术造型方面也要不断有新的突破,使其更具人性化、更有情感和生命力。

汽车车身造型是工业造型的重要组成部分,用艺术手法给汽车以活力、以时代感、以动态感,反映国家、民族乃至汽车工业的风格和特色,反映国家机械、电子、化工、材料工业的水平。要推出一个新颖的、有市场竞争能力的、有高度经济效益的车身,需要积汇大量的车身资料、设计经验,绘制大量的车身构思图形,结合空气动力学的有关知识,用素描、绘画、摄影及计算机图形技术等来提供新车型的艺术形象,塑造各种小比例模型或1:1实体模型以综观新车型的全貌和造型的魅力。目前,快速现代化流线型轿车、大型豪华旅游客车、各种造型威猛的载货汽车,像诗歌、图画一样,给人以美的享受,充分体现了车身设计的重要性。

汽车车身的造型千变万化,设计周期也愈来愈短。这一方面得益于汽车造型设计和车身制造技术的迅速发展,另一方面也是企业为适应用户需求,以期在激烈的市场竞争中占据主导地位。以往一个车型的改型至少要两三年,而近年来各大汽车公司的改型周期都缩短到一年甚至更短。

二、与人—车—环境系统工程结合

1. 不断研究人与车的关系,提高乘坐舒适性

乘员数、振动、噪声、加速度、相对运动及空气中的污染将直接对人生理和心理产生与静止时完全不同的反应,如疲劳加快、晕眩、恶心以及呕吐等。不同个人对各种刺激的反应有较大区别,耐受刺激的强度和持续的时间也有所不同。因此,现代汽车的设计理念已不再是人适应车,而是车要适应人,满足大多数人的使用要求。

例如,在设计汽车座椅时要参照人体测量学数据确定座椅尺寸,并提供各种调节机构以使乘员能够根据自身需要进行坐姿的变换,如图1-2所示。还要考虑提供不同的座椅面料,并可调节座椅表面的温湿度特性以达到调节人体代谢、减轻疲劳的目的。

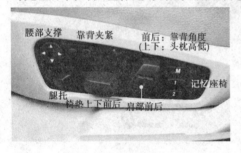

图1-2 众多的座椅调节机构

2. 不断提高汽车对环境的适应能力,从而改善乘客的工作环境

汽车的使用环境很广,环境的变化对汽车中的乘员和汽车本身的力学性能都将造成影响。这就要求在进行车身设计时要充分考虑驾驶员在各种环境下的驾驶舒适性,包括人体的生物力学特性以及人的视觉响应特性等。如汽车上的视觉显示装置应使驾驶员认读准确、迅速且不易疲劳;在驾驶室内安装空调充分保证驾驶室舒适的工作环境;为了保证在雨雪天气驾驶员有足够的视野,在汽车上必须要安装刮水器以及除霜、除雾装置;在车辆上安装各种照明灯和信号灯以增强视认性等,如图1-3所示。

图1-3 各种汽车灯具

三、车身材料不断更新

由于汽车保有量的持续高速增长,能源、环保、安全等问题日益严重。如何提高汽车性能,以保证行车安全、舒适,降低油耗以及有害气体的排放,提高资源利用率,是汽车工业发展中需要解决的首要问题。汽车车身对轿车和客车来说占整车质量的40%~60%,货车驾驶室的质量占货车整车质量的15%~30%。据研究表明:约70%的油耗与整车质量有关,整车质量减轻10%可节省燃油6.6%。所以,减轻车身的质量意味着在同样的燃油消耗时可提高汽车的承载能力或在同样的承载能力时降低了汽车的燃油消耗。同时,减轻整车质量还可以减少轮胎的磨损、延长汽车的使用寿命。采用优质材料(合金钢)、轻金属(铝合金、镁合金)、非金属材料(塑料、玻璃钢等)和新型复合材料是实现汽车车身"轻量化"的主要途径。表1-1是奥迪A6轿车材料的构成。

奥迪A6轿车材料的构成　　表1-1

材料	占总材料(%)	材料	占总材料(%)	材料	占总材料(%)
钢铁	58.3	镁	1.2	天然材料	0.6
塑料	17.1	橡胶	5.6	铜/铝	2.1
铝	11.6	玻璃	2.6	其他	0.9

钢板强度高、吸能特性好、制造工艺性好、便于流水线生产、可制成形状复杂的零件,故在今后一段较长时间内仍会在车身结构中广泛采用,如冷轧钢板、高强度钢板、表面处理钢板、高强度拼焊钢板、夹层钢板以及不锈钢板等都是现今车身用主要材料。奔驰公司就在SLK车身骨架中大量使用高强度钢,使车身扭转刚度增加了70%,安全性大大提高的同时,也使整车质量减轻。

以铝、镁合金为代表的轻金属材料在汽车车身中的应用正在逐年增加。铝具有塑性好、比强度高、耐腐蚀性好、韧性好、加工成本低及可回收性好等优点。在铝中添加各种合金元素获得的高强度合金材料主要用在发动机罩和行李舱上。奥迪A8系列车身采用高强度铝合金骨架,在减轻整车质量的同时,也提高了其碰撞安全性;宝马Z8车型也是采用了铝合金蒙皮车身,不仅使整车刚度得到了提高,还使汽车的振动减少。镁的密度更小,比强度和比弹性模量较高、抗电磁干扰屏蔽性好、阻尼性能高和减振抗冲击能力强,通常用于制造汽车的仪表衬板和横梁、座椅框架、后视镜架以及托架等。可以预测,在不久的将来,尤其是欧美地区,铝合金、镁合金在车身材料的构成中将占据主导地位。

玻璃钢具有很多优点,广泛用于制造保险杠、车顶盖、导流板、遮阳罩、蓄电池托架、挡泥板、前脸部件、裙边部件及车身壳体等。

塑料及复合材料在汽车上的使用量每年呈递增趋势,是最主要的汽车轻质材料。它不仅可以减轻零部件约40%的质量,还可以使生产成本降低40%左右。汽车上使用复合材料的零件主要有仪表板、门护板、顶盖内护板、地毯、座椅及包裹架护板等,它们基本上是由表皮、隔声减振部分和骨架部分组成。如奔驰Smart微型轿车的活动车顶即为塑料制成,雷诺Espace和莲花Elise轿车也采用了塑料车身。宝马公司的Z-9和Z-22的车身、M3系列车顶篷和车身、通用公司的Ultralite车身、福特公司的GT40车身和保时捷911 GT3承载式车身等都采用了碳纤维增强复合材料。

美国1978年在汽车上采用高强度钢、铝合金和塑料各占汽车整车质量的3.8%、2.3%和5.2%,到1981年这三种材料所占汽车整车质量的比率上升到5.9%、4.0%和6.1%,1990年达到40%、9%和9%~13%,近年来还在不断扩大使用范围。不言而喻,汽车轻量化材料的研究与应用已经取得了显著的进展,而且是未来汽车轻量化的主要研究方向。

材料更新除了减轻自身质量外,还使得加工工艺简单、零部件性能优越、外形美观耐用。

四、车身制造工艺的不断完善

(1) 各种大型冲压床和组合模具取代了原始的手工作坊方式,如图1-4所示,不仅保证了零部件的成型、安装精度,而且大大提高了生产率。

(2) 焊接、喷涂机械手和机器人代替了沉重、危险及简单重复的手工劳动,各种自动线、流水线加快了生产节奏,保证了质量,如图1-5、图1-6所示。

图1-4 冲压车间

图1-5 组焊生产线

五、车身是技术密集和劳动密集相结合的产物

车身的技术密集主要体现在其设计和制造技术覆盖面广,科技含量高,而其劳动密集则体现在许多附件的装配、补漆、涂敷密封胶、补焊、打磨等工作仍然要由手工来完成,如图1-7所示。因此,要想得到精品车身,必须充分发挥技术和人力各自的优势。

图1-6 喷涂机械手

图1-7 总装生产线

六、车身适应于大批量、专业化生产

车身的开发周期在20世纪80年代初期为4~5年,而采用现代车身CAD-CAM技术以后,车身开发周期大大地缩短。开发一个新车型的车身需要3000~5000套各种模具,投入资金超亿元。因此,一般车身生产的经济批量不低于30万辆。高起点、大批量、专业化的生产车身将是车身制造的主流和发展方向。图1-8所示是某车型车门的冲压模具。

图1-8 车门冲压模具

第二节　对车身设计的要求

汽车车身是用来装载人或货物的构件,其最基本的要求是安全和舒适。

一、足够的强度、刚度

在正常工作条件下,车身各构件该具有足够的强度、刚度而不致发生断裂、变形进而影响其性能的正常发挥。如构件断裂可能导致安全事故,构件变形可能导致门窗等活动件开闭困难。车身设计不仅要保证在常规负荷下的车身结构及其附件的耐用性和有效性,而且要考虑允许其有一定的超负荷能力,以充分保证车身的可靠性。

二、保证安全

每年大量的交通事故伤亡促使对汽车安全性的要求越来越高。汽车的安全性包括主动安全性和被动安全性。

主动安全性是指汽车避免发生交通事故的性能。如宽敞的视野、舒适的工作环境、先进的智能交通系统及辅助驾驶系统等。

被动安全性是指在交通事故不可避免时尽量减少事故伤害的性能。如安全车身结构、先进的乘员约束系统等。

三、满足乘坐舒适及人机工程要求

车内布置需满足人机工程的要求,座椅舒适、操纵方便、使乘员有足够的活动空间;要保证足够的通风换气,空调工作可靠,时刻保持车内空气新鲜、温度和湿度适宜,使乘员感到舒适、愉快;防振、隔热、降噪、密封性要好。

四、自身质量轻,面积利用率高

汽车是世界上最大批量的工业产品。每辆汽车用4000~4500种不同品种、不同规格和不同材料的零部件制成,消耗量占世界总产量中46%的石油、24%的钢铁、50%的玻璃。全世界有3亿人直接或间接地为汽车生产服务,而汽车又为全世界95%以上的人民生活服务。因此,降低成本、降低使用费用、使车身轻量化以获得更低的燃料消耗和更多的经济效益是汽车车身设计的核心内容之一。

为此,合理选择材料,结合有限元方法进行强度刚度分析以减轻自身质量,合理布置车身内部是车身设计中一项非常重要的工作。

五、空气动力性好

随着道路条件的改善,车速不断提高,空气阻力所消耗的动力已占主导地位。当车速达到100km/h时,空气阻力将占总阻力的80%。除此以外,汽车车身外形还将直接影响到汽车的高速行驶稳定性、侧风作用下的直线行驶稳定性等。因此,良好的空气动力学性能是汽车节能降耗和安全行驶的重要保障。

六、美观新颖的造型

汽车兼有工业品和艺术品的双重特性,不仅要考虑结构、比例、尺寸的均衡,还要考虑其质感、色彩和动感。设计时要通过形体、线形和色彩的变化和统一,达到既自然和谐又新颖独特的艺术效果。

七、结构合理、制造维护方便

根据现有的和可能达到的工艺、工装水平进行合理设计,从而达到最佳性价比。盲目追求某方面性能而忽略制造成本的做法对于批量生产是不可取的。在进行车身设计时还应注意汽车维护和拆装的方便性,在对具有独立功能的附件总成开展润滑、清理与拆装作业时,应尽量减少或避免拆装车身本体的构件。如仪表、电器及操纵机构的拆装就不应拆卸仪表板本体;室内外的灯具拆卸不应先拆卸固定它的车身本体构件;前照灯的调整、换灯泡均不应拆卸前照灯总成的固定件。

八、车身各构件工作可靠、不发生异响、密封严实

车身各构件应该有足够的寿命,保证正常使用过程中的可靠性。各构件的运动不应发生干涉现象,整车不得有异响。门、窗关闭严密,不漏水、不漏灰尘。

第三节 车身设计中应注意的问题

一、严格执行各种法规和标准

汽车是公路运输工具,其行驶条件必然受到道路交通法规、安全法规、排气污染控制法规、道路条件等因素的制约,这是保证社会秩序、社会安全所必需的。国家各有关部门制定了许多法规、标准、技术条件,对汽车提出了各个方面的要求和限制。在车身设计时,就必须使设计的产品符合各种法规、标准的要求。

我国标准分三级管理,最高级为国家标准(GB),第二级为各主管部的标准,如 JB、YB,第三级为企业或地方标准、省市级标准等。各种标准都编制了标准号和编制年号。随着社会的发展,各种标准也会进行修改、提高。新编标准一般标准号不变,但编制年号会改变,新编标准自然取代老标准。

与车身设计有关的标准很多,常用的如:

(1)《道路车辆外廓尺寸、轴荷及质量限值》(GB 1589—2004)代替《汽车外廓尺寸界限》(GB 1589—1989)。

(2)GB 13094—1997 代替《客车通用技术条件》(GB 13094—1991)。

(3)《客车车内尺寸》(GB/T 13053—2008)。

(4)《乘用车尺寸代码》(GB/T 19234—2003)。

(5)《商用道路车辆尺寸代码》(GB/T 17347—1998)。

(6)QC/T 514—1999 代替《轿车车身名词术语》(JB 3653—1984)。

(7)GB 报批《客车车身术语》。

(8)GB 报批《客车车身乘客区尺寸术语》。

(9)QC/T 490—2000 代替《汽车车身制图》(JB 1449—1984)。

(10)QC/T 265—1999 代替《汽车产品零部件编号规则》(ZB/T 04005—1989)。

二、满足"三化"要求

"三化"指的是产品的系列化、零部件的通用化和零部件设计的标准化。

产品的系列化在于将产品进行合理分档,组成系列,并考虑各种变型。如客车可按长度分为微型、轻型、中型、大型、特大型系列,每个系列可变形为救护车、工程修理车和各种专用车。同时,中型、大型客车系列中还可包括长途、团体、旅游、公共汽车等多品种车型。产品的系列化有利于零部件的通用化,用尽量少的基本车型满足各方面的要求。

所谓零部件的通用化,就是在同一系列的车型上尽量采用相同结构和尺寸的零部件,减少不同车型上的不同零部件数,从而简化胎、模具及装焊夹具与台架等设备,使制造成本大为降低。即使是不同系列的车型,可能的情况下,也应尽量做到通用化。

零部件设计的标准化就是指在车身设计过程中应尽量采用标准件,这有利于产品的系列化和零部件的通用化,便于组织生产、降低成本,对使用维修也能带来很大方便。同时,还可以缩短研制新产品的周期,减少设计工作量。

三、车身开发的时代性与继承性的结合

由于车身的开发是推动汽车工业发展最有活力的因素,因此,现代车身的开发周期越来越短。汽车生产企业要想在同行的竞争中取胜,就必须不断推出造型优美、结构新颖、性能精良的新车型。

车身由几百种形状复杂、结构复杂的骨架和大型覆盖件组成,其中绝大多数为冲压件。轿车需冲压模具4000套左右,货车驾驶室需冲压模具1000~1500套,这需要投入大量的人力物力才能完成。除模具外,还有各种装焊夹具、检验夹具等的制作,甚至由于新产品的开发要求重新建立新的生产线或生产厂。因此,在开发新产品车身时,必须考虑到生产工艺的继承、老产品的模具和夹具略加改造或补充即可适应新产品的需要。采用柔性生产线使其可能通过不同形式的车身等,这将充分发挥生产能力并降低车身造价,在设计新产品时应予以充分的注意。

第四节 车身开发流程

随着汽车技术的不断发展与提高,开发一辆现代化汽车已不再是简单的技术操作流程,从战略决策、整车指标到资源调配、设计优化以及最终的审查验收、批量生产是一个高度综合、严谨、科学的产品开发流程。

汽车车身开发流程是指从车身产品定义开始直到车身批量投产的整个过程。图1-9所示为某企业轿车车身的开发流程。具体流程大致分为以下几个阶段。

一、产品策划阶段

作为车身产品开发第一阶段,其主要目的就是规划和定义车身产品开发的指导原则、开发内容、关键技术、性能指标、实施路线和风险分析等事项。它从宏观上初步定义车身开发任务,明确关键的性能指标、目标成本以及开发阶段重要的试验验证条款,并详细描述各总成的性能指标、初步的结构方案、基本工艺模块等。

二、概念设计阶段

车身概念设计阶段是指以车身产品策划为依据,将造型概念和工程结构有机结合,将创意

转换为方案的实现过程。车身的概念设计包括车身造型、车身总布置、结构可行性研究和工程分析(CAE)三个方面。

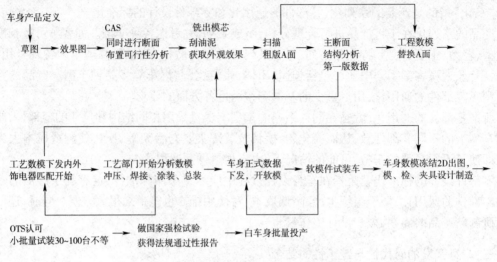

图1-9 某企业轿车车身开发流程

1. 车身造型

车身造型主要包括以下几个方面的工作:草图构思、效果图设计、胶带图设计、CAS设计、模型制作、模型测量和线图设计等。

(1)草图构思。从造型的角度根据产品的前期定位、市场需求和技术描述进行创意、构思和造型定位。同时,根据当时同类车型的对比情况,预测造型的发展趋势,在假想用户审美观点的基础上,确定主要的造型元素和风格。

(2)效果图设计。效果图采用水彩、彩铅、素描或者CAD等方式绘制,包括车身外形效果图和车身内饰效果图。它是设计师将造型设计(如整车形状、色彩、材质及反光效果等)的创意构思进行形象化再现的形式,并将其作为开发人员造型构思和初步选型的参考。

(3)胶带图设计。胶带图是用不同宽度和不同颜色的胶带在标有坐标网格的白色图板(一般是薄膜图)上,粘贴上模型轮廓的曲线和线条,将汽车整个轮廓、布置尺寸、发动机位置、车架布置以及人体样板都显示出来。胶带图要求是1:1全尺寸,以便于型线和尺寸的研究和确认。

(4)CAS设计。所谓CAS设计就是利用专业造型设计软件,在各种图形输入输出设备的支持下直接在计算机上完成复杂的车身造型设计工作。其主要任务就是对造型表面进行数学建模,要求CAS模型能够准确表达设计创意、满足法规要求、具备工程可行性。

(5)模型制作。在造型设计初期,设计师可以制作各种小比例草模来表达对未来车型的构想。在造型设计完成阶段,设计师可能需要制作一个1:1的全尺寸模型用于后续设计、生产或展示。全尺寸模型制作的流程大体分为骨架制作、模型粗敷、模型加工和模型装饰。

(6)模型测量和线图设计。模型测量是指通过三坐标测量机对全尺寸模型进行测量,得到模型上离散的点集;线图设计指将模型测量中得到的点集数据通过专门的CAD设计软件来建立整个车身的表面数学模型。工程人员根据这个环节来进行详细的三维结构设计。

车身表面造型的方法按照其流程通常可分为两种:一种称为计算机辅助设计法,它是在手绘草模确定初步方案后,直接利用各种造型设计软件在计算机上构建未来车型的三维模型,然后数控加工1:1实体模型或者甚至将实体模型省略,该方法对造型设计师的空间想象能力和软件应用能力要求较高;另一种称为仿形法,该方法充分考虑到模型雕塑的过程本身也是造型创意完善的过程,采用先雕塑实物模型再建立数学模型的流程。如日本铃木公司采用保留传统设计中美工雕塑人员常规使用的方法,即用手工方法绘制效果图、雕塑模型,然后通过三坐标测量,在计算机中建立一个逼近于真实模型的数学模型,再进行结构设计和生产准备。

在造型设计阶段,设计师通常需要根据设计任务书的要求提出多种设计方案供决策部门选择,用总布置草图、造型效果图和实物模型等反映设计师对未来车型的构想。企业负责人会召集设计部门、工艺部门、生产部门、供应部门、销售部门甚至部分用户来对设计方案进行评审,从中选择优秀的方案进行下一步分析和设计。如果所有的方案都不满意的话,可能还要重新进行设计。

在进行方案评审时,决策部门应该避免要求设计师将不同总体设计方案的部件方案组合得到新的方案。因为每一种方案有其整体风格和特色,拼凑起来很可能是不伦不类。

2. 车身结构可行性研究

产品设计通常都是从总体结构设计开始,总体结构设计进行的同时或之后必须进行结构分析,只有结构分析正确之后才能进行后续的详细零部件设计工作。车身结构也不例外,车身结构设计的可行性分析是汽车车身产品开发成功的关键所在。车身结构可行性分析指以满足车身开发目标并服务于车身造型的结构可行性研究、构思以及布置等活动的总称。车身结构可行性分析方法有三种:主断面分析法,节点分析法和模型分析法。

主断面分析法是指根据车身的具体结构,确定车身结构主断面布局,对所得出的车身结构主要断面进行详细分析,然后利用分析结果反过来指导断面结构的修改,从而达到获得最佳车身结构性能的目的。其中主断面反映的是车身主要结构件的位置关系以及焊接件的搭接关系,其设置位置根据车身结构主断面图的布局确定。图1-10为某车型的车身主断面布局示意图。

节点分析法是提取车身主体结构中相互交叉处的节点进行研究,利用不同断面对其结构进行剖析,从而使设计者对车身结构更加清晰,达到对车身零部件工程化设计的目的。针对节点部分的结构复杂性,在对节点分析的过程中,不仅要考虑产品自身的性能要求,还要考虑节点部分的可焊性以及焊接流程等。图1-11是利用节点分析法对B立柱节点处的若干个断面进行研究的例子。

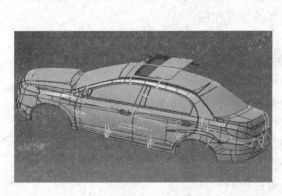

图1-10 某车型的车身主断面布局

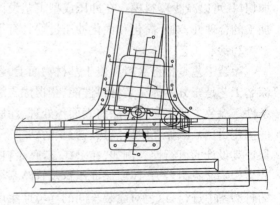

图1-11 B立柱节点图

模型分析法主要是对车身主模型的分析,主要包括对车身分形线进行确定(具体是指确定闭合件如车门、背门、灯具等与车身主体之间的关系)以及对外覆盖件的冲压工艺性、外覆盖件的焊接工艺性(约束条件)、总装工艺性(如总装生产线约束条件、通过性、装配可行性等)进行分析。

3. 工程分析(CAE)

CAE是优化设计的主要手段,为设计的最佳化和追求特定目标提供条件,可避免开发失误并缩短开发周期,提高汽车的结构性能并降低开发成本。工程分析主要包括静态分析(如车身的强度、刚度分析)、动态分析(如振动、噪声、寿命分析)、碰撞分析(模拟撞车时的乘员保护效果)、运动件干涉分析、板料冲压工艺性分析、塑料件工艺性分析、空气动力特性模拟分析等。

三、技术设计阶段

技术设计包括三维结构设计和二维图设计。

1. 三维结构设计

三维结构设计是基于有限元模型分析法(FEA)、白车身型面与截面的定义、连接静强度、白车身强度刚度、振动噪声、白车身疲劳寿命、碰撞及翻滚安全性、子系统的安全性、车门及发动机罩的闭合性、计算流体动力学(CFD)和人机工程学等方面进行设计的。其目的是根据车身数字模型进行结构的细化三维设计。在其设计过程中,CAE/CAD/CAM 同步交叉穿插其中。

2. 二维图设计

二维图设计是在已完成的三维设计的基础上进行的,包括零件图、总成图、装置图和工艺合件图等。

3. 工艺支持

车身的开发是与车身工艺紧密联系在一起的。车身因其自身的特点,形成了冲压、焊接、涂装、总装四大基本工艺。

1) 冲压工艺

冲压工艺是一种先进的金属加工方法,在常温条件下,利用模具和冲压设备对板料施加压力,使之产生塑性变形或分离,从而获得具有一定形状、尺寸和性能的零件。由于冲压工艺设计方案和模具结构设计方案合理性直接影响着产品开发的周期与成本等,故在车身开发过程中应予以充分考虑。如对一些功能要求简单的零件、加强板等,结构形状要尽量简单,可以用简单的压弯工艺代替复杂的拉延成形工序。对于左右对称的冲压件采用多个(多种)零件同时成型,然后剖切分离的设计方法,可以有效减少模具和工序数量,降低成本。在拉延模中增加切口,可以减少落料模。在冲压成型工艺设计过程中广泛采用 CAE 技术来预测产品设计和加工的合理性,对于简化和优化冲压过程具有重要的指导作用。

2) 涂装工艺

涂装工艺是指将涂料覆盖于基材物面上,经干燥并成膜的工艺。制定科学、合理、先进的涂装工艺是充分发挥涂装材料性能、获得优质涂层、降低涂装生产成本和提高经济效益的必要条件。涂装主要工序包括涂前表面预处理、涂底漆、刮腻子、涂中间涂料、涂面漆、涂彩条、涂料的固化、打磨、减振、降噪、隔热、密封、防锈蜡。所以,在结构设计时对各道工序给予足够考虑,保证其设计的可行性。例如,在 PAC 车底涂料使用时,就需要保证喷涂部位清洁、避免油垢、灰尘影响涂膜附着力,还要保证压盘及管路系统密封性;打磨方式之一的干打磨就必须在专门的打磨室中进行,以免对涂装车间的环境产生严重的影响。

3) 焊接工艺

焊接的主要工艺有点焊、CO_2 气体保护焊、凸焊、氩弧焊、钎焊等。其中电焊(电阻点焊)是一种高效的焊接方法,广泛应用于汽车白车身的制造中。点焊具有生产效率高、焊接变形小的优点。在点焊过程中,焊接电流、焊接压力、电极的断面形状、穿过电极的铁磁性物质和分流等是影响点焊质量的主要因素,所以在电焊过程中,要密切注意焊点强度、焊点位置、焊点尺寸及焊点外观等。例如在点焊过程中,通常会有分流(点焊时没有参加形成焊点的电流),从而造成未焊透或核心形状畸变,此时可考虑增大焊点间距以达到减少分流的目的。

4) 总装工艺

车身要给发动机和底盘各总成提供可靠而方便的安装条件,随着各总成集成度的提高,形成了模块式的装配方式。车身装配包括白车身、车门总成的装配模块、仪表板装配模块、车身内饰装配模块以及车身外饰装配模块等。

四、车身试制阶段

车身试制的主要过程包括校验样车、总布置功能模型车、过渡样车、首辆样车、小批量试制样车、工装件样车以及螺钉车。车身试制需遵循试制原则:一是体现设计思想,满足设计要求、检验设计的合理性;二是用最简洁、最新的工艺方法,快速、按期完成试制工作;三是本着成本最低的思想,考虑试制方案以及工艺方法;四最大限度地保证试制的精度和质量。

五、车身试验阶段

车身试验种类和项目繁多,根据类别的不同分为性能试验和可靠性(寿命)试验;根据其种类分为考核型试验和安全法规试验;根据零部件种类分为整车、车身总成、内部安装件、内饰件、车身附件等相关试验。车身试验的流程大体分为试验准备、安装调试、试验条件评审、进行试验、数据分析及报告、报告评审和报告入库。车身试验的项目详见表1-2。

车身试验项目　　　　　　　　　　　　　表1-2

1	车身静态扭转刚度	18	洗涤器性能及耐久性
2	车身静态弯曲刚度	19	汽车座椅性能
3	顶盖刚度(雪压试验)	20	安全带静态性能
4	车身固定点静刚度	21	遮阳板性能及耐久性
5	车身活动件静刚度	22	空气弹簧性能及耐久性
6	车身表面刚度(单项试验)	23	空调系统
7	车门耐久性	24	空调压缩机性能
8	活动件耐久性	25	暖风机性能
9	液压翻转机性能及耐久性	26	整车气密性
10	质量、质心、转动惯量	27	冷凝器
11	车门铰链性能及耐久性	28	蒸发器
12	车门锁性能及耐久性	29	储液器
13	玻璃升降器性能及耐久性	30	液气分离器
14	后视镜性能及耐久性	31	操纵机构性能及耐久性
15	安全带安装固定点强度	32	高低压开关
16	座椅安装固定点强度	33	温控器(机械/电子)性能寿命
17	刮水器性能及耐久性		

六、生产准备阶段

在生产准备阶段,工艺、工装及生产线全面铺开。对于柔性生产线,可以通过适当调整工装夹具来满足新车型的开发要求,但有时可能需要重新建立生产线。生产准备完成后,经过调试、零批量、批量试生产到正式投产,开发工作才结束。

现代车身开发过程中,各环节之间都是通过统一的车身设计数据库和图库相联系,确保数据及图形的传递准确无误,避免了传统设计方法中实物、模型、图纸传递所带来的累积误差。同时,设计、工艺、检验人员共享同一数据资源,保证准确无误。如国外先进的汽车公司采用上述车身开发方式,用大约15个工作日即可完成整部汽车车身的全部造型工作并获得所有一系列的数学模型信息。

现代设计方法提高了设计精度,缩短了设计与制造周期,减轻了设计者的劳动强度,可以方便地进行模型分析与试验,且改型和换型容易,因此,设计方法不仅标志着车身设计水平的高低,而且也标志着产品竞争能力的强弱。

第五节 车身制图方法概述

汽车车身结构由许多复杂的空间曲面构成,按照常规的机械制图方法来表示工作量太大且不直观。为简化以及规范化车身制图方法,制定了相应的汽车行业标准《汽车车身制图》(QC/T 490—2000),其主要内容包括以下几方面。

一、规定

该部分主要是对图幅布置、坐标线、坐标系等进行了规定。

(1) 绘制车身总布置图时,一般要求按汽车自右向左的行驶方向布置图面,如图1-12所示。

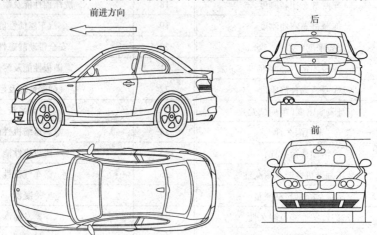

图1-12 车身总布置图

(2) 具有复杂曲面及严格装配位置的车身零件总图应给出所需坐标线,如图1-13所示。坐标线的标记应包括坐标线距零平面距离的百分之一数值及坐标方向(坐标线距零平面距离原则为100的整数倍,负方向数值加"-"号)。坐标线为细实线,零线按汽车满载时确定。不同方向的坐标应按下列方式标注:

① 长度方向坐标采用阿拉伯数字及大写正体英文"X"字母。例如:距OX平面100mm的坐标线应标记为1X或-1X。

② 宽度方向坐标采用阿拉伯数字及大写正体英文"Y"字母。例如:距OY平面200mm的坐标线应标记为2Y或-2Y。

③ 高度方向坐标采用阿拉伯数字及大写正体英文"Z"字母。例如:距OZ平面300mm的

坐标线应标记为 3Z 或 –3Z。

(3)通常,在主视图中,沿车架纵梁上表面较长的一段所画的直线作为高度方向坐标的零线,并将其水平布置。无车架的车辆可沿车身地板下表面较长的一段所画的直线作为高度方向坐标的零线;通过汽车前轮理论中心并垂直于长度方向坐标零线所画的直线作为长度方向坐标的零线;以俯视图中汽车的纵向对称中心线为宽度方向坐标的零线,如图 1-14 所示。

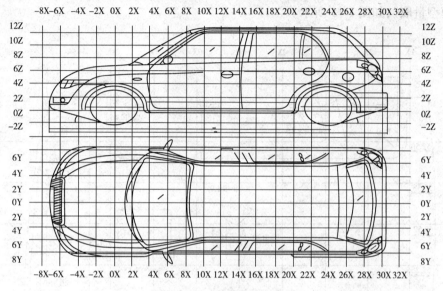

图 1-13 坐标线画法

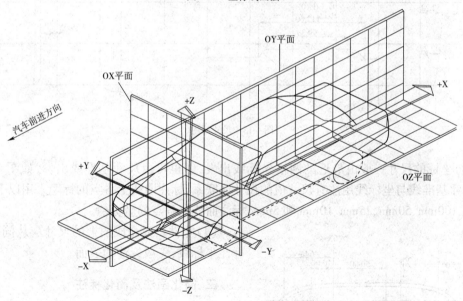

图 1-14 坐标系定义

(4)顺汽车前进方向观察,位于长度方向零线前的坐标线数据前应加"–",位于高度方向零线以下的坐标线数据前加"–",位于宽度方向零线左侧的坐标线数据前加"–"。

二、图样画法及尺寸标注

该部分根据车身上许多总成及零件为左右对称结构,且许多结构线和轮廓线为空间曲线的特点,规定了一些相应的画法及标注方法。

(1)沿汽车行驶方向观察,两个呈对称形状的零件或总成,一般绘左零件,在图样主标题栏内标出左零件或左总成的图号及名称。在延伸标题栏中标出右零件或右总成的图号及名称,并注明"与左件对称"字样。

(2)有主模型的零件图,其轮廓线以外的表面尺寸可不标出,在图样上注明"未注表面尺寸按主模型量取",如图1-15所示。

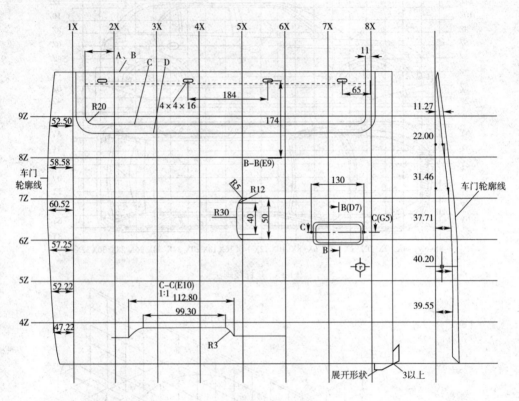

图1-15 尺寸标注

(3)坐标的尺寸一般由最近的网格坐标线出发,但也可由尺寸基准线出发,如图1-16所示。尺寸基准线与坐标线用注有尺寸值的尺寸线联系,标注曲线上各点的标距采用以下几种:200mm、100mm、50mm、25mm、10mm和5mm,标注曲线上各点的坐标值。

(4)零件图或总成图上的尺寸应从同一表面标注坐标线,一般标注内表面。

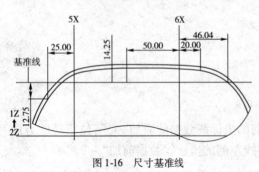

图1-16 尺寸基准线

三、简化画法及简化标注

该部分主要是为了进一步减少车身设计的工作量,使图面更加清晰明了。

(1)不标注尺寸,也无表示结构必要的轮廓线可不画。

(2)一个主要零件与多个不太复杂的零件组成总成时,可在主要零件上用双点画线绘出一个或多个次要零件,并标出零件图号,不再绘出总成图,只在零件图主标题栏的延伸栏中标注总成的名称和图号,如图 1-17 所示。

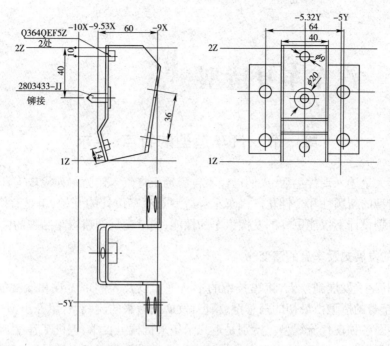

图 1-17 简单总成画法

(3)当薄板零件的内弯曲半径等于板料厚度时,该半径尺寸在图形中可不标出。

(4)图样中的移出剖面在不影响对图样的理解时允许省略剖面符号,但在一张图纸上剖面线只允许使用一种形式。

(5)在总成图或装配图中,某些图形已清楚地表示出相关零件的装配关系时,其他图形中的零件可只绘出可见轮廓线,表示料厚的虚线可省略。

(6)同一类型,仅个别尺寸不同的零件或总成允许绘在同一张图上,其不同尺寸、料厚列表说明,如图 1-18 所示。

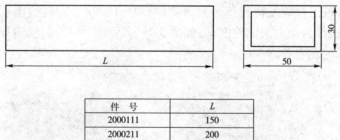

件　号	L
2000111	150
2000211	200

图 1-18 相似零件画法

(7)在不引起误解的情况下,可在不反映实形的投影图上标注真实尺寸,只需在尺寸下注明"实际"或"沿表面"等字样。

(8)总成图中的焊缝标注除使用国家标准中的焊缝代号外,还可使用文字说明。

第二章　汽车车身造型

第一节　汽车造型的特点、要求

随着汽车大量进入现代生活，人们已经不再满足于将汽车作为一种代步工具，而是更加重视和青睐其造型的新颖性和个性化。汽车车身造型是汽车设计的开始，也是整个汽车设计的基石。好的造型设计不仅能更好的发挥汽车的性能，同时还是塑造汽车品牌的关键因素。

一、汽车的发展史及车身的演变

从汽车的诞生、发展到今天，汽车技术的不断进步以及人们审美观和欣赏能力的不断提高，促使汽车车身的造型由最初的马车型、箱型，发展到后来的流线型、甲壳虫型、船型，再演化到现在的楔型及各种现代流线型。特别是近几十年来机械工程学、人机工程学、空气动力学及电子学等得到了极大的发展，使得汽车的设计和制造技术得到迅速提高，这也大大促进了汽车造型的发展。尤其是 20 世纪末期得到迅速普及的三维设计技术，彻底改变了原有的汽车造型模式，为汽车造型设计带来了质的飞跃。

1. 技术开发时代

1885 年，德国工程师卡尔·本茨（1844—1929）在曼海姆试制了一台单缸四冲程汽油机，并安装在三轮车架上。该车采用钢质条幅轮圈和实心橡胶轮胎，利用转动式手柄并且通过齿轮带动前轮实现转向，传动系统则通过传动带和链条驱动后轮，行驶速度达 15km/h，如图 2-1a）所示。1886 年 1 月 29 日，本茨为该车向德国专利局申请了专利，这就是公认的汽车诞生日。德国另一位工程师戈特利布·戴姆勒（1834—1900）也同时造出了一辆用 1.1 马力（809W）汽油发动机作为动力的四轮汽车，如图 2-1b）所示。因此，他们俩被公认为以内燃机为动力的现代汽车的发明者。

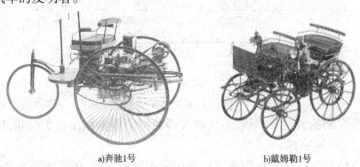

a）奔驰1号　　　　　　　b）戴姆勒1号

图 2-1　汽车的起源

从 19 世纪末到 20 世纪初，世界上相继出现了一批汽车制造公司，除戴姆勒和奔驰各自成立以自己名字命名的汽车公司外，还有美国的福特公司、英国的罗尔斯罗伊公司、法国的标致和雪铁龙公司、意大利的菲亚特公司等。由于当时的主要交通运输工具还是马车，因此，汽车的外形基本上沿用了马车的造型，人们也把汽车称为无马的"马车"。

2. 向生产型发展

由于马车型汽车很难抵挡风雨的侵袭，美国福特汽车公司在 1915 年设计生产出一种不同于马车型的汽车，其外形特点很像一只大箱子，并装有门和窗，这就是后来的"箱型汽车"。中国人引进后与中国的轿子相比，的确有异曲同工的味道，便称之为"轿车"，这就是"轿车"名字的由来。早期的箱型汽车以美国福特汽车公司的 T 型车最为著名，如图 2-2 所示。这种车以其结构紧凑、坚固耐用、驾驶简易、价格低廉而受到欢迎，年产量达到 30 万辆，在美国车坛上风靡一时。

图 2-2　1915 年美国产福特 T 型汽车

3. 流线型的诞生

随着生活节奏的加快，人们对车速的要求也越来越高。由于箱型汽车的空气阻力太大，大大妨碍了汽车前进的速度，无法适应提高车速的要求。1934 年美国的克莱斯勒公司生产的气流牌小客车，如图 2-3a) 所示，首先采用了流线型的车身外形。1936 年福特公司在"气流"的基础上，加以精练，并吸收商品学要素，研制成功林肯·和风牌流线型小型客车，如图 2-3b) 所示。

a) 克莱斯勒公司的气流牌汽车　　　　b) 福特公司的林肯·和风牌汽车

图 2-3　气流牌汽车与和风牌汽车

流线型车身的大量生产是从德国的"大众"开始的。1933 年德国的独裁者希特勒要求波尔舍（1875—1951）博士设计一种大众化的汽车，波尔舍博士设计了一种类似甲壳虫外形的汽车，如图 2-4 所示。该车最大限度地发挥了甲壳虫外形的长处，成为同类车中之王，甲壳虫也成为该车的代名词。由于第二次世界大战的原因，甲壳虫型汽车直到 1949 年才真正大批量生产，并开始畅销世界各地，同时以一种车型累计生产超过 2000 万辆的记录而著称于世。

4. 适用型的发展

第二次世界大战时期发展起来的军用吉普车代表了这一时期汽车的发展主流，以适用性为主，主要车型为箱型。

第二次世界大战中，为适应战争需要，美国陆军大尉罗伯特·哈马依特开始潜心研制一种小型军用越野车。1940 年由美国威利斯—沃朗德公司生产了第一辆军用小吉普。尽管这以前德国人也有军用越野车，但不叫"吉普"。

1942 年，威利斯公司与福特公司合作，制成了新一代"福特 G503GPW 型"吉普车，其发动机容量为 2200mL。到了 1944 年，威利斯公司又开发了一种新型的民用吉普车，被誉为"多用途车"，英文为 General Purpose Car，缩写为"GP"。由于"GP"的读音与美国的一位漫画家施格于 1937 年底创作的一幅漫画中的形象"吉普"（一种神通广大的空想小动物，飞行时能发出"吉普！吉普！"的长叫声）的声音很相似，又因为美国士兵对这种多用途小车十分喜爱，深信它会像"吉普"一样神通广大,战无不胜,因此"吉普车"的名字就在全美传开,直至风靡全世界。

最初研制成功的吉普车,时速65mile(1mile = 1609.344m)(英里),行程300mile,载质量0.25t,发动机71hp(1hp = 745.7W)(马力),是一种小型军用越野车,主要用于输送步兵营所装备的轻武器,也可作通信、侦察和指挥车使用。当时的美军海军陆战队给它的命名是"M38型",如图2-5所示。今天,伴随科技日益进步,吉普车的样式、性能等都比过去有了长足的发展。

图2-4 甲壳虫型汽车

图2-5 M38型军用吉普车

5. 产业化时代

美国福特公司经过几年的努力,于1949年推出具有历史意义的新型福特V8型汽车,如图2-6所示。这种车改变了以往汽车造型的模式,使前翼子板和发动机罩、后翼子板和行李舱罩融于一体,前照灯和散热器罩也形成一个平滑的面,车室位于车的中部,整个造型很像一只小船,所以人们把这类车称为"船型汽车"。这种车是设计者首次把人机工程学应用在汽车的设计上,强调以人为主体的设计思想。船型汽车不论从外形上还是从性能上,都优于流线型汽车,并且较好地解决了流线型汽车的横风不稳定性问题。从20世纪50年代开始一直到现在,不论是美国还是欧亚大陆,不管是大型车或者是中、小型车都采用了船型车身,从而使船型造型成为世界上数量最多的一种汽车造型。

6. 减少公害时代

船型汽车尾部过分向后伸出,形成阶梯状,在高速时会产生较强的空气涡流,空气动力性较差。为了克服这一缺陷,人们把船型车的后风窗玻璃逐渐倾斜,倾斜的极限即成为斜背式。由于斜背式汽车的背部像鱼的脊背,所以这类车称为"鱼型汽车"。

1952年,美国通用汽车公司的别克牌轿车开创了鱼型汽车的时代。与流线型汽车相比,鱼型汽车的背部和地面的角度比较小,尾部较长,围绕车身的气流也比较平顺,涡流阻力也较小。另外鱼型汽车基本上保留了船型汽车的长处,车室宽大,视野开阔,舒适性良好。最初的鱼型车是美国1952年生产的别克牌小型客车,如图2-7所示。1964年美国的克莱斯勒顺风牌采用了鱼型造型,自顺风牌以后,世界各国也逐渐生产鱼型汽车。

图2-6 福特V8

图2-7 1952年别克小型客车

由于鱼型汽车后部倾斜太甚,面积增加,强度下降,造成结构上的缺陷。鱼型车还有一个潜在的重大缺点——横风稳定性较差。鱼型车发动机前置,车身重心相对前移。一般来讲横风的风压中心和车身质心接近。但由于鱼型车的造型关系,在高速时会产生一种升力,使车轮附着力减小,从而抵挡不住横风的吹袭,有发生偏离的危险。为克服鱼型车的这一缺点,人们想了许多方法,例如,人们在鱼型车的尾部安装一只翘翘的"鸭尾",以克服一部分升力,这便是"鱼型鸭尾"式车型。

为了从根本上解决鱼型汽车的升力问题,人们设想了种种方案,最后终于找到了一种较理想的设计方法——楔型设计。将车身整体向前下方倾斜,车身后部像刀切一样平直,这种造型能有效地克服升力。第一次按楔型设计的汽车是1963年的司蒂倍克·阿本提,这辆汽车在汽车外形设计专家中得到了极高的评价。1968年,通用公司的奥兹莫比尔·托罗纳多改进和发展了楔型汽车,使得楔型造型得以在赛车上广泛应用,如图2-8所示的意大利法拉利跑车就是典型的楔形造型。

图2-8 法拉利跑车

楔型造型对于高速汽车来说,无论是从其造型的简练、动感方面,还是从其对空气动力学的体现方面,都比较符合现代人们的主观要求,给人以美好的享受和速度的快感。

7. 未来汽车

汽车发展到鱼型,就已经基本解决了空气阻力的问题,楔型继承了这一成果,并有效地克服了鱼型车的升力问题,使汽车的行驶稳定性有了显著提高。楔型造型成为目前较为理想的车身造型。未来汽车的造型必然是在楔型车的基础上加以改进。例如,把前风窗玻璃和发动机罩进一步前倾,尾部去掉阶梯状,成为真正的楔型;后视镜等将通过合理的造型,以取得最低的空气阻力,或者由车内的电视屏幕来代替。总之,未来汽车的造型将更为平滑、流畅,富有个性,如图2-9所示。

图2-9 几款未来概念车

不仅如此,计算机被广泛地运用在汽车上,也将是未来汽车的重要标志。将来的汽车装上计算机指挥系统。可以把驾驶员的意志和外界行驶条件结合起来转化成电信号,然后集中输送到微处理器,经过分析计算后,向车辆的各个部分发出指令,使汽车更为安全、环保、方便。

甚至可以出现无人驾驶的"智能"汽车。

将来还会出现更多造型奇特、性能卓越的汽车。例如履带式气垫车,用充气的橡胶履带代替汽车的轮子,可以在泥泞道路或沼泽地自由行走。无轮步行式汽车,是仿照动物行走的特征制造的,装有四条腿,下坑洼、涉泥泞都非常灵活。总之,未来汽车将比人们现在想象要丰富得多。

二、汽车造型的特点

汽车造型设计不仅仅是简单的美化装饰,而是科学技术和艺术技巧高度融合的结晶。汽车造型需综合考虑艺术因素和社会因素,而且还包含结构、性能、工艺、安全等科学技术因素。总之,汽车造型应是实用性、科学性和艺术性相结合的产物。

1. 实用性

实用性就是产品的用途和性能,既是产品的设计目的又是产品赖以生存的根本条件。每种汽车都应具有明确的使用功能,比如各种轿车主要供城市居民在市区使用,越野车主要在郊外道路状况比较差的环境中使用,赛车则是汽车拉力赛的专业车。功能对产品的结构和造型起着主导的、决定性的作用。一般地,轿车主要考虑美观、舒适、安全、节能,离地间隙较小以减少空气阻力和提高稳定性;越野车主要是在郊外旅游等情况下使用,造型时需要考虑提供较大的离地间隙及较大的接近角和离去角;赛车则主要是体现汽车的速度,所以在造型的时候主要考虑其空气动力性能。

功能决定造型,造型表现功能,但造型既不是简单的功能件的组合,也不是杂乱无章的堆砌,而是建立在对人、汽车和环境的充分研究之上。汽车、设备的设计要考虑人机系统的协调性,给人以亲近感,使人感到使用操作舒适、安全、省力、高效,从而更好地体现出功能特点和效用,同时要注意使用环境。只有在满足了实用性的基础上,才能充分发挥产品的各种功能属性。

2. 科学性

工业产品设计的基础是科学技术,离开科学技术就谈不上工业产品设计。科学性特征体现先进加工手段的工艺美,反映大工业自动化生产及科学性的严格和精确美,标志力学、材料学、机构学新成就的结构美,在不牺牲使用者和生产者利益的前提下,努力降低产品成本,创造最高的附加值。同样,汽车造型包含了大量的高科技技术。科学技术是体现产品功能的保证,其中包括结构、材料、工艺、配件的选择、生产过程的管理以及采用合理的经济型条件。

产品的结构方式是体现功能的具体手段,是实现功能的核心因素,在考虑结构的同时须考虑所使用的材料与加工工艺方法。不同的材料有不同的物理、化学、力学性能,以及与其性能相适应的成形工艺,并具有不同的外观质量、纹理效果。另外,在产品造型时还应考虑生产工艺的好坏、经济上的合理性以及配件的选用等。

3. 艺术性

汽车造型本身就是一种艺术造型,它和其他艺术一样是通过一定的形式手段,以其艺术形象来反映一定的思想内容和社会现象,以一种艺术的感染力来满足人们的审美需求,对人产生精神功能的作用,体现产品的精神功能特征。汽车造型的审美功能要求产品的形象有优美的形态,给人以美的享受。设计者根据形式法则、时代特征、民族风格,通过点、线、面、空间、色彩、纹理等一系列的要素,构成形象,产生审美价值。汽车造型设计须不断地总结经验,了解和掌握科学技术、文化艺术发展的趋势,寻求正确的审美观,灵活运用美学法则,深入研究形态构成、线型组织、色彩配置等造型理论、基本规律和方法,才能创造出有特色的产品形象。汽车造型的艺术性,不同于一般的艺术作品,它既具有艺术欣赏性,又具有实用性,是技术与艺术的完美结合。

总结起来,汽车造型的实用性在汽车造型设计中起主导作用,但是没有科学技术和美学法则作保证,也很难体现出良好的实用性。实用性和科学性主要体现了汽车的物质功能;实用性和艺术性则体现了汽车的精神功能;科学性和艺术性则表现了汽车造型的时代感。三者的相互依存、相互制约、相互渗透成为汽车造型中不可或缺的部分。

三、汽车造型的要求

汽车造型除要求具有美观新颖的外观外,还要求具有良好的空气动力性能、良好的制造工艺、充分发挥新材料和新工艺的装饰性能、满足结构要求。

1. 具有良好的空气动力性能

汽车的空气动力性能是汽车的重要性能之一,也是汽车造型设计中改进的重要依据之一,直接影响汽车的动力性、操纵稳定性、燃油经济性、舒适性和安全性。因此,保证汽车造型具有良好的空气动力性能是非常重要的。

首先,采用具有良好气动性能的造型可以降低气动阻力,进而改善汽车的动力性能和燃油经济性。其次,汽车在高速行驶下,空气阻力对汽车各性能的影响占主要部分,所以使汽车具有良好的空气动力稳定性(如侧风稳定性、高速操纵稳定性)是汽车发挥高速度而又保证行驶安全的前提。

2. 具有良好的制造工艺

汽车由大量的大型覆盖件构成,而覆盖件的制造是汽车车身制造的关键环节,故在汽车造型设计中,应充分考虑这些零件的制造工艺。例如,尽量减小拉延深度、尽量采用垂直修边、减少冲压工序、简化冲模结构并使零件具有良好的装焊工艺性等。而且,造型设计师在塑造外形模型时应与工艺师密切配合,做到兼顾对方的要求,形成完美的外形方案。

3. 充分发挥新材料、新工艺的装饰性能

目前,世界各国的汽车制造都向着减轻整车质量、节约能源、安全和减低排放的方向发展。为此,各种各样的材料都应用在了车身上,如钢铁、有色金属、玻璃、纺织品、工程塑料、橡胶、油漆、各种复合材料等,而且,今后越来越多的新型材料都将逐渐应用在车身制造中。

利用一些新材料的优越加工和成形性能,不仅可以达到外形美观的效果,而且还可以实现一些采用金属材料难以实现的结构方案,从而赋予造型更大的自由度。例如,对于汽车仪表板、内饰板等车内结构,常规的金属材料感觉生硬,且不具有良好的隔热、减振和吸声效果。采用各种复合材料,不仅可以改善这些结构件的性能,而且还具有美观的纹理、舒适的触感。

总之,造型设计师必须充分了解各种材料的性能,合理选用,采用新的工艺方法,充分反映力学、材料学的新成就,体现最新物质材料、先进工艺的特征,即使汽车减轻质量、简化结构、安全舒适,又使汽车的面貌焕然一新。

4. 满足结构要求

汽车造型必须保证汽车结构合理,满足汽车产品的实用功能要求,并充分体现产品功能的科学性和先进性。需要权衡的是,既要避免迁就产品结构功能、忽视艺术的偏向,也要避免脱离功能、严重损害功能的唯美偏向。结构设计师应与造型设计师密切配合,尽量使完美的艺术形象体现在合理的车身结构上。

四、汽车造型设计的主要内容

汽车造型设计主要包括汽车外观造型设计和车内造型设计两部分。

1. 外观造型设计

汽车的外观造型设计主要取决于以下几个因素。

1) 汽车车身的总布置——决定车的比例、尺度

不同用途的汽车总布置设计是不同的,即使同一类车,因其用途和性能要求不同,所选各总成的类型及尺寸不同,其总布置也不尽相同。通过总布置设计,汽车各部分总成的相对位置和乘客座位以及内部空间尺寸即可以确定,按这些总成的外部轮廓并考虑适当的空间,就可以确定汽车的基本形状,如图 2-10 所示。另外,优先保证的性能要求不同,总体布置也是有区别的,因此就决定了汽车车身设计也是不同的,这也是决定汽车造型设计不同的重要原因。

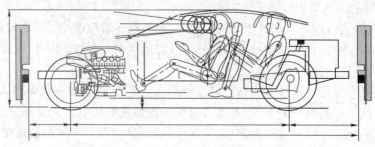

图 2-10 汽车车身总布置

为了获得完美的汽车外形,在汽车总布置设计阶段必须注意使汽车各块形体相互协调,符合比例规律。显然,汽车的总体布置与匀称美观的比例之间是有一定矛盾的,既不能使汽车因追求完美的比例而严重损害汽车的功能,同样也不能想象在一个比例尺寸完全不协调的结构上可以制造一个完美的车身形体。在这个阶段就需要汽车造型设计人员与结构设计人员充分合作,深入掌握双方要求的要点,做到顾大局,从整车的实用与美观的双重要求出发,合理地解决汽车的结构性能与美观的形体之间的矛盾。

2) 汽车的表面形状——决定汽车的形态特征

汽车表面形状,主要是汽车车身的表面覆盖件的形状,而线条构成赋予了汽车外形覆盖件具体的形状,也就是形成汽车的雕塑形象,如图 2-11 所示。这是在总布置设计的基础上,进一步使汽车外形获得精准的曲线形状的阶段,这一阶段要解决的正是美学和样式问题、车型的继承性和风格问题。汽车的表面形状决定了汽车的形态特征,其所涉及的美学和样式问题,既取决于空气动力学在汽车外形设计中的应用,又取决于人们对于审美的要求,以及各国家、民族的文化底蕴,甚至生产厂家的具体风格,还取决于车身表面大型覆盖件的生产工艺。

3) 汽车的外部装饰——进一步衬托、渲染造型

汽车的外部装饰主要是对汽车造型进行进一步的衬托和渲染,主要有散热器面罩、保险杠、车灯、车轮轮辋外罩、电镀条、标志的形状、浮雕式文字等的造型设计和位置布置以及车身的色彩处理等,如图 2-12 所示。

汽车的外部装饰物及漆饰添加于汽车的雕塑形体上,使汽车整个艺术面貌更为完整,各部分比例更合理,更富于动感。汽车的实际美观主要由精美的线条和雕塑形体构成,外部饰物和漆饰则是用来强调这些线条和形体,使之更统一,主题更突出。但是,外部装饰不可与整体脱离,更不可随便炫耀和滥用,以致喧宾夺主。汽车的外部饰物,除了要考虑使汽车的外部艺术

面貌更完整以外,还要考虑到材料选择问题,如塑料,以及工艺问题,如电镀、喷漆、装配等。

图 2-11　汽车的表面形状

图 2-12　汽车的外部装饰

2．车内造型设计

随着人们生活水平的提高,人们不仅追求汽车靓丽的外形和良好的性能,而且也越来越重视汽车内饰的造型。车身内部是汽车与人体直接联系的部分,所以车身内部造型设计必须从适应人的喜好和需求出发。舒适、美观的内饰能使人更好地体验驾车的乐趣,并保证驾驶的安全性。成功的室内造型设计应该根据各个车型的市场定位和消费对象的主流喜好来进行设计布置,主要体现在内饰材料的选择、色彩的确定以及车身附件的造型等方面。

1)内饰材料的选择

汽车内饰材料通过一定的加工处理来展现其纹理、光泽和软硬度等效果和表面质感,从而给人以不同的视觉和触觉感受,并体现出汽车内饰的整体品质,如图 2-13 所示。

图 2-13　仪表台造型

室内装饰应采用柔和、手感好、吸声、吸光的材料制造,并压饰适当的花纹,同时应避免表面的大起大落。内饰造型设计师必须掌握对材质的合理运用,选择合适的内饰材料并进行合理的搭配,以表达不同的效果。如光滑冰冷的金属内饰加上规整的表面纹理和几何图案给人以高科技和现代感;而选用自然的材质加上柔软的面料和不规则的图案纹理搭配则体现自然和传统的韵味。

随着汽车制造技术和材料工艺水平的不断提高,现代的内饰产品中已大量地运用了工程塑料和高分子复合材料,并结合其他材料(如金属、玻璃和天然的木、竹、麻等)通过先进工艺处理和合理的搭配,使人们在视觉上和触觉上感受到材料材质的纹理、光泽和软硬度等效果和表面质感,从而体现汽车内饰特有的和谐美。

2)色彩的确定

恰当的室内色彩搭配有利于营造良好的室内驾驶环境和提高驾驶员观察的清晰度及对操纵装置的辨认。室内色彩分为总体色和焦点色。

总体色一般采用明度适中的复合灰色,而且应遵循室内颜色上明下暗、上浅下深(图 2-14),且上部颜色应以淡雅为主,切勿花哨,这样搭配是为了不致与外界环境产生强烈的对比而干扰驾驶员的注意力,而且会使室内显得明亮,避免了让人眼花缭乱。而焦点色一般用于仪表、换挡杆、转向盘等,如纯度、明度相对高的颜色,给驾驶员以醒目的视觉。这些不同色彩的搭配点缀,是汽车室内色彩既有总体色调的舒适与温馨,又有焦点色的醒目,使驾驶员在生理和心理上都得到了调节,不致由于长时间驾驶而引起疲劳的感觉。

当然，对于一些特殊用途的车辆，其内饰色彩可以根据需要进行一些变化。例如，一些儿童用车，其内饰色彩则可以比较鲜艳活泼，有些车型甚至采用不同颜色的座椅组合以达到可爱的视觉效果。

图 2-14　内饰色彩方案

3）车身附件的造型

车身附件包括各种结构件和装饰件。结构件主要有座椅、仪表板、空调面板、扶手等。这些结构件在造型时既要满足功能需要，又要使其与整车造型风格相协调，如图 2-15 所示。

图 2-15　车身附件造型

内饰装饰附件的种类繁多，主要指那些不具有使用功能，在车内被局部运用的装饰零件。好的汽车内饰装饰附件可以成为汽车身价和品牌的标志，也是文化和艺术的体现。除了少量高档车运用经过特殊处理的天然的木纹和金属贴片外，大多数装饰件是在注射成型后通过曲面印刷、电镀、喷涂等工艺将艺术和现代技术相结合，展现出特定的纹理、图案、色彩质感、光泽等效果。比起天然材质，它们具有更好的加工性和实用性。目前，汽车内饰中颇为流行将木纹和镀铬饰件结合使用，体现自然与科技相融合的和谐。

第二节　造型设计的美学原则

各种形式的美感都是以符合自然形式的规律性（如均衡、节奏、韵律、比例、统一与变化）作为美的衡量标准。这些形式美的原则是人类长期实践经验的总结，也是产品造型所应遵循的美学原则。

一、比例和尺度

汽车造型中的比例指的是汽车部分与部分或部分与整体之间的匀称关系。它涉及汽车各部分的大小、分量、长短、高低、宽窄与整体的比例关系。

而造型的尺度，主要指产品的整体或局部与人的生理或人所习惯的某种特定标准之间的大小关系。因为汽车是提供给人乘坐和使用的工具，其尺寸大小要适合人的需要，故尺度往往也是通过汽车各部分的比例关系所体现出来的。若仅仅考虑造型中的比例而不重视造型的尺度，就会造成汽车整体尺度的失真，甚至影响使用功能。

1. 比例

造型设计中常用的比例关系主要有以下几种。

1)黄金比与黄金比矩形

黄金比起源于古希腊,是一种数学上的比例关系。黄金分割具有严格的比例性、艺术性、和谐性,蕴藏着丰富的美学价值。黄金比应用时一般取0.618,它是世界公认的诸比率中美的典范。

如图2-16所示,当 $a:b=1:1.618$ 时称满足黄金比。

当矩形两边符合如上比例时,即矩形的长边为矩形短边的1.618倍时就称为黄金矩形,如图2-17所示。

图2-16 黄金比例线段

图2-17 黄金矩形

黄金矩形能够给画面带来美感,令人愉悦,在很多艺术品以及大自然中都能找到它。《蒙娜丽莎》的脸也符合黄金矩形,《最后的晚餐》同样也应用了该比例布局。在各国小轿车的尺寸中,大部分汽车的轴距与总长比都在1:1.618~1.732,更有的汽车尺寸各个部分的比例都满足黄金比,如图2-18所示。

2)平方根矩形

以短边与长边之比为 $1:\sqrt{x}$ 构成的矩形即为平方根矩形。

在平方根矩形中,$\sqrt{2}$、$\sqrt{3}$、$\sqrt{4}$ 三个特征矩形被广泛采用,因为它们的比例关系接近黄金比,从而更符合人们的视觉习惯。正方形具有端正稳重的面貌,$\sqrt{2}$ 长方形富有稳健的气魄,$\sqrt{3}$ 长方形偏于俊俏之意,$\sqrt{4}$ 矩形则有瘦长感觉。如图2-19所示为平方根矩形的画法。

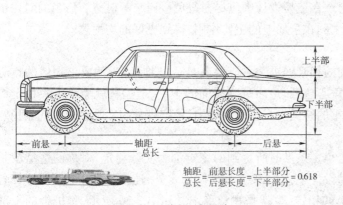

图2-18 汽车的比例设计

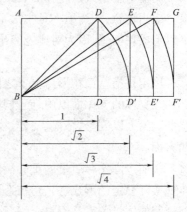

图2-19 平方根矩形画法

3)整数比矩形

整数比矩形是以正方形为基础而产生的一种比例矩形,按正方形的毗连组合就自然形成了一种外形比例为 $1:2,1:3,\cdots,1:n$ 的长方形。整数比矩形具有明快、均整的美,工艺性较好,有一定的韵律感,但存在视觉效果呆板的缺点。

4)相加级数比例矩形

在1:2:3:5:8:13:21……数列中,前两项之和等于紧邻后一项所构成的连续比例,称为相加级数比。其中,3∶5＝0.6,5∶8＝0.625,8∶13＝0.615,13∶21＝0.619等均与黄金比相近,因此具有美的视觉效果。同时,整数比在结构设计时更接近实际取值,应用广泛。

事实上汽车的比例和各部分尺寸受很多复杂因素的影响,如各总成和零件的尺寸与布置、合理的质量分配、汽车的行驶性能等,这就要求造型设计师与总布置设计师及结构设计师协同工作,共同调整汽车各部分的尺寸,使比例关系合理,而不应以严重损害汽车的性能去追求结构上难以实现的比例关系。在汽车艺术造型时,其形体的划分采用一种或几种比例关系,以一种或几种有规律的数列为基础,就会获得良好的艺术效果。

2. 尺度

尺度适宜是产品设计时需要重点考虑的问题之一,通常在评价一个产品时所说的太大了或太小了,实际上就是因为该产品所设计的尺度不合适。尺度与产品的功能效用是分不开的,不能单纯从比例美的角度来确定尺寸,良好的比例关系和正确的尺度对造型设计都是重要的,但首先解决的应是尺度问题。在汽车造型设计时,一般先确定必须保证的尺度,然后再推敲比例关系,必要时,尺度应在许可范围内调整。

二、均衡与稳定

1. 均衡

均衡是指造型物各部分之间前后、左右的相对轻重关系。这种轻重关系不是指的造型对象各形体或元件的实际质量关系,而是指由于它们所包含的造型元素如比例、尺度、形态、色彩、材质之间的不同,在视觉上产生的一种相互的分量关系。在机柜设计中,设计人员通常会将左右两个门设计成一样大小,从而使得整个机柜造型呆板乏味。如果能够按照图2-20所示,将左右两个门设计成不同大小,且在小的门上增加一些造型要素,如标牌、色块等,从而达到造型要素的视觉均衡,则会使得整个机柜的造型活泼有趣。

均衡造型给人以内在的、有秩序的动态美,更有趣味性,具有动中有静、静中有动的艺术效果。应当注意,均衡绝不是主次不分,在造型设计中应尽力避免一律平等对待。恰当的对比也可以形成均衡感,因为对比能突出主题在全局上的主要作用,得到更好的均衡感。

2. 稳定

稳定是指造型物形体上下之间的相互轻重关系。要满足造型物稳定,就要求物体的重心必须在物体的支撑面以内,而且其重心愈低,愈靠近支撑面的中心,造型物就愈稳定。稳定的造型物给人以安全、轻松、安详、稳重的感觉。在造型设计中,稳定可分为实际稳定和视觉稳定两方面。

按照产品实际质量的重心满足稳定条件时所达到的稳定称为实际稳定,对称的造型就是体现实际稳定的形式之一。在造型设计中,除了要考虑实际稳定外,还要更多注意产品形体各部分间的体量关系是否符合视觉上的稳定,也就是视觉稳定。如图2-20所示,将机柜的上部涂以浅色、下部涂以深色可以增强其稳定感。

在汽车造型中,由于汽车结构、附件布置有时不可能全部对称,或为了增强稳定感时,可以采用浮雕、色彩或装饰上的手法形成视觉上的均衡感和稳定感。对于汽车,作为高速运动的物体形象,如果没有稳定感是难以让人接受的。只有同时考虑以上两种稳定,才能获得良好的稳定感。如图2-21所示,面积最大的散热器面罩中心是该车前视图的视觉中心,降低散热器面罩的中心高度可以在不降低实际整车高度的情况下达到增加视觉稳定感的效果。

图2-20 机柜造型

图2-21 重型货车前视图

三、统一与变化

在造型设计中,"统一与变化"原则是最具灵活性、最具艺术表现力的因素,是造型艺术形式美的基本法则,也是诸多形式美的集中与概括,反映了事物发展的普遍规律。一个完美的造型必须具备统一性和变化性。

1. 统一

统一是指组成事物整体的各个部分之间具有呼应、关联、秩序和规律性,同一要素在整体中多次出现,形成一致的或者具有一致趋势的规律。统一性使形体具有宁静、条理和安定、不杂乱的感觉,体现出秩序、和谐、整体的美感。在造型设计中,要刻意从众多造型要素中寻找共同点,以形成整体的风格和主调。突出了造型要素的主调,就可取得统一的视觉效果。如图2-22所示,图2-22a)色彩太杂,感觉比较凌乱,没有主调;图2-22b)则以大面积的蓝色作为其主调,辅以少量其他颜色,显得高档有品位。另外,汽车的车轮造型、翼子板切口等,一般都采用同一种形式,这样会使汽车看起来很整齐、有条理。

图2-22 客车色彩方案

2. 变化

一个造型设计如果不能对人的精神和心理产生一些刺激,则会使人产生呆滞感,之前产生的整体美感也会逐渐消失,难以在人们心目中留下美好印象,甚至看过第一眼不想再看第二眼。变化是指同一事物中各要素之间要存在少许差异性,或相同的要素以变化的形式有机地联系在一起,使人产生视觉上的差异感。例如,客车的前围通常左右对称,如左右车灯对称、刮水器对称、后视镜对称,给人整体统一感,但如果所有造型要素都完全对称的话,则会使人产生单调呆板的感觉。因此,可以在文字、色彩方案等方面追求一些变化来达到良好的视觉效果。如图 2-23 所示,该车在 K 这个字符的处理上明显区别其他字符,从而给造型注入了活泼可爱的因素。

造型设计中,形、色、质、排列、部位、方向、层次均应有少许变化,以避免单一、呆板、生硬。变化是视觉张力的源泉,能唤起人们对事物的兴趣,能在平淡呆滞的状态中使形体更有动感,更加生动活泼,更有吸引力。但是,变化必须是在一定的规范之中,只追求变化,而不顾整体主题的突出,则会产生造型零乱、视觉上不稳定的感觉。

在造型设计中要把握好统一与变化的相互关系。统一性是建立秩序美、和谐美的基础,但这并不是要求千篇一律,如果只有统一而无变化将会引起单调、乏味。造型设计中应该在追求主调统一的基础上产生少量变化。例如,在图 2-24 所示的柜子中,图 2-24a)全部做成抽屉,使得图面全部被横向线条分割,缺乏美的情趣。如果按照图 2-24b)所示,在柜子左侧设计一个门,用一条竖线打破原来全部为横线的布局,则能够达到既统一又变化的效果。

图 2-23 客车局部设计方案

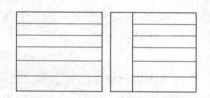

图 2-24 统一与变化示例

在汽车造型中对待统一和变化,要注意各方面"度"的关系。由于汽车各部分功能与形式存在差异,通过重复、对比、呼应等形式将这些不同的部分有机的组织起来就能形成一个内容丰富、主题鲜明的统一整体。如图 2-25 所示,前后车灯都采用了由中间到两侧由小到大的排列方式,虽然前后车灯数量不一样,但都组合在两条相近的弧形范围内,达到前后呼应、既统一又变化的美的视觉效果。

图 2-25 某客车造型方案

四、节奏与韵律

节奏是运用某些造型要素有变化的重复、有次序的变化,从而形成一种有条理、有次序、重复、有变化的连续性的形式美。节奏是客观物质运动的属性之一,是一种有规律的、周期性变化的运动形式。节奏主要体现在视觉造型中,通过线条的流动、色彩的深浅间断、光影的明暗、形体的高低等因素作有规律的反复、重叠,从而引起欣赏者的生理情感活动,享受其中的节奏美。

强弱起伏、悠扬缓急的节奏变化则表现出更加活跃和丰富的形式美,即韵律。韵律是以节奏为基础的有情调、有变化的节奏,是更高形式的节奏。节奏表现为工整、宁静之美,而韵律则表现为变化、轻巧之美,节奏是韵律的前奏,韵律是节奏的升华。

韵律主要有连续韵律、起伏韵律、渐变韵律、交错韵律四种基本形式。

(1)连续韵律主要表现在产品结构形式的各要素中,如色彩、肌理、图案、体量等有条理有规律的重复排列,如图 2-26a)所示。

(2)起伏韵律主要表现在各元素的强弱的起伏变化而形成的韵律,如图 2-26b)所示。

图 2-26　韵律的四种基本形式

(3)渐变韵律则是指造型的形式要素按一定规律的变化,如由小到大、由密到疏、由浓到淡,或者时而增强、时而变弱所表现出的变化规律,如图 2-26c)所示。

(4)交错韵律即构成要素按一定规律相互交织穿插重复而形成的韵律美,如图 2-26d)所示。

在汽车造型设计中,许多结构件都会重复排列,如大型客车车窗、空调出风口等,从而产生节奏感和连续韵律。有些重复的结构件如前散热器进风口的格栅,如果在排列上做有规律的变化,则能产生很美的渐变韵律,如图 2-27 所示。

图 2-27　汽车进风格栅造型

第三节　形态设计

一、形态的特征及类别

工业产品的形态类别主要有以下几种典型的形式。

1. 具象形态

具象形态是以自然形态为素材,对自然形态进行模仿而形成的一种造型形态,它是一种对模仿对象外在特征的直接模仿与借鉴,以追求设计作品与模仿对象之间外形特征的形式相似性为主要目标的设计手法。具象一般是指人物、动物、植物、风景、静物等客观存在的形态,是根据视觉经验可以识别和辨别的形体,因此,具象仿生强调的是一目了然式的识别性与认同感,使产品的形态具有情趣,活泼可爱。这种方式多运用在玩具、工艺品和日常生活用品的设计中,如图 2-28 所示为模仿马的儿童玩具。

图2-28　模仿马形玩具

2. 模拟形态

模拟形态是以自然形态为模仿对象，但又不真实地完全模拟，而仅在某些形态的表现上体现某些自然形态的特点，以达到产品某种功能的需要。如飞机的形态是模拟鸟的形体，甲壳虫汽车及现代的模仿鱼头、鱼背形轿车等。中国吉利于2008年11月正式上市的轿车——熊猫轿车如图2-29所示，就是模拟的熊猫部分特征。

3. 象征形态

象征形态仍以自然形态为基础，但经过艺术的提炼与加工，经过夸张、变形等艺术处理的升华，使之具有自然形的某些特征，但又不是自然形的真实表现。它是借助于某一具体事物的外在特征，寄寓人本身某种深邃的思想，或表达某种富有特殊意义的事理的形态。如原苏联生产的伏尔加轿车车头高车尾矮，给人的感觉是昂首挺胸，象征奔鹿，如图2-30所示。

图2-29　熊猫与吉利熊猫轿车对比

4. 抽象形态

抽象形态是以自然规律与运动为基础，对模仿对象的内在神韵或外在形象特征进行提炼、概括，以形态要素点、线、面的运动与演变而形成的各种各样的几何形态。这类形态具体但不具象，既有规律也可以无规律，强调的是神似，如图2-31所示。抽象形态具有高度的概括性、丰富的想象性以及形态多样性。抽象形态的产生需要积累丰富的生活经验，而不同的生活经验，对于同一种模仿对象，其产生的抽象形态也不尽相同。尽管其形式抽象，但仍能使人们产生无穷的联想和思维。抽象形态有时用于大型客车车身的装饰画中，可以产生很好的效果。

图2-30　汽车形态和与之相应的象征形态

二、形态要素和知觉感

自然界一切可见到和触摸到的物象，称为形态。而千变万化的造型形态又都是由点、线、面、体等基本的形态要素构成的。点是空间位置的存在;线是点移动的轨迹;面是线移动的轨迹;体是面移动的轨迹。

 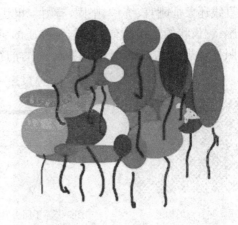

图 2-31　抽象画

1. 点及其形式心理

点——表示位置的存在。

在造型设计中,点是可以具有一定的形体的。相对较小的单位或小直径的球,以及与周围其他造型要素比较时具有凝聚视觉的作用的形体都被认为是最典型的点,所以,点具有高度集中的感觉。造型中利用空旷的面积中突出某一小点(小面积)的对比作用,极易起到导引视线、集中视线于此点的视觉作用。如果有两个相同的点同时存在于一个空旷的面积上时,视线将会在这两点之间来回反复,使人在心理上产生一条线的感觉;而当并存的两点大小不一时,视觉注意力将根据由大到小的顺序,在心理上产生移动的感觉;当有三个以上的点存在时,就会使人心理产生面或体的感觉,点越多,这种感觉就会越强。图 2-32 所示为不同点型给人的视觉效果。

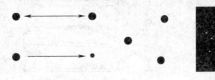

图 2-32　不同点型

单独的点不具有性格,许多点组合起来可以产生不同的感觉。如图 2-33 所示,点的组合可以产生方向感、节奏感和韵律感等。

a)　　　　　　　b)　　　　　　　c)　　　　　　　d)

图 2-33　点的不同组合

当一群点集合在一起时,可形成线,可形成面,而且可通过改变点的浓淡、明暗、大小和密集度等表现出不同的形,如图 2-34 所示。

2. 线的类型及其形式心理

线——点的移动轨迹称之为线。

当形体的某一方向的尺度远大于其他两个方向时,就称之为线。线可分为有明确方向性的直线和不具有一定方向性的曲线。在造型中,线比点更具有强烈的心理效果。

直线是点的定向运动轨迹,所以,直线具有运动感和方向感,并给人以严谨、秩序、明快的感觉。直线还象征刚直、统一、坚固、有力。粗壮的直线具有庄重、强壮之感,而细线则有敏锐的视觉感,锯齿状的直线具有不安与神经质的感觉,如图2-35所示。以垂直、水平、倾斜三种直线按照某种规律构成的图形具有较强的韵律感,也给人以明确、有力的感受,如图2-36所示。

图2-34 点的构形

图2-35 不同类型的直线

图2-36 垂直、水平、倾斜直线构形

在汽车造型设计中,侧面轮廓线条的组合往往能够达到良好的视觉效果。如图2-37所示,大众Passat B6、Sagitar、Golf V以及Polo GP的侧面轮廓线和腰线均较为平顺,水平方向的线条相互之间呈现向前汇聚的趋势,具有很强的运动感和方向感。

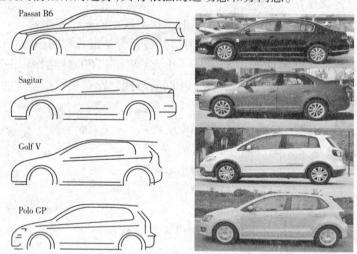
图2-37 大众Passat B6、Sagitar、Golf V和Polo GP的侧面轮廓及实物图

曲线一般可分为几何曲线与自由曲线。几何曲线如圆、椭圆、抛物线等,其可用几何绘图工具画出相同的图形。几何曲线给人以明确、明了、高贵的感觉,易于理解。而自由曲线是富有个性的曲线,很难画出其相同的图形。自由曲线相比几何曲线更加复杂,富于变化,按其曲率的大小具有不同程度的动感,常给人以轻松、柔和、优雅、流动的感觉。自由曲线中的样条曲线可以利用具有弹性的杆受力弯曲形成,因而具有强烈的力度感和表现力,在汽车中应用普遍。

a)C形曲线　　b)S形曲线　　c)涡线形曲线
图2-38 不同的自由曲线

自由曲线按其特征主要分为C形、S形与涡线形三大类,如图2-38所示。其中C形曲线比较简要,给人华丽、柔软的感觉;S形曲线表达出优雅、富有高贵、魅力的气质;而涡线形展现出壮丽、模糊的一面。

图 2-39 为大众 Polo GP、Golf V 和 Passat B6 的前脸轮廓线型,这三种车型的前脸可划分为上下两部分,上部分包括格栅和车灯的轮廓线,下部分包括进气口和雾灯的轮廓线。发动机舱盖的两条特征线纵向延伸至格栅形成一个"U"形,从前照灯拐角延伸到进气口的特征线形成另一个"U"形。不同车型汽车的"U"形特点不同,所表现的风格也不一样。

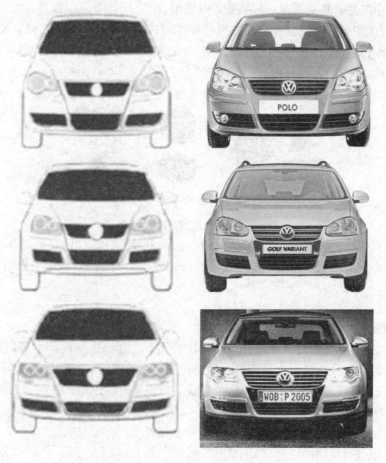

图 2-39　大众 Polo GP、Golf V 和 Passat B6 的前脸轮廓及实物图

另外,从大众 Polo GP、Golf V 和 Passat B6 的局部图(图 2-40)也可看到,由于前照灯的轮廓线条不同,这三款车的神韵也不尽相同。因而,汽车的外形设计还应考虑目标消费人群。

图 2-40　大众 Polo GP、Golf V 和 Passat B6 的局部图

3. 面的类型和形式心理

面——线移动的轨迹称之为面。

直线沿直线移动形成平面,直线沿曲线移动或曲线沿直线移动构成单曲面,曲线沿曲线移动就构成双曲面。

二维空间中的面有轮廓形状,故在视觉构成中,面又起着限定空间界限的作用。平面型中,面可分为直线型、几何曲线型、自由曲线型等,如图2-41所示。直线型面主要是矩形、三角形和各种多边形,这种面具有安定、信赖、简洁、坚固和秩序感;几何曲线型面则视其特性而表现出无秩序之感,一般给人以自由、高贵、整齐、明了的感觉;而自由曲线型面不具有几何曲线型面的秩序感,较为自由、流畅、易于引起人的兴趣,一般具有优雅、魅力、柔软、散漫的感觉。

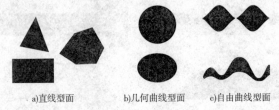

a)直线型面　　　b)几何曲线型面　　　c)自由曲线型面

图2-41　三种平面型

曲面型具有优雅、流畅、饱满的感觉,单曲面较简单,制造成本低,在公交车的前风窗玻璃中采用。双曲面更加富贵、高雅,在轿车及高档旅游客车上的前风窗玻璃中采用。

三、线型设计

产品造型设计中,当总体的几何形体确定后,它可能还是比较生硬的几何形体。为使造型生动,就应处理这些形体的边界和结合面间的线型关系。这是造型设计中最后确定造型形态的重要环节。因为通过合理处理各部分线型的排列、贯通、转折、过渡等,能达到整体统一协调的效果,并表现造型线型的某种风格和特色。线型造型是造型中最具表现力的形式。

1. 线型的选择原则

1)按线型的知觉感选择,以适合人的生理和心理要求

如直线一般具有硬朗的性格,简洁、明快、轻松。粗直线给人以强有力、钝重的感觉;而细直线给人以敏锐、尖锐的感觉;锯齿状直线则让人觉得不安定。曲线一般都能凸显个性,给人以优雅、柔软、高贵的感觉。通过对线的组织与运用,可以赋予形态不同的视觉与心理特征。可根据不同的使用人群和展现不同的视觉心理效果,选取不同的线型。

2)线型的选择要与产品的功能要求相适应

功能是产品存在的首要因素,而造型中的线型则勾勒出造型的整体风格和外形,故线型的选择必须与产品的功能相适应。满足特定的功能就需要选择合适的线型,如机床造型时需要体现的是稳重感和简洁明快感,一般都采用直线型的造型风格。再如汽车为了追求高速,就必须解决高速行驶中的阻力问题,则汽车的外形就必须根据空气动力学原理设计成流线型。

3)在线型风格统一的基础上求变化

一方面,造型中要选择一种或两种线型作为一个主调,来体现造型的整体风格和表现力,这样在造型中就能给人一种有秩序、不杂乱、和谐、整体的美感。另一方面,也不能过分地使用某一种线型,因为这样易使造型显得刻板单调、无活力且缺乏艺术的视觉张力。故应在统一线型风格的基础上适当使用变化的线型,使造型有一定的差异性,给人以活跃、运

动、新意的感觉,以唤起人们的兴趣。这就需要造型设计师掌握和综合运用不同线型来体现造型的变化美,如:用线采用曲直结合,斜直结合;适当地运用粗细线条的对比、虚实线条的对比、软硬线条的对比。不同线型可产生丰富的对比与调和关系,从而产生生动的表达效果。如图 2-42 所示,在该轿车的造型中主要采用的是曲线曲面的造型风格,但在某些局部如前脸中间则采用了一些尖角、菱边来打破过于圆润的感觉,从而达到美观新颖的造型效果。

2. 线型的组织方式

造型设计中线型风格确定之后,应确定型体的线型组织方式。一般有以下三种方法。

1) 平行与垂直的线型排列

产品的轮廓线和结构线主要采用水平与垂直的方式组织,造型的形体易获得方正、简洁、刚直、稳定的视觉效果,如图 2-43 所示的大型客车侧窗的线型组织方式。但过分单纯地运用这类线型组织形式,也容易形成呆板生硬、缺乏生动活泼的动感。因此,对于一些要求造型活泼、生动、流畅有动感的造型物,则不宜单纯地采用这种线型组织方式。

图 2-42　线型选择

图 2-43　大型客车侧围线型

2) 成组射线的排列

产品造型设计中如果将造型物的部分轮廓线和结构线按一组或多组射线的方式进行组织,造型形态则易获得既简洁、刚直、稳定的视觉效果,又易达到线型生动、活泼,具有一定动感的艺术效果,同时还可以增强造型物的体积感和稳定感。如图 2-44 所示的小型客车侧窗线型采用了成组射线的组织方式。

3) 同族曲线的排列

同族曲线是指曲线的两个端点位置发生变化后,按照一定的规律生成的一组曲线,当仅有一个端点位置变化时,同族曲线又称为比例曲线。产品造型设计中,如果将造型物某些主要的曲线线型按同族曲线的排列方式组织,易使造型获得既圆润、亲切、流畅,又具有统一协调的视觉效果。

图 2-44　小型客车侧围线型

四、比例设计

工业产品造型设计中的比例设计是指产品的某一局部和总体之间的匀称关系。为获得美的造型形式，匀称是最重要的因素之一。因此，正确地确定产品造型的比例，可以形成产品本身统一的比例关系，赋予产品形体的组合以理想的艺术表现力，并使其各部分与组成因素之间有很好的相互联系。

造型设计中常用的比例设计方法有：尺寸相似原理、相似从属原理、相似划分原理、相似混合原理、综合比例原理等。

1. 尺寸相似原理

这种方法首选产品的某一关键外廓尺寸为主要尺寸，将此尺寸采用黄金分割的方法，连续找出多个黄金分割点，求得与该尺寸都具有黄金比的一系列尺寸。然后，用这些尺寸为基本数据，按初定的结构尺寸选取与上述尺寸的组合相近的尺寸为各部分的实际尺寸。由于选取的各部分尺寸既符合结构要求，又符合总体的体量关系，各尺寸间均含有相同的比例因子1.618，所以，由这些尺寸所确定的形体比例，能基本达到协调匀称的要求。

轮距与轴距之比是汽车最为基础的比例，决定了一辆汽车从外观看上去是否匀称，而一般来说，汽车的轮距与轴距之比基本采用了黄金分割比例。也就是说，在满足汽车总布置设计的前提下，尽可能使这个比值接近黄金比。表2-1列举了几种典型的轿车、SUV、跑车的轮距与轴距之比，从表2-1中可看出，不管是何种类型的汽车，其轮距与轴距之比都趋于黄金比。轴距与总长之比也是如此。

各种类型轮距、轴距与总长的统计及比例统计 表2-1

	车　型	前轮距（mm）	轴距（mm）	总长（mm）	轮距/轴距	轴距/总长
轿车	天籁	1560	2775	4850	0.5622	0.5722
	甲壳虫	1508	2515	4129	0.5996	0.6091
	Audi A6	1612	2945	5035	0.5474	0.5849
	Mini cooper	1459	2467	3723	0.5914	0.6626
	Mazda 6	1540	2675	4670	0.5757	0.5728
SUV	Audi Q5	1617	2807	4629	0.5761	0.6064
	神行者2	1601	2660	4500	0.6019	0.5911
	S智跑	1614	2640	4440	0.6114	0.5946
	比亚迪S6	1580	2720	4810	0.5809	0.5655
	昂克雷	1709	3020	5118	0.5659	0.5901
跑车	Audi R8	1632	2650	4434	0.6158	0.5977
	保时捷911	1488	2350	4435	0.6332	0.5299
	宝马Z4	1511	2496	4239	0.6054	0.5888
	法拉利458	1672	2650	4527	0.6309	0.5854
	雷文顿	1635	2665	4700	0.6135	0.5670

2. 相似从属原理

此方法是利用矩阵对角线平行或垂直时各矩形间必然具有比例相似而协调的特征，以及由相同比例矩形所组成的图形，其边界尺寸之间都含有相同的比例关系的原理。设计时，先按产品上某一关键部件的结构尺寸所允许的特征比例，或者按造型设计者的比例爱好来选定一矩形，然后用作图的方法依次确定产品各部分或主要结构形式所构成图形的尺寸。如图2-45

所示,以该小型客车车窗的比例作为特征矩形,可以构建出整车外形轮廓。

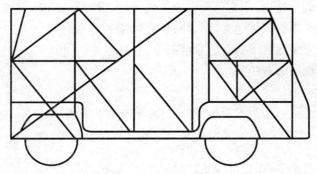

图 2-45 小型客车比例设计

第四节 色彩设计

一、概述

1. 色彩的定义

人之所以能够看到不同的色彩,是光照射到物体上,物体表面将不同波长的光分别吸收和部分反射的结果。对物体反射的不同波长的光产生不同视觉效应,即成为色彩。色彩是不同波长的光波作用于人视网膜上而产生的感觉。人们借助于照射到物体上的光看到世界,光使人们区分物体的形状、轮廓和色彩。

美国光学学会(Optical Society of America)的色度学委员会曾经把颜色定义为:颜色是除了空间和时间不均匀性以外的光的一种特性,即光的辐射能刺激视网膜而引起观察者通过视觉而获得的景象。在中国国家标准 GB 5698—1985 中,颜色的定义为:色是光作用于人眼引起除形象以外的视觉特性。根据这一定义,色是一种物理刺激作用于人眼的视觉特性,而人的视觉特性是受大脑支配的,也是一种心理反映。所以,色彩感觉不仅与物体本来的颜色特性有关,而且还受时间、空间、外表状态以及该物体的周围环境的影响,同时还受各人的经历、记忆力、看法和视觉灵敏度等各种因素的影响。

2. 色彩的分类

根据是否经过人为加工,色彩主要分为天然色彩和人为色彩。由大自然本身所呈现的、不以人的意志为转移、不受人力所影响的色彩称为天然色彩,又称自然色彩,如自然界中各种花虫草木的颜色。而通过人为加工所得到的色彩称为人为色彩,各种人造物(如衣服、玩具等)的颜色基本上都是人为色彩。

二、三原色和色彩的混合

1. 三原色

自从牛顿把白光分离出七色光谱以后,经过许多科学家和色彩学家的反复研究和实践,确立了"三原色理论"。原色,即无法用其他色彩(或色光)混合得到的色,又称基本色、母色。实际"三原色理论"上有两个系统,即色光的三原色和颜料的三原色。

色彩学中把色光中的红、绿、蓝紫称为色光三原色。颜料三原色则为红紫、蓝绿、黄。色光三原色可以合成出所有色彩,同时相加得到白色光。而颜料三原色从理论上讲可以调配出其他任何颜色,同时相加得到黑色。

由两种原色混合得到间色。色光三间色为品红、黄、蓝。颜料三间色则为橙、绿、紫。而色光三间色就是颜料的三原色，因为色光中的黄色由红、绿原色光相加而得，而颜料的黄色是原色之一。这种交错关系构成了色光、颜料与色彩视觉的复杂联系。用间色再调配混合得到的颜色称为复色。复色中包含了所有的原色成分，只是各原色间的比例不等，从而形成了不同的红灰、黄灰、绿灰等倾向的灰色调。

2. 颜色的混合

将两种或多种色彩互相进行混合，造成与原有色不同的新色彩称为色彩的混合。归纳起来，色彩混合可分成加光混合、减光混合和中性混合三种混合类型。

1）加光混合

加光混合即色光混合，又称第一混合，当不同的色光同时照射在一起时，能产生出新的色光，并随着不同色光混合量的增加，混色光的明度会逐渐提高。加光混合产生的结果是色相的改变、明度的提高，而纯度并不下降。

从投照光混合的实验中可以知道：朱红、翠绿、蓝紫三种色光是原色光，两原色光双双混合，又可以混合出黄、青、品红三种间色光，如图2-46所示。如果改变三原色的混合比例，还可以得到其他不同的色光。如红光与不同比例的绿光混合可以得到橙、黄、黄绿等色光；红光与不同比例的蓝紫光混合可以得到品红、红紫、紫红蓝色光等；各种色光混合在一起可以得到白光。加光混合被广泛应用于舞台灯光照明及影视、计算机设计等领域。

2）减光混合

减光混合即颜料混合，又称第二混合。在光源不变的情况下，两种或多种颜料混合后所产生的新颜料，其反射相当于白光减去各种颜料的吸收光，反射会降低。故与加光混合相反，混合后的颜料色彩不但色相发生变化，而且明度和纯度都会降低。所以混合的颜色种类越多，色彩就越暗越浊，最后近似于黑灰的状态。一般来说，透明性强的颜料，混合后减光效果就越明显。

减光混合的三原色是加光混合的三原色的补色，即黄、青、品红，其中每两个原色依不同比例混合，可以得到若干间色，其中朱红、翠绿、蓝紫是典型的间色，如图2-47所示。三个原色一起混合、原色与间色或间色与间色混合出的新色称为复色。复色种类很多，纯度比较低，色相不鲜明。三原色依一定比例可以调出黑色或深灰色。人们在绘画、设计、染色、粉刷中的色彩调合，都属于减光混合应用。

图2-46 加光混合

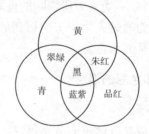

图2-47 减光混合

3）中性混合

中性混合又称空间混合，属于第三混合。中性混合是基于人的视觉生理特征所产生的视觉色彩混合，并不变化色光或发光材料本身。混色效果的亮度既不增加也不减低，所以称为中性混合。中性混合是一种色彩既没有提高，也没有降低的色彩混合。

中性混合主要有色盘旋转混合与空间视觉混合。把两种或多种色彩并置于一个圆盘上，通过动力令其快速旋转而看到的新的色彩混合称为色盘旋转混合。如取一圆盘，一半涂红色，一半涂绿色，当高速旋转后，就可以看到盘中有金黄色出现，如图2-48所示。颜色旋转混合效果在色相方面与加光混合的规律相似，但在明度上却是相混各色的平均值。空间混合则是将不同的颜色并置在一起，当它们在视网膜上的投影小到一定程度时，这些不同的颜色刺激就会同时作用到视网膜上非常邻近的部位的感光细胞，以致眼睛很难将它们独立地分辨出来，就会在视觉中产生色彩的混合。

3. 互补色

互补色又称余色，两原色组成的间色与另一原色之间则形成互补色。形成互补色的两种色光混合后呈现白光；形成互补色的两种颜料混合后呈现黑色。在十二色的标准色环中，成补角的对应两色，为互补色，如图2-49所示。色环中的互为补色的一对色彩，都是一明一暗，一冷一暖，故互补色在色彩关系中，其对比关系最强，给人以视觉上的刺激，因此，表现力强、明快、响亮。

图2-48　红绿高速旋转产生金黄色　　　　图2-49　互补色图示

三、色彩的基本性质

1. 色彩的三要素

在色彩学中，色相、明度、纯度特征被称为色彩的三要素，它们是构成众多色彩关系的主要因素。

1）色相

色相指的是色彩的相貌特征，又称色名、色种，是色彩最基本的属性，也是区分色彩的主要依据。对于单色光来说，色相的面貌完全取决于该光线的波长；对于混合色光来说，则取决于各种波长光线的相对量。可见光中，红、橙、黄、绿、青、紫是六个具有基本感觉的标准色相，人们常以它们为基础，依圆周等色相环列，得到高纯度色的六色色相环，可以参照图2-50选择色相。

2）明度

明度是指色彩的明暗程度，又称亮度，是全部色彩都具有的属性。明度共分11级，对于无彩系，由黑到白分别用0～10表示，最亮是白，最暗是黑，黑白之间是不同亮度的灰色，组成明度色标，如图2-51所示。色彩的明度变化往往会影响到纯度，如红色加入黑色以后明度降低了，同时纯度也降低了；如果红色加白则明度提高了，纯度却降低了。

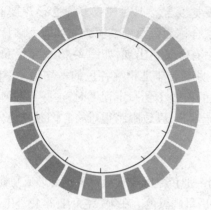
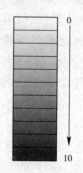

图 2-50　色相环　　　　　　　　图 2-51　明度色标

3）纯度

纯度是指色彩的饱和程度,即色光的波长单一程度,也可称彩度、艳度、鲜度等。三原色是色相环中纯度最高、最鲜艳的标准色,混入其他色后将得到该色相不同纯度的众多色彩。各种不同的色彩含某一种标准色成分越多,纯度就越高,色彩倾向就越明确,色彩感也就越强,颜色也就越鲜艳,以此组成纯度色标。

2. 色立体

将色彩的明度色标、色相环、纯度色标三要素组合在一起,形成三维关系,便可得到近于球状的一个立体,称为色立体。如色立体可以仿效地球仪模型来表示色标模型,如图 2-52 所示,其中赤道表示纯色相环;南北两极连接成的中心轴表示明度系列,南极为黑色、北极为白色、球心为正灰色,南半球为深色系,北半球为浅色系,球表面为清色系,球心为含灰色系(浊色系);球表面一点到中心轴的垂直线表示纯度系列,与中心轴相垂直的圆直径两端表示补色关系。

在这个色立体中,可以找到任一色相的某种明度和某种纯度的色彩。

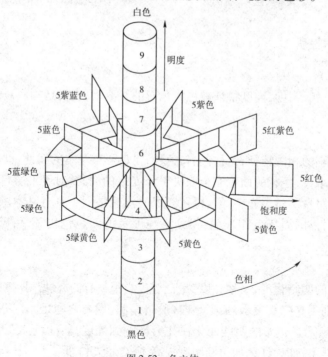

图 2-52　色立体

3. 色彩的表示方法

目前,国际上常用色立体定义色彩,色立体的建立对于色彩的标准化、科学化、系统化及实际应用都具有重要意义,我们可以利用色立体更加清楚、更加标准地理解色彩。目前比较通用的色立体有三种:孟塞尔色立体、奥斯特瓦德色立体、日本研究所的色立体,它们中应用得最广泛的是孟塞尔色立体,目前所用的图像编辑软件颜色处理部分大多源自孟塞尔色立体的标准。

孟塞尔色立体是从心理学角度出发,根据颜色的视知觉特点制定的,是目前国际上普遍采用的颜色分类和标定法,如图2-53所示。孟塞尔色立体以无彩轴作为中心轴,且中心轴分11个明度等级,以不同纯度的色相环环绕中心轴,色相环有10个主色,包括红(R)、黄(Y)、蓝(B)、绿(G)、紫(P)以及黄红(YR)、绿黄(GY)、蓝绿(BG)、紫蓝(PB)、红紫(RP),各色分四个等级,共40个色相。其标色方法是色相(H)/明度(V)/纯度(C),如5R/4/14就表示色相为第5号红色,明度为4,纯度为14,即中等明度的很纯的红色。

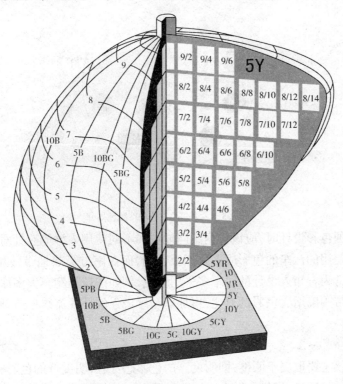

图2-53 孟塞尔色立体

四、色彩的感觉

人们在观察色彩时,会把与该色有关的事物和现象联系起来,产生所谓的色彩的联想,而且这种作用直接反映在人的生理上,如肌肉和血液在不同的色光下都会有相应的变化,这种作用在蓝光下表现最弱,随着色光变为绿、黄、橙、红而逐渐增强。人对于色彩的生理反应主要表现在冷与暖、轻与重、软与硬、进与退、强与弱、膨胀与收缩、质感等感觉方面。这些感觉的形成,一方面取决于人的视觉特征,另一方面也取决于色光的本质特征。

1. 冷暖感

色彩的冷暖感觉又称色性,是色彩给人的一种联想和生理反应,这种反应并不是物理上的冷暖,而是色彩在人的视觉中的刺激,让人产生相应冷暖的生理和心理上的感觉。

比如当我们看到青色、绿色、蓝色这类色彩时常常使人联想到冰雪、海洋、蓝天,给人一种寒冷、宁静的感觉,则往往把这类色彩归为冷色系;而看到红色、橙色、黄色这类色彩时,就会使人联想到阳光、夏天、火,往往给人一种热烈、兴奋、暖和的心理效应,故把这类色彩称为暖色。而黑色、白色、灰色等无彩色,亦有冷暖之分,黑色给人以暖意,而白色则体现冷色调。无彩色和有彩色,特别是高纯度的色彩对比时,也会产生冷暖的感觉,如灰色和蓝色相比,灰色会给人以温暖感觉。

色彩的冷暖定义不是绝对的,而是相对的。比如,黄色对于绿色是暖色,而对于橙色它又偏冷了。就是在各个色系里面,也有多种冷暖层次。色彩学家把10个主要色相分成暖色系和冷色系,可以参照图2-54的孟塞尔色立体的冷暖色划分进行选择。

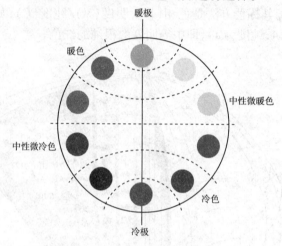

图2-54 孟塞尔色立体的冷暖色划分

在汽车车身的色彩设计时,应该根据不同地域和不同使用人群等有针对性地选择。例如,在北方寒冷地带使用的汽车的色彩应多采用暖色调,而在南方炎热地带使用的汽车的色彩多采用冷色调。通常为青年人设计的轿车多采用暖色,例如法拉利跑车大多涂饰红色,有的在车轮上涂上黄色圈带用以增大色彩的对比,再加以动感极强的外观流线型造型,渲染出令人澎湃的激情和活力。

2. 轻重感

色彩的轻重感主要取决于明度,即明度高的色彩感觉轻,明度低的色彩感觉重。其次是纯度,纯度高的感觉轻,纯度低的感觉重。色彩色相方面的轻重感次序排列为白、黄、橙、红、中灰、绿、蓝、紫、黑。这种轻重感的产生主要在于人们对于色彩的联想,如当看到明度高的色彩时会使人联想到蓝天、白云、雪花、棉花等,给人以轻柔、上升、灵活、漂浮的感觉;而明度低的色彩容易使人联想到煤炭、钢铁、矿石等,使人产生沉重、稳定、下降的感觉。

因此,黑色轿车看上去稳重、结实,会产生沉稳大度、气势威严的效果,易使人肃然起敬。白色轿车则显示出纯洁和高雅,更显示出敏捷和速度。

3. 软硬感

色彩的软硬感是人们对物质材质的一种感受,主要取决于色彩的明度和纯度。一般,明度高和中等纯度的色有软感,明度低的色有硬感,但白色反而软感略高;纯度高的色有硬感,纯度低的色有软感,因为它们易使人联想到动物的皮毛和毛绒织物等。如果高纯度的色彩明度又低,则色彩的硬感更强。色相与色彩的软硬感几乎无关。

4. 进退感

色彩的进退感是色彩对比过程中"显"和"隐"视觉现象使人产生距离上的错觉。从生理学上讲,眼睛在同一距离观察不同波长的色彩时,波长长的暖色如红、橙等色,在视网膜上形成内侧映像;波长短的冷色如蓝、紫等色,则在视网膜上形成外侧映像。因此暖色好像在前进,冷色好像在后退。

这种进退感除了与色彩的色相有关外,还是明度、纯度、面积、对比度等多种对比造成的错觉。冷色、暗色、灰色使人有后退感;而暖色、亮色、纯色则给人以前进感。在标准色中,色相排列以红色给人的前进感最强,其次是橙、黄、绿、紫、蓝。另外,面积对比也有较大影响,如同等面积的红色与绿色并置,则红色有前进感,若在大面积的红底上涂一小块绿色,则绿色有前进感。凡对比度强的色彩则具有前进感,对比度弱的色彩具有后退感。

在傍晚、清晨、雨天和雾天,车辆的行驶安全性会受车身颜色的能见度影响。具有能见度高的车辆,发生事故的概率小,行驶安全性好。前进的能见度好,具有好的行驶安全性,后退色则反之。

5. 强弱感

色彩的强弱感是指色彩对人在知觉上引起的强弱程度。如兴奋与沉静、紧张与舒适、明快与忧郁等。色彩的强弱感与色相、明度、纯度、配色的对比等有关。在色相中,红色有最强感;纯度高的色有强感,纯度低的色有弱感;对比大的配色有强感,对比小的配色有弱感;无彩系中,黑色最具强感,白色最具弱感。

6. 胀缩感

色彩的胀缩感是形状和大小相等的不同特质的色彩,在对比过程中,某些色彩比另外一些色彩给人以胀大或缩小的感觉。这是由于波长长的暖色光与光度强的色光对眼睛成像的作用力较强,从而使视网膜接收这类色光时产生扩散性,造成成像的边缘出现模糊带,产生膨胀感。反之波长短的冷色光或光度弱的色光成像清晰,相比之下有收缩感。所以,当我们在凝视红色的时候,时间长了会产生眩晕现象,会产生模糊不清似有扩张运动的感觉。如果我们改看青色,就没有这种现象了。当这两种色块放在一起对比时,色彩的这种胀缩感觉会更为明显。

色彩的胀缩感除了与色相有关,还与明度有关。同等大小面积的色彩,明度高的看起来会觉得面积大些,有膨胀的感觉;明度低的色彩看起来面积小些,有收缩的感觉。而白色会让人有膨胀感,如宽度相同的黑白条纹布,看上去白条子总比黑条子宽。

7. 质感

人们观察各种颜色时,根据自己的生活习惯和经验,会将某种材料的质地和颜色与某种颜色联系起来,这样就会将颜色赋予材料的质感。如当人们看到黑色时,会马上联想到煤炭、墨汁等;而当人们看到白色时,会自然联想到雪花、白云、面粉等;看到各种鲜艳的颜色时,容易使人仿佛看到各色的花卉。当然,联想到的材料质地感还依个人的见识、生活经验有关。

此外,人的性格、年龄、情绪以及不同民族、不同宗教信仰对色彩的感觉也是不同的。性格方面,一般感情型的人对颜色的喜爱会更强烈些;而理智型的人对颜色往往缺乏明确的好恶感,反应会比较含蓄。儿童大多喜欢极为鲜明的颜色,青年更喜爱白色,老年人更喜欢深色及灰色调颜色。由于文化传统和风俗习惯的不同,不同的民族对颜色的反应也不尽相同,如汉族喜红、蒙古族忌黑白等;如在结婚等喜庆时刻,中国传统多用红色来表示吉祥,而在西方,新娘则穿上白色婚纱以表示纯洁高贵。不同的宗教信仰对颜色的反应也是不一样的,如伊斯兰教视黄色为死亡之色,而佛教则视黄色为金色,用作僧衣,基督教则觉得黄色卑鄙可耻。当然,以上对颜色的不同态度及反应只是相对的,亦会随着时代、观念的发展而有所转变。

五、汽车色彩设计

汽车色彩设计是汽车设计的重要组成部分。在不同地区、不同时期,汽车有不同的流行色彩。流行色是指在一定时期内被人们广泛关注和采用的颜色。

汽车色彩的选择带有很强的地域性。日本国产轿车80%是白色、黑色和灰色。根据2000年资料的统计,德国车辆中约有银灰色33%、蓝色24%、黑色24%、红色8%。美国汽车颜色市场份额的调查表明,白色、银色、红色、蓝色、绿色车身的车辆的比例大致相同,高档车多为中性色彩,如黑色、白色。对北京汽车市场的调查,白色、银灰色和黑色占据车身颜色的前三位。

从安全性的角度考虑,汽车内饰颜色的选择也很重要。因为不同的颜色选取对驾驶员的情绪和驾乘的舒适性有不同的影响。汽车内饰的颜色若采用明快的色彩,能给人以宽敞和舒适的感觉。夏天选用冷色调,冬天采用暖色调,可以调节冷暖感。总之,合理的利用色彩的搭配,可以适当减轻疲劳感,减少交通事故。

轿车宜采用纯色以体现其形体美和工艺美,而大型客车由于形体简单,存在较大的平整表面需要装饰,故多在侧围上用各种图案来进行装饰。

第五节　汽车造型设计过程及评价标准

一、汽车造型设计过程

汽车造型设计过程通常可以分为四个阶段,分别为造型准备阶段、造型深入阶段、造型改进阶段和造型完善阶段。

1. 造型准备阶段

造型准备阶段所应该完成的工作包括接受设计任务、定义设计目的、掌握造型设计趋势、确定设计方向等。

在这个阶段要进行大量的市场调查,了解同类产品的市场销售情况,分析企业文化及消费者的审美趋势,查阅最新的相关法律法规。同时,还应该对新技术、新材料进行调研,做好造型设计前的充分准备。

2. 造型深入阶段

造型深入阶段实际上是一个不断展开、收敛、再展开、再收敛的过程,经过多轮设计反复最后收敛到满意的结果,如图2-55所示。

每一轮设计都要先展开做多种方案,经过评估筛选出少量较好的方案,这个过程就是收敛。然后,在这些方案的基础上再对一些局部方案进一步展开进行设计,再经过评估筛选出较好的方案。直至得到满意结果。如图2-56所示,在某大型客车造型设计初期,先会采用快速手绘效果图等方法来多方案反映造型设计师的设计意向,从这些方案中选择好的方案再进行下一步的详细设计。

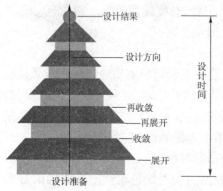

图2-55　造型设计过程

在进行进一步的详细设计时,需要用手工绘制三维效果图或利用计算机建立三维效果图,如图 2-57 所示。同时,对一些局部造型也要进行多方案的设计,并确定较好的方案,如图 2-58 所示。

图 2-56　某大型客车造型方案

图 2-57　三维效果图

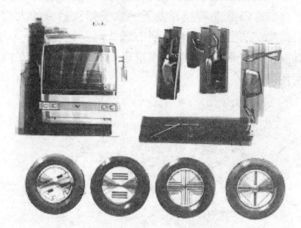

图 2-58　后视镜与轮罩造型方案

3. 造型改进阶段

在这个阶段除了考虑造型的艺术效果外,更多地要结合人机工程、车辆的使用环境、制造工艺、整车造型的整体协调等方面来进行考虑,使设计方案能够很好地满足使用需要。在这个阶段通常需要制作 1:1 或缩尺实物模型以综观未来车型的造型效果,如图 2-59 所示。

图 2-59　实物模型

4. 造型完善阶段

这是造型的最后阶段,通常需要与结构工程师、CAE工程师、工艺工程师协调工作,从结构的合理和先进性、制造工艺的好坏、制造成本、新材料的利用、法规满足情况等各方面对设计方案进行考核和完善,以使造型方案最终转化为好的产品。

二、造型评价标准

通常,在评估一批造型方案时,评估者中许多是领导而非专业人士,他们会凭印象给出好坏评价。然而,这种评价会因人、因时间而异,没有科学依据。为了对造型方案进行科学评价,一般应该从以下几个方面来分析。

1. 艺术作品

一个好的汽车造型方案首先应该是一个好的艺术作品,具有明确的主题、鲜明的个性和新颖性、时尚、完美的整体感、强烈的艺术冲击、使人感觉愉悦和欣喜、符合美学法则。

2. 产品

好的汽车造型方案是要批量生产成汽车的,因此,其结构必须容易批量制造。如果一个汽车造型方案会给制造带来很大的困难甚至难以实现,这样的造型方案再好看也不可能被采用。

3. 商品

汽车生产出来是为了给企业创造效益的,因此,为了成为一种好的商品,必须满足用户需要,且具有好的性价比。例如,某企业曾经开发了一款子弹头造型的大型客车,虽然其外观新颖并在某样车展中获得造型奖,但最终未能得到市场认可。这种造型不仅因为前风窗过于倾斜以致驾驶员在夏天暴露在阳光照射下,而且严重影响车内空间,使车内的可利用空间下降,不能充分满足客车的使用要求。

第三章 人—车—环境系统工程基础

将人机工程学应用于汽车车身设计的研究,主要是为了解决汽车及车身设计如何适应人体特点的问题,从而能够有效地提高人机系统的工作效率。在国外,该研究已经取得了多项成果,研究内容也日益深入。本章将分别从人体基本特性、汽车驾驶员眼椭圆以及驾驶员的手伸及界面进行介绍,为汽车车身设计打下基础。

第一节 人体基本特性及人体模型

一、我国成年人人体静态尺寸

人体尺寸决定了人体占据的几何空间和活动范围,是人机系统或者产品设计的基本资料,包括人体静态尺寸和人体动态尺寸。人体静态尺寸是指人体的结构尺寸。目前,许多国家都建立了适合不同要求的人体静态尺寸数据库。《中国成年人人体尺寸》(GB 10000—1988)按照人机工程学的要求提供了我国法定成年人(男 18~60 岁,女 18~55 岁)人体静态尺寸的基础数据。标准总共给出 7 类 47 项人体尺寸,包括人体主要尺寸、立姿人体尺寸、坐姿人体尺寸、人体水平尺寸等。

1. 人体主要尺寸

人体主要尺寸包括身高、上臂长、前臂长、大腿长、小腿长,表 3-1 列出了人体主要尺寸,以及对应的体重。

人体主要尺寸(单位:mm)　　　　　　　表 3-1

年龄分组 第百分位数 测量项目	18~60 岁男子			18~55 岁女子		
	5	50	95	5	50	95
1.1 身高	1583	1678	1775	1484	1570	1659
1.2 体重(kg)	48	59	75	42	52	66
1.3 上臂长	289	313	338	262	284	308
1.4 前臂长	216	237	258	193	213	234
1.5 大腿长	428	465	505	402	438	476
1.6 小腿长	338	369	403	313	344	376

2. 立姿人体尺寸

立姿人体尺寸包括眼高、肩高、肘高、手功能高、会阴高、胫骨点高，表3-2列出了立姿人体尺寸。

立姿人体尺寸（单位：mm）　　　　　　表3-2

测量项目	年龄分组 第百分位数	18～60岁男子			18～55岁女子		
		5	50	95	5	50	95
2.1	眼高	1474	1568	1654	1371	1454	1541
2.2	肩高	1281	1367	1455	1195	1271	1350
2.3	肘高	954	1024	1096	899	950	1023
2.4	手功能高	680	741	801	650	704	757
2.5	会阴高	728	790	856	673	732	792
2.6	胫骨点高	409	444	481	377	410	441

3. 坐姿人体尺寸

坐姿人体尺寸包括坐高、坐姿颈椎点高、坐姿眼高、坐姿肩高、坐姿肘高、坐姿大腿厚、坐姿膝高、小腿加足高、坐深、臀膝距、坐姿下肢长，表3-3列出了坐姿人体尺寸。

坐姿人体尺寸（单位：mm）　　　　　　表3-3

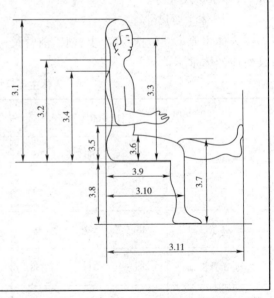

测量项目	年龄分组 第百分位数	18～60岁男子			18～55岁女子		
		5	50	95	5	50	95
3.1	坐高	858	908	958	809	855	901
3.2	坐姿颈椎点高	615	657	701	579	617	657
3.3	坐姿眼高	749	798	847	695	739	783
3.4	坐姿肩高	557	598	641	518	556	594
3.5	坐姿肘高	228	263	298	215	251	284
3.6	坐姿大腿厚	112	130	151	113	130	151
3.7	坐姿膝高	456	493	532	424	458	493
3.8	小腿加足高	383	413	448	342	382	405
3.9	坐深	421	457	494	401	433	469
3.10	臀膝距	515	554	595	495	529	570
3.11	坐姿下肢长	921	992	1063	851	912	975

不同的国家和地区，由于发展历史、地理环境、气候条件、社会生活、经济状况等因素不同，人体尺寸、体型、各部分肢体尺寸的比例均存在差异。即使在同一个国家，由于区域、民族、性别、年龄和生活状况的不同，人体尺寸也会出现比较大的差异。我国地域辽阔、民族众多，不同地区的人体尺寸差异更应该引起设计者的注意，面向不同地区的不同用户群体，应该考虑汽车车身对人体尺寸的适应性。表3-4为GB 10000—1988给出的我国六个地区人体身高和胸围

的均值和标准差。

我国六个地区人体身高和胸围的均值和标准差

（男子18~60岁,女子18~55岁）单位:mm   表3-4

项目		东北、华北		西北		东南		华中		华南		西南	
		均值	标准差	均值	标准差	均值	标准差	均值	标准差	均值	标准差	均值	标准差
男子	身高	1693	56.6	1684	53.7	1686	55.2	1669	56.3	1650	57.1	1647	56.7
	胸围	888	55.5	880	51.5	865	52.0	853	49.2	851	49.2	855	48.3
女子	身高	1586	51.8	1575	51.9	1575	50.8	1560	50.7	1549	49.7	1546	53.9
	胸围	848	66.4	837	55.9	831	59.8	820	55.8	819	57.6	809	58.8

体态正常的成年人人体各部分静态尺寸之间存在着近似的线性关系。通常选取身高作为基础数据,近似地推算其他静态人体尺寸数据。不同的国家、民族,人体各部分尺寸之间的这种比例关系是不同的。图3-1所示是我国成年人静态人体尺寸的比例关系。

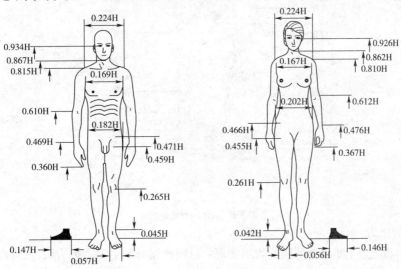

图3-1 我国成年人人体尺寸比例关系

二、人体生物力学特征及作业特点

1. 人体生物力学特征

1）人体运动系统

人体运动系统的工作原理:系统中的骨骼、关节和肌肉在神经系统支配下,使人体各部分完成一系列的运动。其中骨骼、骨连接和骨骼肌是人体运动系统的组成部分,约占人体总质量的58%。

人体骨骼共有206块,其中有177块直接参与人体运动。人体骨骼可以分为三大部分:颅骨、躯干骨和四肢骨。骨骼构成了人体的支架,并赋予了人体基本形态,起着保护大脑或者内脏器官、支持身体和运动的作用,图3-2为人体的骨骼系统图。

骨与骨之间由纤维结缔组织、软骨或骨相连,形成骨连接。骨连接分为直接连接和间接连接两种。间接连接是指能够活动的骨连接,称为关节。典型关节的基本结构包括关节面及其上的关节软骨、关节囊和关节腔三部分。

人体肌肉根据其形态、构造和功能可以分为平滑肌、横纹肌和心肌三大类。横纹肌大都跨越关节附着在骨骼上,通过腱与骨骼相连,故又称为骨骼肌,其活动受神经系统支配,随着人的意志运动,但用力不能持久。人机工程学中主要研究骨骼肌。人体共有434块骨骼肌,按形状来分,骨骼肌可以分为长肌、短肌、阔肌和轮匝肌四种。骨骼肌附着于骨骼上,收缩时以关节为支点牵引骨骼运动,在运动过程中,骨骼起杠杆的作用,关节是运动的枢纽,骨骼肌则是运动的动力器官,所有的运动由神经系统支配。

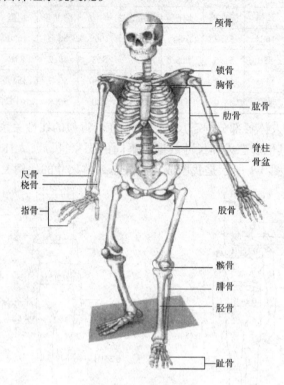

图3-2 人体的骨骼系统

2) 人体的出力

人体运动和出力主要靠骨骼肌的收缩实现。肌肉收缩时产生的力称为肌力,肌力大小取决于单个肌纤维的收缩力、肌肉中肌纤维的数量和肌纤维的横截面积,同时还与肌肉收缩前的初长度、中枢神经系统的机能状态、肌肉对骨发生作用的机械条件等因素有关。在劳动中,操作者施加在操纵装置上用以改变机器、设备状态的作用力称为操纵力。人体所能发挥出来的操纵力大小不仅取决于人体本身出力的能力,还取决于操作姿势、施力部位和方向、持续时间等因素。操纵力与持续时间有关,并会随时间的增加很快地衰减,例如人的拉力由最大值衰减到原来的1/4只需要4min的时间。因此,设计操纵装置时,操纵力的选择需要综合考虑人体出力能力和具体的作业特点。

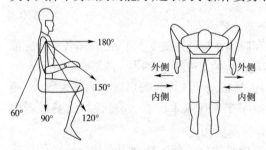

图3-3 坐姿手臂操纵力的测试方位和指向

（1）坐姿时手臂操纵力:一般情况下,左手的力量小于右手;拉力大于推力;手臂处于侧下方时,推、拉力量都较弱;手臂处于正下方时,其向上和向下的力量都较大,且向下的力量大于向上的力量。图3-3所示为坐姿手臂操纵力的测试方位和指向。表3-5是坐姿时不同角度和方向的操纵力数值,表中数据是短时间内能够发挥的最大出力,如果持续一段时间,则出力水平会下降,例如在1min内只能保持平均力最大值的60%。

坐姿手臂操纵力数值　　　　　　　　表 3-5

手臂角度(°)	拉力(N)		推力(N)	
	左手	右手	左手	右手
	向　　后		向　　前	
180	225	235	186	225
150	186	245	137	186
120	157	186	118	157
90	147	167	98	157
60	108	118	98	157
	向　　上		向　　下	
180	39	59	59	78
150	69	78	78	88
120	78	108	98	118
90	78	88	98	118
60	69	88	78	88
	向　　内		向　　外	
180	59	88	39	59
150	69	88	39	69
120	88	98	49	69
90	69	78	59	69
60	78	88	59	78

（2）立姿操纵力：立姿时，手臂的最大拉力产生在肩的下方 180°和肩的上方 0°的方向上。同样，推力最大的方向是产生在肩的上方 0°方向上。所以，以推拉形式操纵的控制装置，安装在这两个部位时将得到最大的操纵力。图 3-4 所示为立姿直臂时手臂操纵力的一项实验结果。

（3）握力：一般人的右手握力约 380N，左手握力约 350N。但是，一般青年男子右手瞬时最大握力有 560N，左手有 430N。握力与手的姿势和持续时间有关，当持续一段时间后，握力显著下降，如保持 1min 后，右手平均握力约 280N，左手约 250N。图 3-5 所示为人的左手握力与手姿势的关系。

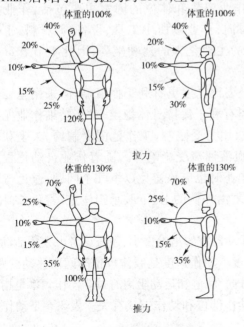

图 3-4　立姿直臂时手臂操纵力

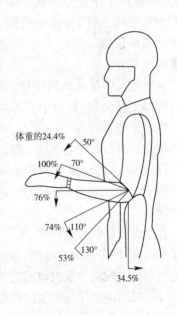

图 3-5　左手握力

(4)坐姿时足的蹬力:足的蹬力大小与人体姿势、足的位置方向有关。若坐姿有靠背支撑时可产生最大的蹬力。图3-6所示为不同体位的足蹬力。与垂线成70°角方向的蹬力最大,此时大腿略向上抬,膝关节角度在150°~165°之间。从俯视角度看,腿蹬方向偏离正前方15°以上时,蹬力大幅减小,操作灵敏度也会明显降低。坐姿有靠背支撑时,借助靠背的支撑,右足最大瞬时蹬力可达2568N,左足可达2364N。右足蹬力大于左足;男性蹬力大于女性。

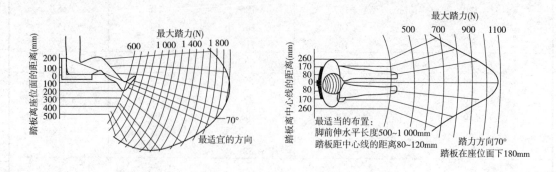

图3-6 坐姿状态下的足蹬力

2. 人体作业特点

人体在人机系统中根据作业的要求具有不同的作业状态,这些不同的作业状态构成了人体在活动状态下的形态。人体活动形态的变化外在表现为一种作业姿势和动作,它会带来人的身心状态的变化,进而影响人的工作质量和生产效率。因此,在设计作业空间等各种人机系统时,必须使操作者具有合适的作业姿势。

人体作业姿势是由各种作业要求所制约的,需要具有姿势变化的适应性,以避免操作者长时间重复一个作业姿势产生疲劳和不适。作业姿势一般可以分为立姿、坐姿、卧姿和坐、立交替姿四种,最常见的是坐姿作业,其次是立姿,再次是坐、立交替姿,卧姿最少见,一般只在作业空间狭小时采用。决定作业姿势和体位的因素主要包括:作业空间的大小和照明条件,身体负荷的大小及用力方向,作业场所中工具、设备、原材料、工作对象等的摆放位置。由于汽车车身设计时考虑的主要是人的驾驶坐姿,因此本节着重介绍人体坐姿作业。

坐姿是人体最自然的姿势,坐姿的优点:坐姿比立姿更有利于血液循环;采用坐姿时主要以臀部支撑全身,有利于发挥脚的作用;坐姿有利于保持身体稳定,对于精细作业尤为重要。然而坐姿也存在一些缺点:不易改变体位,用力受限制,工作范围受制约,久坐和长期坐姿作业容易导致脊柱弯曲、腹肌松弛、大腿血液回流受影响等。随着作业自动化程度的提高,越来越多的作业会采用坐姿,但是坐姿作业时也应该避免以下几个问题:避免弯腰并伴有躯干扭曲或半坐姿的情况;避免经常或反复由一侧的上、下肢承担体重;避免长时间两手前伸。

在操纵控制装置设计中,不仅要考虑人体运动器官的出力大小,还应该考虑人体活动的速度和准确度,即考虑动作速度、动作频率和灵敏度。动作速度是肢体单位时间内移动的距离,在很大程度上取决于肌肉收缩速度,并与运动方向、轨迹和运动阻力有关。动作频率是指操作者在一定时间内动作所重复的次数,其大小与动作部位和动作方式有关。表3-6是动作速度或动作频率与动作部位和动作方式的关系。

动作速度或动作频率与动作部位和动作方式的关系　　　　　　表 3-6

动作部位和方式	动作速度或者动作频率	动作部位和方式	动作速度或者动作频率
手的运动(cm/s)	35	身体转动(次/s)	0.72~1.62
控制操纵杆位移(cm/s)	8.8~17	手控制的最大谐振截止频率(Hz)	0.8
手指敲击的最大频率(次/s)	3~5	手的弯曲与伸直(次/s)	1.0~1.2
旋转把手或转向盘(r/s)	9.42~29.46	脚掌与脚的运动(次/s)	0.36~0.72

三、H 点人体模型及数字人体模型

1. H 点人体模型

H 点是人体身躯与大腿的交接点,即胯点(Hip Point)。目前被各大汽车公司常用的 H 点人体模型是 20 世纪 60 年代由美国汽车工程师学会(SAE)设计设备委员会(SAE Design Devices Committee)研制的 SAE J826 H 点人体模型。SAE J826 H 点人体模型由背板部、座板部、小腿部及足部等构成。背板部由背板、背托架、躯干杆、水平仪 A 及胸部和臀部重块等组成;背托架是以点为铰接点,用来支撑背部和胸部重块的构件。座板部由座板、控制杆、T 形杆、水平仪 B、大腿重块、膝部角度盘等构成。小腿部由左右小腿及质量块组成。

我国汽车座椅 H 点位置确定的标准为《汽车 H 点确定程序》(GB/T 11563—1995),标准应用的 H 点人体模型如图 3-7 所示。人体模型由背盘、臀盘、小腿杆及头部探杆等组成,各部分的尺寸、质量及质心位置均以人体测量资料为依据,它们的轮廓线形状是真实人体形状的统计反映。人体模型的背盘与臀盘的交接处,在相当于人体胯点的位置上设有铰接副,铰接线的中点被定义为 H 点。

当 H 点人体模型按照有关标准的规定安放在汽车座椅上时,模型上 H 点在车身中的位置便是汽车实际 H 点的位置。

模型上装有的量角器是用来在安放模型时确定或者调节各部分之间的夹角的。

利用人体模型可以进行乘坐舒适性校核,可以检查踏板、转向盘、座椅等部件布置的合理性。另外,对于汽车内部空间如头部空间、膝部空间、肩部空间、肘部空间等也需要用人体模型来检查。汽车设计与试验用的人体模型按用途的不同,可以分为不同的种类。例如碰撞试验中用人体模型(假人)、振动试验用的多自由度振动人体模型等。确定车身实际 H 点位置用的 H 点人体模型仅仅是其中的一类。

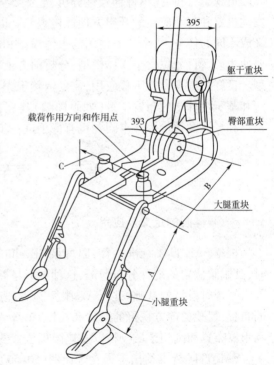

图 3-7　GB/T—11563 H 点人体模型

2. 数字人体模型

数字人体模型是以人体参数为基础建立的,能有效描述人体形态和力学特征的一种计算

机虚拟模型,是汽车人机系统研究、分析、设计和评价中不可缺少的测量和模拟工具。最早的数字人体模型是一种二维的人体模板,例如美国 Ford 公司 S. P. Geoffrey 通过 X 射线法确定骨骼和关节的位置,得到躯干和肢体的活动范围,并据此开发的二维人体设计样板,该人体模板于 1962 年被(SAE)收录到 J826 标准中。随着人体测量学、生物力学、统计学、计算机技术等学科的发展以及汽车设计中对视野、伸及能力、舒适性等深层次问题进行评价的要求,三维平台下的数字人体模型出现并逐渐趋于完善。目前应用的数字人体模型大约有 150 多个,其中汽车人机工程设计领域经常使用的是 Jack、Safework 和 Ramsis 等,这些人体模型在 CATIA 等主流三维设计软件中都有其集成的模块。

CATIA V5 中的人机工程模块是商业人机工程软件 Safework 的简化版本,根据一般应用要求,主要分为人体建模、人体模型尺度编辑、人体姿势分析和人体活动分析四个部分。CATIA 人机工程模块在默认情况下,包含美国、加拿大、法国、日本、韩国五种人体数据。当产品面向的目标群体是与上述国家的人体数据有明显差异的其他国家和地区时,需要根据目标群体的人体数据建立新的人体数据文件,导入到 CATIA 系统中。因此,利用 CATIA 建立中国数字人体模型时,需要根据《中国成年人人体尺寸》(GB 10000—1988)建立中国数字人体模型。

数字人体模型在汽车设计中,主要根据车辆人机工程学原理进行驾驶员和乘客布置设计、驾驶员视野分析、操纵件伸及性分析、舒适姿势预测及评价、布置空间分析、进出方便性分析、发动机罩和行李舱盖的开启方便性检查等。以驾驶员视野分析为例,将各种视野设计内容定义成不同的任务,每个任务使用的人体模型和眼睛位置各不相同。例如:分析 A 立柱盲区,需要使用第 5 百分位女子人体模型;分析前方上视野状况,则需要使用第 95 百分位男子人体模型。良好的虚拟人机工程应用,需要依赖于完善的数字人体模型系统。目前,数字人体模型无法和基于统计学的布置工具(如眼椭圆)建立直接的联系,使得适应度难以把握。此外,姿势预测和舒适度评价等基本问题也有待于进一步研究。

第二节 汽车驾驶员眼椭圆

一、眼椭圆的定义及应用

根据 SAE J941 标准注释,眼椭圆(Eyellipse)是指不同身材的乘客以正常姿势坐在车内时,其眼睛位置的统计分布图形,这种图形呈椭圆状,故称之为眼椭圆,如图 3-8 所示。眼椭圆是汽车视野设计的基础。以 SAE 眼椭圆为理论依据,可以进行如下视野设计内容:内外视镜的布置,驾驶员前方视野的设计和校核,车身 A、B、C 柱盲区的计算、仪表板上可视区的确定,刮水器布置和刮扫区域校核以及遮阳板位置的确定等。

SAE J941 标准给出了男女等比例(50/50)混合后的人群,可调座椅时的第 95 百分位和第 99 百分位假人眼椭圆的确定。此类眼椭圆的使用人群见表 3-7。50/50 等比例混合的人群的眼椭圆用来设计 A 级车辆,对驾驶员和前排外侧乘员的座椅进行定位。

表 3-8 是正视图中不同座椅行程时左右眼椭圆的轴长。眼椭圆轴线在俯视图(Z 平面)和后视图(X 平面)中与车辆轴线平行,但在侧视图(Y 平面)中前端是向下倾斜的。其中,侧视图中椭圆轴线角,$\beta = 12.0°$,β 是一个正值,表示椭圆轴线在前部向下倾斜,并与水平线向下成 $12°$ 角。可调座椅眼椭圆的三视图如图 3-9 所示。

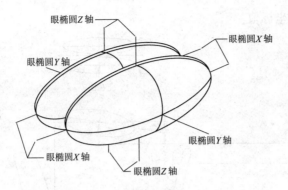

图 3-8 典型眼椭圆模型

参考人体测量学 表 3-7

性别	平均身高(mm)	身高可变化值(mm)
男	1755	74.2
女	1618	68.7

左右眼椭圆的轴长(正视图) 表 3-8

座椅调节行程 (mm)	百分比 (%)	X 轴长 (mm)	Y 轴长 (mm)	Z 轴长 (mm)
>133	95	206.4	60.3	93.4
>133	99	287.1	85.3	132.1
100~133	95	173.8(1)	60.3	93.4
100~133	99	242.1(1)	85.3	132.1

注：座椅调节行程在 100~133mm 之间，眼椭圆的 X 轴长保留先前 SAE J941 标准中的数值。对于这个比较短的座椅行程，没有去收集新的眼睛位置数据。

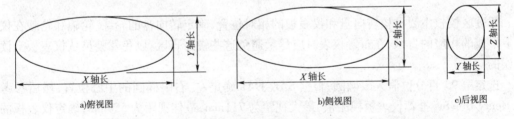

a) 俯视图　　　　　b) 侧视图　　　　　c) 后视图

图 3-9 可调座椅眼椭圆的三视图

眼椭圆中心位置的确定公式见式(3-1)~式(3-4)，图 3-10 所示为眼椭圆定位所需各种参数。左眼点 Y_{cl} 和右眼点 Y_{cr} 的距离为 65mm。中眼点 Y_{cycl} 在 W_{20} 处的驾驶员的中心线上。

$$X_c = L_1 + 664 + 0.587(L_6) - 0.176(H_{30}) - 12.5t \tag{3-1}$$

$$Y_{cl} = W_{20} - 32.5 \tag{3-2}$$

$$Y_{cr} = W_{20} + 32.5 \tag{3-3}$$

$$Z_c = H_8 + 638 + H_{30} \tag{3-4}$$

式中：L_1——加速踏板参考点的 X 坐标；

L_6——转向盘中心点到加速踏板参考点在 X 方向上的距离；

H_{30}——R 点至踵点在 Z 方向上的距离；

t——可变值（有离合器踏板时取 1，没有离合器踏板时取 0）；

W_{20}——R 点的 Y 坐标值；

H_8——踵点的 Z 坐标值。

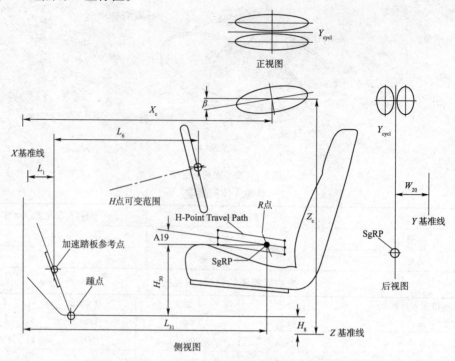

图3-10 眼椭圆定位所需参数、侧视图轴的角度及质心的定位参数

对于垂直方向可调的座椅,在可调的中间范围内,式(3-1)和式(3-4)会因为 H_{30} 而有所调整。如果汽车商所定义的 R 点不在这个中间高度,眼椭圆垂直位置的精确度将会降低。

二、驾驶区校核

驾驶区校核主要校核转向盘和仪表板的相对位置,确定转向盘的轮缘、轮辐和轮毂在仪表板上形成的相应的盲区,在布置仪表时应尽量避免这些视野盲区,以免驾驶员从仪表板上读取错误的信息。

选定第 95 百分位假人眼椭圆,根据 SAE J941 确定左、右眼椭圆的中心位置;然后参考美国 Henry Dreyfus 推荐仪表板视距值,最大视距为 711mm,最佳视距为 550mm,确定仪表板的中心。另外,仪表板视距的确定还可以参考英国默雷尔推荐的公式:

$$D = (1.2 \sim 1.5)L$$

式中:D——最佳视距;

L——仪表板外廓长度。

1. 特征盲区的确定

通过左、右眼椭圆中心点分别作与转向盘轮缘上外边缘和下内边缘的一系列切线,其切线与仪表板的工作平面相交得到一系列交点,将这些交点依次连接所围成的区域即为转向盘轮缘的盲区,而只过左眼椭圆中心点或只过右眼椭圆中心点而得到的盲区称为单眼盲区,左单眼盲区和右单眼盲区的公共部分称为特征盲区,如图 3-11 所示。

2. 双眼总盲区的确定

连接左、右眼椭圆的中心点,通过连线的中点和转向盘轮缘上部的中心点作一条射线,射线与仪表板工作平面的交点称为 C 点,C 点位于特征盲区中。另外,在上述左、右眼椭圆中心点连线的中点处,作与左、右眼椭圆尺寸相同的中央眼椭圆。过转向盘轮缘上部的中心点作中央眼椭圆的切线,这些切线与仪表板工作平面相交得到一系列交点,这些交点围成的椭圆区域就是 C 点的运动轨迹,如图 3-12 所示。将 C 点固定在特征盲区上,使特征盲区随着 C 点沿上述得到的椭圆运动轨迹一起移动。此时特征盲区在仪表板上扫过的区域就是双眼总盲区。

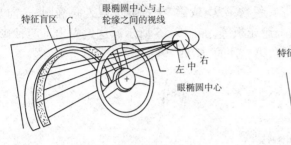

图 3-11 特征盲区

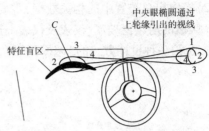

图 3-12 C 点轨迹线

3. 转向盘轮毂和轮辐盲区的确定

通过转向盘轮毂的中心点分别作左、右眼椭圆最下端的切线,将得到的两个切点分别作为左、右眼点。分别过这两个眼点作转向盘轮毂上部和轮辐上部的一系列切线,切线与仪表板工作平面相交得到一系列交点,交点连线下方的区域就是两眼点的盲区。而两眼点盲区的公共部分即为转向盘轮毂和轮辐的总盲区。

4. 总盲区的确定

双眼总盲区与转向盘轮毂和轮辐的总盲区合并在一起即得到第 95 百分位假人眼椭圆下的仪表板总盲区,总盲区中间部分即为可视范围,如图 3-13 所示。根据 SAE J1050 法规对仪表板视野的要求,仪表板显示信息的布置区域必须处于可视范围内。

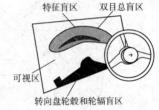

图 3-13 总盲区

三、车辆仪表板反光以及炫目的校核

由于入射角度和仪表板材质的原因,光线经过仪表板上的仪表玻璃和仪表罩反射到前风窗玻璃上,然后通过前风窗玻璃的反射进入驾驶员的眼睛,令驾驶员感觉风窗玻璃上有"鬼影"产生,造成驾驶员炫目,情况严重时甚至会导致交通事故,对整车安全性造成了很大的影响。所以在设计仪表的位置时,需要充分考虑到车辆仪表板反光以及炫目的校核。

造成"鬼影"的光线主要有两个来源:一是外部光线通过风窗玻璃或者两侧车窗射入车内,二是仪表板上的发光件发出的光线。根据光线来源的不同,分别采用两种方法对车辆仪表板炫目进行校核。

1. 方法一

(1) 提取出总布置中的相关数据,主要包含第 95 百分位假人眼椭圆、转向盘、仪表及仪表上遮光板等,如图 3-14 所示。

(2) 从仪表板发光区域的最下缘向上通过遮光板的最外缘做边界入射直线,另一条边界入射直线由仪表板发光区域经过遮光板最外缘射入前风窗玻璃的最上缘。以前风窗玻璃作为反射平面,利用光的反射原理做反射光线。

(3) 确认发射光线与眼椭圆是否有交线。若入射直接与玻璃无交线则不需要确认。

(4) 新型车辆的上下遮光板采用仪表两端比中间小的"帽檐"造型,因此仪表两端发生反光的可能性更大。需要在仪表两端重复步骤(1)~(3),确保整个仪表不会产生"鬼影"。

2. 方法二

(1)参照《汽车风窗玻璃除霜系统的性能要求》(GB 11555—2009)确定前风窗玻璃的 A、B 区。

(2)提取出总布置中的相关数据,主要包含第 95 或第 99 百分位假人眼椭圆、转向盘、包含 A、B 区域的前风窗玻璃、仪表及仪表上遮光板等,如图 3-15 所示。这里提出了两种遮光板设计方式,第一种设计方式的"帽檐"较短,第二种的"帽檐"较长。

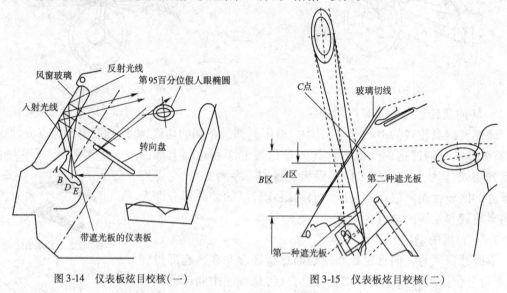

图 3-14　仪表板炫目校核(一)　　　　图 3-15　仪表板炫目校核(二)

(3)在第 99 百分位假人眼椭圆的最上缘做一条水平线,与前风窗玻璃相交于一点 C,以 C 点为切点,做前风窗玻璃的切线。

(4)以过该切线的前风窗玻璃面的切面为镜面,做出第 99 百分位假人眼椭圆的镜像。

(5)分别从仪表板发光区的最上缘点和最下缘点做成像眼椭圆的切线,与前风窗玻璃的交点组成的区域,即为最可能出现"鬼影"的区域,校核该区域是否处于或者接近 A、B 区域。图中虚线切线在风窗玻璃上的区域处于 A、B 区域之内,会造成"鬼影",实线切线在风窗玻璃上的区域处于 A、B 区域之外,不会产生"鬼影",因此第二种设计方案最好。但是遮光板"帽檐"过长,会直接阻挡驾驶员观察仪表板的视线,因此遮光板"帽檐"的选择要适当。

(6)和方法一相同,在仪表两端重复步骤(1)~(5),确保整个仪表不会产生反光带来的"鬼影"。

四、车辆后视镜盲区校核

车辆的后视野指驾驶员通过内外后视镜所能见到的区域,在超车、倒车、制动和转向过程中,起着很重要的作用,它取决于后视镜的镜面尺寸、形状和安装位置等因素。《机动车辆后视镜的性能和安装要求》(GB 15084—2006)对车辆的后视野有具体要求,如图 3-16 所示,阴影区为视野区。

以第 95 百分位眼椭圆为基准眼点进行车辆后视野盲区的校核,将其定位在如图 3-17 所示的车身坐标系中。测量获得内后视镜和外后视镜的镜面尺寸及安装角度,初定镜面中心点 A,求左眼椭圆上距 A 点最远点 B,则 B 点代表距镜面最远的驾驶员眼睛位置;根据光学成像原理,求出驾驶员眼睛在镜中的成像点 C;以 C 点为顶点,则可做出由镜面的 4 个顶角射出的射线,根据 SAE J1050 求出水平单眼后视角和垂直后视角;水平后视角根据镜面宽度、转角等参数可转换成双眼后视角。这样可以确定内外后视镜的视野范围,和图 3-15 中车辆后视野区域的要求进行对比,校核后视镜的视野范围是否满足要求。

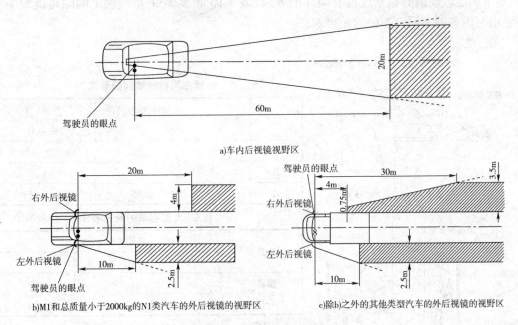

图 3-16 车辆的后视野区域要求

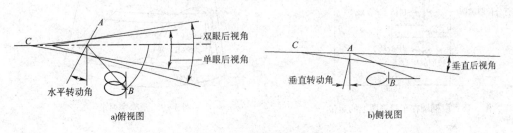

图 3-17 后视镜校核

五、风窗玻璃刮扫面积及部位的校核

眼椭圆的一个很重要的应用就是风窗玻璃刮扫面积及部位的校核。为保证雨雪天气有良好的视野,汽车风窗玻璃刮扫系统不仅应有足够的刮扫能力,而且要有正确的刮扫部位和合格的刮净率。刮扫面积足够但部位过偏,仍然不能认为合格,因此校核刮扫面积和部位是必要的。

校核时,根据 SAE J941 确定眼椭圆的中心位置,选定第 95 百分位眼椭圆,在车身侧视图与俯视图上画出第 95 百分位的眼椭圆,然后按照标准规定的角度分别做眼椭圆的上下左右四个切平面。这四个切平面与风窗玻璃的交线构成了为视野要求的理论刮扫区域或部位,如图 3-18 所示。

此区域的刮净率要求是:区域 C 为 100%,区域 A 为 80%,区域 B 为 95%,如图 3-19 所示。表 3-9 是轿车风窗玻璃刮扫要求。刮净率是指某一理论刮扫区中被实际刮扫到的面积与该理论刮扫区面积之比,即理论刮扫区与实际刮扫区相重叠部分的面积与理论刮扫区面积之比。假设刮水器刮水片两端点沿风窗玻璃表面的运动轨迹是以转轴上的球铰为中心的球面上。那么,实际刮扫区的上下边界可以通过求两个半径不同的同心球面与风窗玻璃表面的交线得到,左右边界分别为刮水片在起始和终止位置时与风窗玻璃表面的交线。

冬季风窗玻璃的除霜系统也有同样的要求,表 3-10 和表 3-11 是在规定的除霜试验条件下,半小时内各种不同汽车的除霜要求。

轿车风窗玻璃刮扫要求　　　　表 3-9

区域	刮净率(%)	眼椭圆百分位(%)	角度(°)			
			左	右	上	下
A	80	95	18	56	10	5
B	95	95	14	53	5	3
C	100	95	10	15	5	1

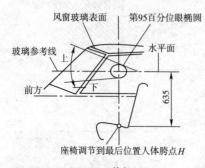

货车、大型客车的除霜要求　　　　表 3-10

风窗玻璃	最低除霜率(%)		
	A	B	C
整块	80	94	99
分块	65	70	84

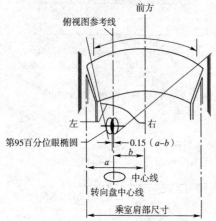

图 3-18　眼椭圆在车身视图上的定位

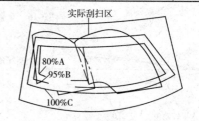

图 3-19　刮净率要求

货车、大型客车风窗玻璃刮扫部位的确定　　　　表 3-11

车　型	H 点离地高度(mm)	区域	角　度(°)			
			上	下	左	右
CBE 和 CAE 型货车	0~1020	A	10	5	18	55
		B	5	3	14	53
		C	5	1	10	15
	1020~1270	A	8	7	18	56
		B	3	5	14	53
		C	3	3	10	15
	1270 以上	A	6	9	18	56
		B	1	7	14	53
		C	1	5	10	15

续上表

车型	H点离地高度(mm)	区域	角度(°) 上	下	左	右
COE型货车	1020以上	A	6	9	18	56
		B	1	7	14	53
		C	1	5	10	15
大型客车(操纵机构前移)	1280~1520	A	7	14	18	65
		B	2	11	18	65
		C	1	11	18	25
轻型货车(多用途)	1280~1520	A	7	5	16	49
		B	4	3	13	49
		C	4	2	8	13

第三节　汽车驾驶员手伸及界面

一、驾驶员的手伸及界面

驾驶员手伸及界面是指驾驶员以正常姿势坐在座椅中，身系安全带，一手握住转向盘时另一手所能伸及的最大空间界面。实验结果表明，驾驶员手伸及界面是形如椭球的空间曲面，如图3-20和图3-21所示。驾驶室内的一切操作钮件、杆件的设计位置均应在手伸及界面以内，这是车身设计中的一条重要原则。

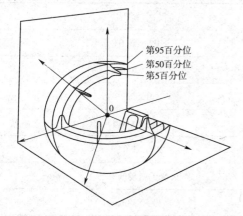

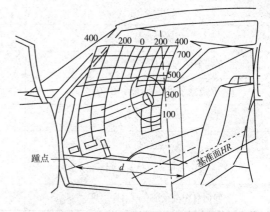

图3-20　手伸及界面形状　　　　　图3-21　手伸及界面在车身中的形状及位置

驾驶员所能伸及的最大空间轮廓面与驾驶员自身的手伸及能力有关。同样，还与驾驶室的空间尺寸有关。在专门试验台上进行手伸及界面测定时，驾驶员自身手伸及能力的统计性将通过驾驶员的身材百分位和男女比来反映。而驾驶室内部尺寸对手伸及界面的影响需要以多元统计分析理论为依据加以分析。

二、驾驶室手操作钮件布置校核

关于汽车驾驶员手伸及界面和其应用，国际标准组织制定的有关标准ISO 3958，是一项人体工程学在车身设中的重要应用成果。以下介绍利用ISO 3958来校核驾驶室手操作钮件布置的合理性，即检验其是否在驾驶员手伸及界面内。

驾驶室内部尺寸(以下简称驾驶室尺寸)是多维的,各尺寸随车型而异。这类多维变量问题,工程中常用因子分析法来尝试。即用因子分析技术进行降维处理,建立因子模型,最终找出反映各尺寸变量对手伸及界面影响的驾驶室尺寸综合因子 G(general factor)。国际标准 ISO 3958 给出了驾驶室尺寸综合因子 G 的计算公式,即

$$G = 0.0018H_z - 0.0197\beta + 0.0027D + 0.0106\alpha - 0.0011W_x + \\ 0.0024W_z + 0.0027\gamma - 3.0853 \tag{3-5}$$

该标准适用于以下尺寸范围内的轿车,如图 3-22 所示,表 3-12 为图中各个尺寸的范围。

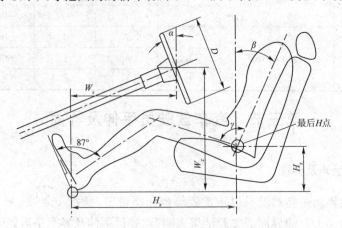

图 3-22 与手伸及界面有关的几何参数

与手伸及界面有关的几何尺寸范围　　　　　　　　表 3-12

尺 寸 类 别	尺 寸 范 围
座椅靠背角 β	9.0°~33.0°
最后 H 点至踵点的垂直距离 H_z	130~520mm
H 点水平调节量(最小值)H_x	130mm
转向盘直径 D	330~600mm
转向盘倾角 α	10°~370°
转向盘中心至踵点的水平距离 W_x	660~152mm
转向盘中心至踵点垂直距离 W_z	530~838mm

国际标准 ISO 3958 以驾驶室尺寸综合因子 G 将各类驾驶室分成 7 档: $G < -1.25$、$-1.24 < G < -0.75$、$-0.75 < G < -0.24$、$-0.24 < G < 0.24$、$0.25 < G < 0.74$、$0.75 < G < 1.24$、$1.25 < G$。每档中根据使用车辆的男女驾驶员比例又分成三种情况,即男女驾驶员比例分别为 90/10、75/25、50/50。

驾驶员手伸及界面校核的步骤:

(1)测量出被校核车辆驾驶室的以下各项尺寸: α、β、γ、H_z、H_x、W_x、W_z 及 D。

(2)根据式(3-5)计算出驾驶室尺寸综合因子 G。

(3)按照式(3-6)计算出基准面 HR 离踵点的距离 d(单位为 mm),见图 3-21。

$$d = 786 - 99G \tag{3-6}$$

如果 $d-H_x \leqslant 0$，基准面 HR 纵向位于踵点之后 d 处；如果 $d-H_x>0$，基准面 HR 纵向位于最后 H 点处。

(4) 根据以上步骤确定的参数，建立由基准面 HR、驾驶员座椅对称平面及通过最后 H 点的水平面三个正交平面构成的直角坐标系。

(5) 测量出被校核的手操作件在该坐标系系中的坐标值。

(6) 根据计算得到的 G 值和使用情况确定男女驾驶员比，从 ISO 3958 给定的 21 张表格中选取相应的表格，这里给出 $0.25<G<0.75$ 时，男女驾驶员比例分别为 50/50、75/25、90/10 时的三张表格，见表 3-13 ~ 表 3-15。

(7) 将步骤(5)中测得的操作钮件坐标值与表格中的对应值对照，若操作钮件离基准面 HR 的距离小于或等于表格中的值，则认为可以伸及，否则为不可伸及，应考虑重新布置。

男女驾驶员比例 50/50 时手伸及界面（单位：mm） 表 3-13

超过 H 点的高度	驾驶员中心线外侧测量点							驾驶员中心线内侧测量点							
	400	300	250	200	100	50	0	0	50	100	200	250	300	400	500	600
800	431	480	498	512	531	538	544	543	552	556	546	534	519	481	434	
700	504	545	559	570	584	590	594	595	608	613	604	594	581	549	507	
600	556	591	604	613	622	622	620	630	646	653	648	640	629	601	560	493
500	590	620	632	640	643	636	622	649	665	674	677	672	664	636	593	525
450	600	628	640	648	648	636	615	652	667	678	686	683	676	648	602	535
400	606	632	644	653	649				677	691	690	684	655	605	541	
350	607	632	645	654	647				673	693	695	690	658	604	543	
300	604	627	642	652	640				663	690	695	692	658	598	540	
250	596	619	635	646	631				649	685	693	690	653	587	534	
200	584	606	624	636	617				631	675	687	685	644	571	523	
100	548	570	591	607					646	664	665	614	524	489		
0	495	518	545	555					601	628	632	567	457			
-100	428	451	484	509					543	579	585	505	371			

男女驾驶员比例 75/25 时手伸及界面（单位：mm） 表 3-14

超过 H 点的高度	驾驶员中心线外侧测量点							驾驶员中心线内侧测量点							
	400	300	250	200	100	50	0	0	50	100	200	250	300	400	500	600
800	431	480	498	512	531	538	544	543	552	556	546	534	519	481	434	
700	504	545	559	570	584	590	594	595	608	613	604	594	581	549	507	
600	556	591	604	613	622	622	620	630	646	653	648	640	629	601	560	493
500	590	620	632	640	643	636	622	649	665	674	677	672	664	636	593	525

续上表

超过H点的高度	驾驶员中心线外侧测量点							驾驶员中心线内侧测量点							
	400	300	250	200	100	50	0	0	50	100	200	250	300	400	500	600
450	600	628	640	648	648	636	615	652	667	678	686	683	676	648	602	535
400	606	632	644	653	649					677	691	690	684	655	605	541
350	607	632	645	654	647					673	693	695	690	658	604	543
300	604	627	642	652	640					663	690	695	692	658	598	540
250	596	619	635	646	631					649	685	693	690	653	584	534
200	584	606	624	636	617					631	675	687	685	644	571	523
100	548	570	591	607						646	664	665	614	524	489	
0	496	518	545	565						601	628	632	567	457		
-100	428	451	484	509						543	579	585	505	371		

男女驾驶员比例 90/10 时手伸及界面(单位:mm)　　　　　表 3-15

超过H点的高度	驾驶员中心线外侧测量点							驾驶员中心线内侧测量点							
	400	300	250	200	100	50	0	0	50	100	200	250	300	400	500	600
800	454	501	519	532	551	557	563	564	574	577	567	556	541	503	457	
700	584	565	578	589	603	608	613	614	628	632	624	614	601	570	528	
600	575	610	622	630	639	639	637	647	663	670	666	658	647	619	578	511
500	608	638	649	657	659	651	637	664	680	689	693	688	680	653	609	541
450	617	645	657	665	663	651	628	666	681	692	701	698	691	663	616	550
400	622	649	661	669	664					691	705	705	699	670	619	555
350	623	648	661	670	661					685	706	708	704	672	617	556
300	619	643	657	667	654					674	703	708	705	670	609	556
250	611	634	650	661	643					660	697	705	703	664	597	545
200	598	622	639	651	629					640	686	698	697	654	580	533
100	561	585	606	621						655	674	675	622	530	498	
0	507	532	559	578						609	637	640	574	461		
-100	438	465	498	522						548	586	592	509	372		

第四章　货车车身结构设计

第一节　概　　述

货车即载货汽车,又称卡车,是指一种主要为载运货物而设计和装备的商用车辆。近年来,随着我国高速公路网的加快建设与不断完善,公路运输行业迎来了大变革、大发展的时代,货车已经从载运货物这一单一功能向可代表物流准时化的服务运输工具这一方向发展。为适应这种多样化的社会需求,货车在追求原有的经济性、稳定性和低公害的同时又开始向信息化、高速化和多样化发展。因此,货车车身的设计也需要紧跟时代的步伐,满足当今社会的需求。

货车车身是指驾驶室和货箱(俗称"货台")两部分。驾驶室作为驾驶员和乘员工作和休息的空间,设计既要满足实用性、耐久性、空气动力性、安全性等基本性能要求,也要具有良好的人机工程环境。货车货箱根据不同的需要可以设计成多种形式,其结构也各不相同,在设计时需考虑的有货箱结构强度、货箱尺寸及容量、前后轴载荷分配等因素,对于厢式货车还要考虑空气动力性能。

一、货车的分类

货车的种类繁多,形式各异,在国家标准《汽车和半挂车的术语和定义——车辆类型》(GB/T 3730.1—2001)中,将货车分为普通货车、多用途货车、全挂牵引车、越野货车、专用作业车和专用货车六大类,具体形式及定义见表4-1。

此外,人们根据日常生活和工作中的不同需要,还将货车按以下几种形式进行分类:按车轴数分为二轴车、三轴车、多轴车;按轮毂数分为四轮车、六轮车、多轮车;按驱动形式分前轮驱动车、后轮驱动车、全轮驱动车;按发动机布置分前置发动机货车、后置发动机货车、在车身地板下的发动机货车;按有无车架分为有车架结构的汽车和无车架结构的汽车;按驾驶室结构分为长头式货车、短头式货车、平头式货车、双排座货车、卧铺式货车、偏置式货车等;按货箱结构分为栏板式货车、厢式货车、油罐车、自卸车、汽车列车等;按载质量分为轻型货车(3.5t以下)、中型货车(4~8t)和重型货车(8t以上)。

二、货车驾驶室特点

货车驾驶室按其结构主要分为以下三种形式:
(1)长头式驾驶室,其特点是发动机位于驾驶室的前部,如图4-1a)所示;
(2)短头式驾驶室,其特点是发动机位于驾驶室的前下部,如图4-1b)所示;
(3)平头式驾驶室,其特点是发动机位于驾驶室的后下部,如图4-1c)所示。

货车分类、定义及其示意图　　　　　　　　　表 4-1

货车分类	定　义	示　意　图
普通货车 General purpose goods vehicle	一种在敞开(平板式)或封闭(厢式)载货空间内载运货物的货车	
多用途货车 Multipurpose goods vehicle	在其设计和结构上主要用于载运货物,但在驾驶员座椅后带有固定或折叠式座椅,可运载 3 人以下乘客的货车	
全挂牵引车 Trailer towing vehicle	一种牵引杆式挂车的货车。它本身可在附属的载运平台上运载货物	
越野货车 Off-road goods vehicle	在其设计上所有车轮同时驱动(包括一个驱动轴可以脱开的车辆)或其几何特性(接近角、离去角、纵向通过角、最小离地间隙)、技术特性(驱动轴数、差速锁止机构或其他形式的机构)和它的性能(爬坡度)允许在非道路上行驶的一种车辆	
专用作业车 Specialized goods vehicle	在其设计和技术特性上用于特殊工作的货车。例如:消防车、救险车、垃圾车、应急车、街道清洗车、扫雪车、清洁车等	
专用货车 Special vehicle	在其设计和技术特性上用于运输特殊物品的货车。例如:罐式车、乘用车运输车、集装箱运输车等	

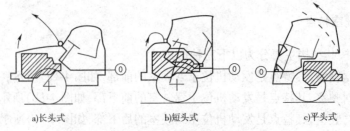

a)长头式　　　b)短头式　　　c)平头式

图 4-1　货车驾驶室的结构类型

此外,还有一种偏置式驾驶室,如图 4-2 所示,这种驾驶室偏置于发动机的一侧,它是平头式或长头式驾驶室的一种变型,主要用于专用作业车。

三、货箱的特点

货车货箱主要可分为两大类:一类是通用货箱,另一类是专用货箱。通用货箱一般可分为平板货箱、低栏板货箱、高栏板货箱和自卸货箱等,图 4-3 所示为几种常见的通用货箱。专用货箱的种类较多,可大致分为厢式货箱、罐式货箱、自卸车货箱和集装箱等,图 4-4 所示为几种常见的专用货箱。

图 4-2 偏置式驾驶室

通用货箱主要用于运输一些装卸方式简单、环境要求不高及周转次数少的货物,如木材、煤炭、布料和粮食等。

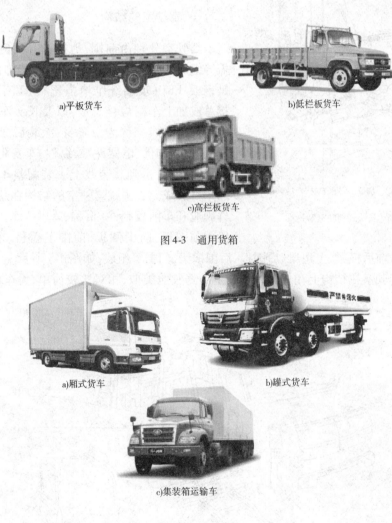

a) 平板货车   b) 低栏板货车

c) 高栏板货车

图 4-3 通用货箱

a) 厢式货车   b) 罐式货车

c) 集装箱运输车

图 4-4 专用货箱

专用货箱主要用于运输通用货箱不宜运输的货物,比如,易损的日用百货、食品等可采用厢式货箱运输,液态的化学品、燃料等可采用罐式货箱运输,而需要跨国远途运输的货物则采用集装箱最为方便。

第二节 货车车身结构

货车车身结构主要包括驾驶室和货箱两大部分,其中,驾驶室是货车车身最重要的部分。由于地域环境和文化背景的差异,不同地区的驾驶室具有独特的地域烙印和鲜明的技术特征。欧洲驾驶室代表了当今世界最先进的技术,追求舒适性和安全性,模块化和系列化设计程度高,以平头驾驶室为主,外部造型高大威猛、内部空间宽敞、配置齐全;北美驾驶室多以长头车为主,造型和设计风格自由流畅,一般采用先定制后装配的模式,使得驾驶室具有很强的个性和自我色彩;亚洲驾驶室更多地侧重于经济性,配置和装备相对简单实用,近年来,在安全性、舒适性和使用寿命上的要求也越来越高。

一、驾驶室的结构

驾驶室分别由前围、地板、车门、侧围、后围、顶盖等组成。驾驶室所用的材料,除装饰件外,大多数是钢板、FRP(玻璃纤维增强塑料)和铝。驾驶室焊接总成加上车门焊接总成,以及长头车的车前板制件各焊接总成统称为白车身;涂装后成为涂装白车身;装上内饰件、电器件、操纵件、车身附件及其他附件之后,可以运到总装线上去装配整车的称已装备的车身总成。长头式驾驶室的结构在总体上可分为驾驶舱和车前板制件(俗称"车头")两大部分,驾驶舱由前围板、前围侧板、前围上盖板、前立柱、后立柱、顶盖、顶盖前后横梁、上边梁、后围板、后围横梁、门槛等组成,如图4-5所示。

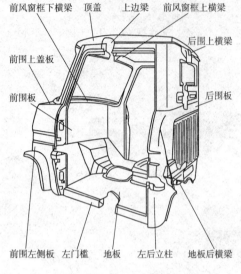

图4-5 长头式驾驶室驾驶舱

平头式驾驶室在结构上和长头式驾驶室的驾驶舱类似,相对比较简单,无车前板制件,如图4-6所示。

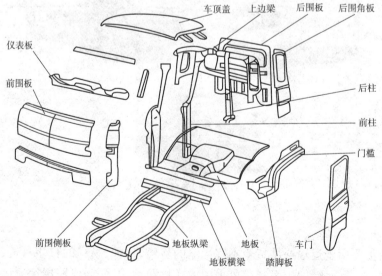

图4-6 平头式驾驶室结构

1. 前围

前围是驾驶室的前部构件,包括前围挡板(防火墙)、前风窗、风窗支柱(A 支柱)、前围覆盖外板等几部分。平头车和长头车的前围结构有所不同,如图 4-7 所示。长头车的前围挡板通常是作为驾驶舱与发动机舱的隔板,发动机位于前围之前。前围挡板上安装了各种电路、管路,还有各种孔和凸台,方便转向机构和其他操纵机构的布置。

平头车前围　　　　　　　　　　　　　　　长头车前围

图 4-7　货车驾驶室前围

平头车的前围又可以分为双层式前围和单层式前围。双层式前围多用于中、重型载货汽车,将前围板分为外板和内板,外板是覆盖件,主要起装饰作用;内板是受力件及附件安装构件,功用基本同长头车前围。双层式前围的优点如下:

(1)由于前围外板可拆,拆卸后可使暖风水管、刮水器、制动管路和驻车制动器拉索等都暴露在外部且与人的站立高度相当,便于维修。

(2)由于是双层,可以充分利用双层之间的布置空间。

(3)从车内看,仪表板下部空间干净利落,有宽敞的伸脚空间。

(4)双层的前围板结构对整车的密封效果和前围的强度均有一定的改善。

单层式前围多用于轻型载货汽车,该前围外板既是受力件又是覆盖件。仪表板下部诸总成均安置在地板与仪表板之间的支架上。单层式前围具有结构简单、质量轻、工艺好等优点,但不具备上述双层式前围的优点。

前围挡板是隔绝驾驶舱与发动机(长车头)、车室与车外(平头车)的一个构件,用以防止发动机的热量、噪声及废气传入驾驶舱内,也防止外部的寒冷或暑热传入车室内。因此,在档次较高的驾驶室设计时在前围挡板内部要加装隔声隔热层,大多采用钢板和中央吸振材料的三明治式结构。

前风窗包括风窗玻璃、玻璃密封条、风窗框等。风窗框是支撑风窗玻璃的构件,一般由风窗支柱、顶盖及上横梁、风窗下横梁等组合而成。风窗支柱又称 A 柱,一般由封闭断面构成。在设计上部风窗支柱时,既要使其横截面积足够大,具有足够的强度、刚度,确保碰撞安全性,又要使视野盲区尽量小。

2. 地板

驾驶室地板由地板和地板梁组成。地板一般是由薄板冲压而成的大面积钣金件,地板梁是主要支撑和受力件,多由厚 2mm 左右的钢板冲压而成,如图 4-6 所示。驾驶室的部件焊在地板上面,并通过悬置与车架连接,乘员的重力也作用在地板上,故要求地板有足够的强度和刚度。

长头车因发动机在驾驶室之前,地板不受发动机的影响,可以做得低而平坦,座椅易于布置,乘员活动方便。对于平头车而言,发动机位于驾驶室后部座椅的下面,驾驶室前部地板平整,或只突起一个不高的通风孔道,后部地板凸起并开有发动机检修孔和检修门,副驾驶员座椅通常固定在检修门上且可以随检修门一同翻起,图 4-8 所示为平头车地板。

3. 车门

中、重型货车的车门多为门窗框与车门内、外板一体冲压成形的整体式车门。轻型车过去多采用辊压成形的窗框与车门内、外板焊接或螺钉连接的形式,现在也向整体式车门发展。

为了改善驾驶室的通风换气,某些车在车门上设置了三角窗(旋转窗),三角窗是供自然通风用的,其结构复杂,成本高且影响视野,如果有其他方式(如强制通风、空调等)解决通风换气问题,则一般不予采用。

4. 侧围、后围及顶盖

侧围、后围及顶盖皆为薄板冲压焊接结构。顶盖为单层结构,为增加刚性,顶盖内通常设有 1~2 根横梁。侧围与后围有单层板的,也有带内板的双层板的。后围通常有后围窗。侧围面积较大时也设侧围窗,侧围窗可以是封闭的,也可以是可开启的。

图 4-9 所示为某平头车的侧围、后围及顶盖结构,其侧围与后围均为双层板结构。

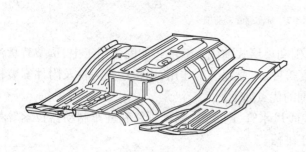

图 4-8 平头车地板

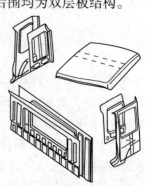

图 4-9 平头车侧围、后围及顶盖

图 4-10 所示为长头车后围及顶盖。在单层后围板结构中,通常会在后围板上焊一些加强梁结构来增加后围的强度刚度。

5. 驾驶室典型结构断面

1)驾驶室结构分块

按照驾驶室不同分块形式,前围可以是包括 A 柱的,其基本结构形式是由"日"字形骨架总成与前围蒙皮共同构成的封闭体。"日"字形骨架总成由上横梁总成、中横梁总成、下横梁总成和左右 A 柱总成所组成。前围也可以是不包括 A 柱的,A 柱与门上边梁、后柱(B 柱)和脚踏板梁组成完整的侧围骨架,如图 4-11 所示。

图 4-10 头车后围及顶盖

图 4-11 驾驶室结构分块示意图

2)典型结构断面

图 4-12 为长头车驾驶室及对其不同部位截取剖面的示意图。图 4-13 为前风窗部位的剖面示意图,图 4-14 为前围 A 柱下段的剖面示意图,图 4-15 为侧围侧窗部位的水平剖面示意图,图 4-16 为后围风窗部位的剖面示意图,图 4-17 为侧围侧窗部位的垂直剖面示意图。

前围上横梁总成即为前风窗上横梁,有闭口和开口之分,如图 4-18、图 4-19 所示。

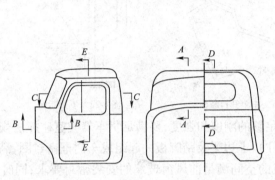

图 4-12 长头车驾驶室及其剖面示意图

图 4-13 前风窗剖面示意图

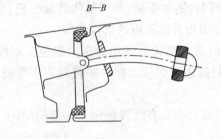

图 4-14 前围 A 柱下段剖面示意图

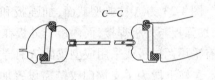

图 4-15 侧围侧窗部位的水平剖面示意图

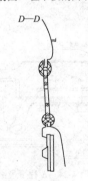

图 4-16 后围风窗部位剖面示意图

图 4-17 侧围侧窗部位垂直剖面示意图

图 4-18 前围上梁封闭断面

图 4-19 前围上梁开口断面

前围中横梁总成可以是由前围板上外板与内板及其加强梁焊接而成的闭口断面,如

图4-20所示,也可以是由发动机挡板与仪表板焊接而成的开口断面,如图4-21所示。下梁是在前围内板与地板的焊接处所焊接的加强梁,下梁将左、右A柱连接,如图4-22所示。

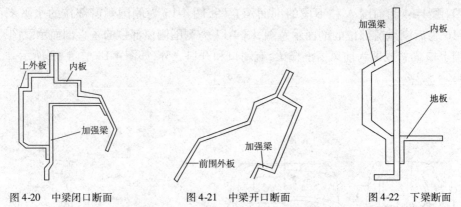

图4-20 中梁闭口断面　　图4-21 中梁开口断面　　图4-22 下梁断面

A柱作为货车驾驶室的重要组件,要有足够的刚度和强度,要满足货车驾驶室碰撞法规的要求及侧立柱的试验要求。A柱与后柱(B柱)、上边梁及踏脚板一起组成车门框密封圈,满足密封的要求;A柱与前围上梁、前围中梁形成的空间满足前风窗玻璃的安装密封要求;同时,A柱还要满足制造工艺、冲压成形性、焊接方便性、定位可靠性要求等。A柱区域的零件一般有:侧围外板、A柱内板、A柱外板、A柱上下加强板、前门铰链加强板、前门限位器加强板、翼子板安装支架等,还涉及顶盖前横梁搭接口、与脚踏板加强板及前隔板的搭接结构。

图4-23为A柱典型截面,加强板和内板都是内藏式结构形式。为尽力避免三层焊接形式,加强板与外板焊接,而内板与外板在门内侧密封翻边处焊接。在一些轻型货车驾驶室上,也有采用两层板或采用成型梁的A柱结构形式。

A柱下段为了支撑门铰链需设置加强板,门内板上也要有加强板用于加强门结构。A柱下段上要有安装前围外板的螺栓孔,如图4-24所示。

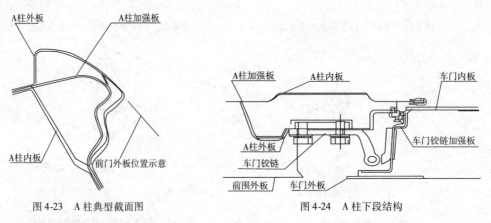

图4-23 A柱典型截面图　　　　图4-24 A柱下段结构

二、货箱的结构

1. 通用栏板式货箱

通用栏板式货箱主要是由纵梁及横梁组成的货箱底骨架、边框、底板和四块栏板(即前板、后板和左、右侧板)组成,如图4-25所示。

按照结构材料的不同,通用栏板式货箱可分为木质结构、金属结构和钢木混合结构三种。木质货箱的纵梁、横梁、底板和栏板均采用木材制成,并通过钢制的钣金件、螺栓及铰链等零件

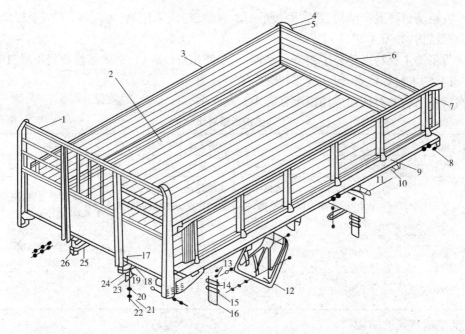

图 4-25 通用栏板式货箱结构

1-前板总成;2-底板总成;3-右边板总成;4-栓座;5-栓杆;6-后板总成;7-左边板总成;8-绳钩;9-开口销;10、18-垫圈;11-销钉;12-挡泥板;13-螺母;14-压板;15-垫板;16-U 形螺栓;17-螺栓;19-弹簧垫圈;20、21-开口销;22-槽顶螺母;23-下支座(在车架上);24-上支座;25-纵梁垫木;26-货箱纵梁

将其互相连接,如图 4-26 所示。底板可通过横梁支撑在其下面的纵梁上。货箱的纵梁则利用若干个 U 形螺栓紧固在车架上,也有少数货箱的底板没有纵梁,而是将货箱横梁直接安装在车架上,此种结构刚性较差。木质货箱的底板和栏板通常用薄钢条包边,为避免早期损坏,在货箱边板的外侧再加钢条包边。

图 4-26 木质货箱结构

金属结构货箱由钢板冲压、焊接而成,货箱底板和栏板均冲压出瓦楞状凸筋,以增强其刚度,如图 4-27 所示。

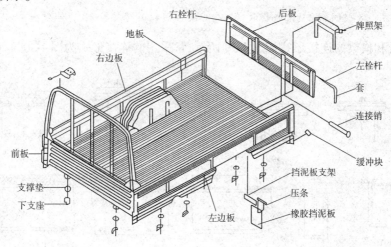

图 4-27 金属货箱

钢木货箱是一种混合结构,通常底板是用木材制成,或采用钢、木间隔,或燕尾形结构,其余部分为钢结构,如图4-28所示。

木质货箱的主要特点是易于制造和修理,但是使用寿命较短;金属结构货箱虽然具有使用寿命长、可节约木材等优点,但在货车行驶中噪声较大。

不同货箱结构的对比和应用情况见表4-2。

不同结构货箱对比 表4-2

货箱种类	木质货箱	钢木混合货箱	金属货箱
结构形式	木质	木底板、钢边板	金属板焊接
优点	有弹性、受冲击碰撞不易变形、修理方便、耐腐蚀、振动小	质量小、寿命长,兼有钢木的优点,是中型货车发展方向	质量小、结构简单、装配容易、刚性大
缺点	质量大、寿命短	加工种类多	无弹性、不耐冲击、不宜装运动物和汽油
应用	多用于老式货箱	应用甚广,逐渐取代木质货箱	多用于小吨位车及自卸车

2. 低栏板货箱的结构

在一般货车上应用最多的是普通栏板式结构,而在普通栏板式结构中,低栏板货箱应用最为广泛。一般低栏板货箱由底板总成(包括底板和底架)、左右边板总成、后板总成、前板总成以及保险架总成、货箱铰链、货箱栓、货箱附件等组成。

1)底架结构

底架结构由横梁和纵梁组成,纵梁和横梁的连接如图4-29所示。

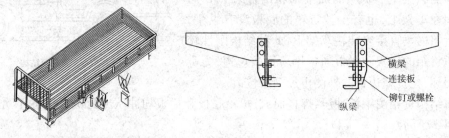

图4-28 钢木混合货箱　　　　图4-29 纵梁与横梁的连接

货箱底板和横梁的连接形式如图4-30所示,常采用的连接形式为图4-30c)、d)、e)、f)、h)所示几种。

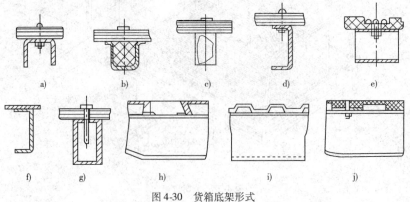

图4-30 货箱底架形式

2) 边板和后板的结构

边板和后板主要有三种结构：一是图4-31a)所示的全金属结构,由整体式滚压成瓦楞形并带上下框的本体与立柱焊接而成。二是全金属结构,本体为瓦楞板,再加上立柱、上边框和下边框焊接组合而成,如图4-31b)所示。三是钢木混合结构,由木板外加钢包皮组成,如图4-31c)所示。

3) 前板结构

前板结构可分为无保险架和有保险架两种,保险架又可分为用角钢焊接的结构和冲压结构两种。

4) 货箱铰链

常用的铰链页板可以分为三种形式：用带料制成的卷耳型上下页板,使用锻件和铸件制成的页板,使用异型断面材料制成的页板。铰链是由页板和销轴组装成的,铰链应转动灵活。

5) 货箱栓结构

货箱栓的作用是连接两块相邻的箱板(前板和左右板或后板和左右板),同时承受通过箱板传来的货物张力;对它的性能要求是开关方便、灵活,还应设置自锁装置。

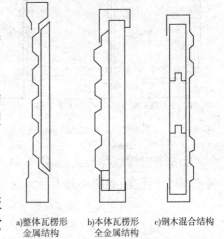

a) 整体瓦楞形金属结构　　b) 本体瓦楞形全金属结构　　c) 钢木混合结构

图4-31　边板和后板结构

6) 缓冲装置

在开启货箱边板和后板时,由于货物张力、以及边板和后板重力的回转惯性力而产生的猛烈撞击,会使边板和后板加速损坏。因此,应在边板和后板上安装弹性元件,以便起缓冲作用。另外,由于边板质量大,一个人开关很费力,为此近年来为边板设置了助力器。边板助力器除了对关闭边板起助力作用外,在开启边板时也能起到缓冲作用,从而提高了边板的使用寿命。

3. 高栏板货箱的结构

在运输密度较小的轻抛物资(例如棉花、稻草等)时,需要高栏板货箱,有些普通栏板式货箱的左右边板也可加插高栏板。在高栏板货箱的中部和后部,通常加装防止栏板胀开的链条,该链条一般分为可调长度和不可调长度的两种结构,图4-32所示为两种结构的高栏板式货箱。

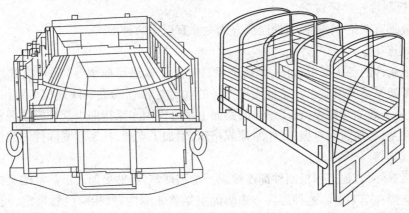

图4-32　高栏板货箱

边板及高栏板的结构形式一般可以分为三种：图4-33a)所示的固定式边板栏板结构,其特点是坚固耐用；图4-33b)所示的可翻式边板栏板结构,其特点是装卸货物方便；图4-33c)所示的铰链式栏板结构,通常用于由低栏板货箱改装的高栏板货箱,加装上去的高栏板拆装方便。同时货箱的两块边板中部可放平形成折叠式条凳,还可加插帆布篷的拧杆,拧杆端部至货箱底板高度一般为 1400～1600mm。

4. 半封闭和封闭式货箱

为了货物的安全和特殊目的,采用半封闭和封闭式货箱,有普通货箱、冷藏或冷冻货箱等类型;多用钢板、铝板或 FRP（玻璃纤维增强树脂）等材料制造;冷藏、冷冻货箱要加上泡沫塑料或玻璃纤维的保温层。货箱质量较大、质心较高,为满足侧倾 35°不翻车,要减少汽车的装载质量。

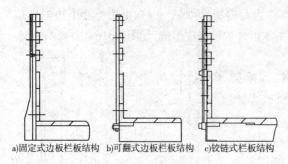

图 4-33 边板和高栏板结构形式
a) 固定式边板栏板结构 b) 可翻式边板栏板结构 c) 铰链式栏板结构

半封闭或全封闭式货箱有帆布篷式、拉帘式和全开带屋顶等形式,如图 4-34 所示。封闭式货箱应用较广泛,用于大宗货物运输的集装箱即属于此类,如图 4-35 所示。

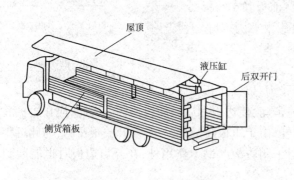

图 4-34 全开带屋顶式货箱

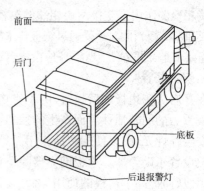

图 4-35 封闭式货箱

三、车前板制件

车前板制件由散热器面罩、灯罩、发动机罩、翼子板及挡泥板等构成。

1. 车前板制件连接形式

货车一般都有车架,车前板制件连接方法主要有以下两种形式。

1) 托架式连接

即车前板制件的各主要覆盖件（如翼子板、挡泥板、散热器框架等）都是独立地用支架或软垫支撑在车架纵梁或横梁上。这种连接方法的优点是各总成或零件只与车架相连接,相互之间不牵连,便于装卸与修理,在质量差的路面上钣金件因车架扭曲引起的撕裂现象较少。缺点是车头刚性差,容易引起抖振、互相摩擦或挤压,增加了支架、托架和紧固件的数量和质量。

2) 整体式连接

除发动机罩外,其他车前板制件都连接成一个刚性整体,然后通过散热器的支撑垫和驾驶室的支撑垫支撑在车架上。这种连接方法的优点是整体刚性好,相对位置稳定,间隙均匀,整个车头流线型好,易于适应造型的需要。缺点是车头装配精度要求高,各零件之间互相影响较多,如果受力分析不当或悬置结构布置不妥,往往会出现零部件撕裂现象。

2. 发动机罩

发动机罩是个大型的冲压件,要保证足够的刚性,多设置加强梁,如图 4-36 所示。为了保

证隔热隔声、自身质量轻、刚性大等,可通过设置内加强梁或内加强板增加发动机罩的刚度。发动机罩通常有以下三种形式:

1) 左右两块式

发动机罩由左右两块盖板通过中间纵向铰链拼接而成,如图4-37a)所示。发动机从左右两侧接近,必要时可以将发动机罩盖板拆下,便于发动机维护。由于这种车头难以适应目前的整体造型需要,新型货车几乎已淘汰了这种结构形式。

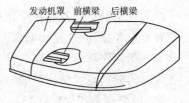

图4-36 发动机罩

2) 整体上掀式

发动机罩为一块整体的大型覆盖件,用铰链与驾驶室前围上横梁铰接,开启时整体向上掀开,用专门的平衡机构保持发动机罩停留在任意开度的位置上,如图4-37b)所示。发动机从上面接近,接近面广阔,但对发动机下部接近比较困难。

3) 整体前翻式

车头全部由钣金零件焊装成刚性整体,并能通过安装在散热器罩下面的翻转机构向前翻转,如图4-37c)所示。其优点是发动机接近性好,但是当车头质量较大时需要安装翻转助力机构,增加了制造成本。

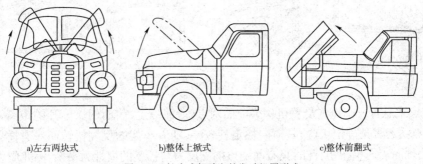

a) 左右两块式　　　　b) 整体上掀式　　　　c) 整体前翻式

图4-37 长头式驾驶室的发动机罩形式

3. 散热器面罩

散热器面罩的功能是保护散热器不易受到破坏,并为散热器提供足够的通风面积。散热器面罩是汽车的重要装饰件,其外形必须满足造型要求。散热器面罩多用钢板、铝板冲压成形或塑料注塑成形。

4. 翼子板

翼子板应能包容车轮,防止泥水飞溅,并满足外观要求。结构设计时需校核车轮跳动到极限位置时是否与翼子板或轮罩相碰。图4-38所示为几种常见的翼子板形式。图4-38a)所示是托架式翼子板,翼子板是单独的,用托架与车架相连;图4-38b)、c)、d)所示都是后部与驾驶舱相连结构,其中图4-38b)与图4-38d)所示将翼子板设计成两部分,点焊在一起,以解决冲压难的问题。

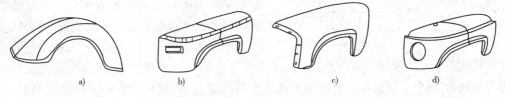

图4-38 翼子板

四、驾驶室悬置方法

驾驶室通过悬置连接于车架上,当货车行驶时,来自路面或发动机的激励,将引起车架的扭转变形和振动,这是影响驾驶室强度和舒适性的主要因素。悬置的作用就是尽可能地减少货车在扭斜停放时或者在各种道路状况下行驶时的车架变形和振动对驾驶室的影响。因此,在设计驾驶室悬置结构时应该考虑:

(1) 合理的布置位置和悬置块参数的选择,使其承载能力强,变形小;
(2) 适当的结构选取,保证驾驶员及乘员的乘坐舒适性。

1. 固定式驾驶室的悬置

1) 悬置点的设置

目前货车驾驶室一般都采用三点或四点式悬置布置,在长头式驾驶室中也有采用五点或六点式悬置的,如图 4-39 所示。

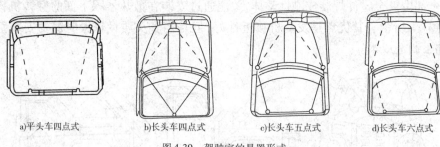

a) 平头车四点式   b) 长头车四点式   c) 长头车五点式   d) 长头车六点式

图 4-39 驾驶室的悬置形式

(1) 三点式悬置。三点式悬置机构为前面两点、后面一点,前面两点分开的距离较大。从理论上讲,三点式悬置是静定机构,其横向稳定性较差,随着车架的反复扭转而左右摇晃。驾驶室因摇晃的惯性力而产生扭矩,此时只有前两点的支反力与摇晃的惯性力平衡,因此应力较大。

(2) 四点式悬置。四点式悬置结构为前面两点、后面两点,呈水平对置式布置或(倒)八字形布置,从理论上讲是超静定问题。与三点式相比,四点式具有驾驶室稳定性好、橡胶垫不易老化、装配工艺简单等优点。四点悬置驾驶室的横向稳定性虽然比较好,但当车架受扭矩而变形时,也会将扭矩传给驾驶室,使之产生扭转变形。如果驾驶室的整体扭转刚度很大,必然在悬置点和地板的悬置支架等处产生很大的应力。

2) 悬置形式

到目前为止,大多数的货车驾驶室都是采用橡胶垫作为弹性元件的悬置结构。悬置既要保证能吸收振动能量和适应车架变形,又要防止驾驶室水平方向的窜动,因此,要求橡胶垫的垂直

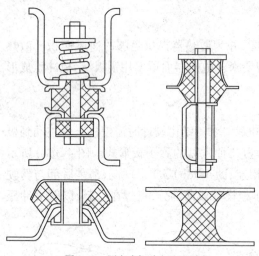

图 4-40 固定式驾驶室悬置形式

刚度比较低而水平刚度比较高。悬置经常承受反复变换的拉力和压力,由于交变载荷易使橡胶垫产生破坏,且单个橡胶垫连接时紧固螺栓容易松动,一般悬置结构中的橡胶垫为上、下两个或多个,每个垫块仅在单向压力下工作。图 4-40 所示为固定式驾驶室悬置形式。

为减少车架变形和振动对车身的影响,应尽量减少悬置点,并将它布置在车架振动的节点附近。为正常发挥悬置作用,驾驶室在支撑部位也必须有足够的刚度。

2. 其他形式的驾驶室悬置

随着对货车驾驶及乘坐舒适性的要求不断提高,驾驶室悬置技术也不断发展和完善,出现了半浮式和全浮式驾驶室悬置装置,在重型货车中已经得到了广泛的应用。半浮式或全浮式悬置采用与底盘悬架相似的钢板弹簧、螺旋弹簧或空气弹簧作为弹性元件,驾驶室部分的或全部的悬置在车架上,通过与悬架结构的匹配,配置筒式减振器,构成一套完整的悬架系统,因此具有良好的缓冲性能和减振性能,显著地提高了货车的乘坐舒适性。同时,由于弹簧的变形量要比橡胶垫大得多,因此,在车架受扭时,其变形量大部分被弹簧抵消,从而改善了驾驶室的受力情况。图4-41所示为全浮式前后悬置。

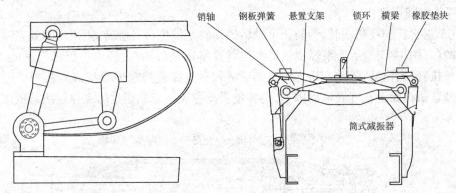

图4-41 全浮式前后悬置

五、车身的辅助机构

1. 发动机罩开闭机构

对于长头式货车,发动机的修理与维护主要是打开发动机罩来进行。发动机罩的开启铰链多为带助力弹簧的平衡铰链,通常为六连杆平衡铰链,如图4-42所示。这种发动机罩铰链固定点 A 及 B 的位置、发动机罩关闭时的初始位置 C_0D_0 和开度最大时的终了位置 C_1D_1 在铰链设计前需要给定。机构中各杆长度和铰链点的位置可按如下方法选取:

(1)初步选取铰链点 E,其初始位置在 E_0,终了位置在 E_1,因此杆长 DE 和 EB 即可确定。当由 E_0 转到 E_1 时,为保证 D_0 到达 D_1,必须使 C_0 同时转至 C_1,因此需另设杆 AG 和杆 CG,CG 与 EB 在 F 点铰连。

(2)为求得 F 点的位置,可将机构作如下处理,即把 $BE_0D_0C_0$ 视为刚体,并绕 B 点按图示方向旋转 φ_{01} 角,使 E_0B 和 E_1B 重合。与此

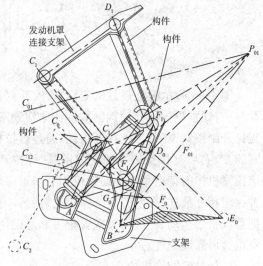

图4-42 六连杆平衡铰链机构

同时,机构 $BE_0D_0C_0$ 转至 $BE_1D_2C_2$ 的位置,如图4-42中虚线所示。作 C_1C_2 的中垂线 C_{12},F_1 点应在此中垂线上取,是无穷多解,其具体位置可以根据与 E_1B 杆的关系来确定。F_1 点确定

后也可以确定 F_0 点的位置。

（3）为确定 AG 的杆长,可应用极角定理。分别作 F_0F_1 和 C_0C_1 的中垂线 F_{01} 和 C_{01},得 F_{01} 和 C_{01} 的交点,称为极点 P_{01},该点也是 CF 杆的旋转中心。G 点作为 CF 杆上的一点,其位置应该满足 $\angle AP_{01}G_1 = \angle BP_{01}F_1$,由此可确定 G_1 点。

（4）由于 F_{01} 和 C_{01} 的交点可能在很远处,使作图求解困难。也可以采用试凑法。即在 CF 杆上先初选 G 点,初定其初始位置 G_0 和终了位置 G_1,作 G_0G_1 的中垂线 G_{01},G_{01} 通过 A 点则 G 点选择正确。

至此,六连杆机构的杆长和铰链点的位置已全部确定。发动机罩开启最大角度时,在平衡铰链上必须设置保险机构,以防止发动机罩自行落下。平衡弹簧的计算可在力分析基础上按螺旋弹簧的计算方法进行。

2. 驾驶室锁止机构

在汽车正常行驶或制动时,为防止可翻转的驾驶室发生自行翻转,需采用驾驶室锁止机构锁定驾驶室。图 4-43 所示为某轻型载货汽车驾驶室锁紧机构,主要由手把机构总成、左右锁紧机构、长拉杆、短拉杆、驾驶室后支撑支架总成和后支撑胶垫总成等组成。其中手把机构总成、左右锁紧机构固定在驾驶室后围上,驾驶室后支撑支架总成通过后支撑胶垫总成固定在车架上。

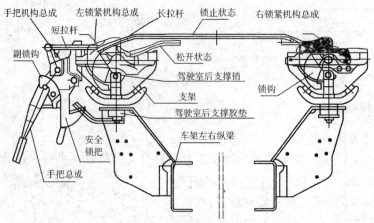

图 4-43 某轻型货车驾驶室锁止机构

图 4-43 所示的是锁紧机构锁紧、松开两种状态。锁紧时手把机构通过短拉杆、长拉杆带动左、右锁紧机构使其锁钩紧紧地钩住驾驶室的左、右后支撑支架上的支撑销。解除锁紧时,先拉开副锁钩,将其手把往外拉动,通过短拉杆、长拉杆带动左、右锁紧机构使其锁钩脱离驾驶室的左、右后支撑支架上的支撑销,往外拉开安全锁把使其脱离挂杆,即可实现驾驶室翻转。该锁紧机构的特点是整个锁紧机构有多重保险功能,其中左、右锁钩的自锁功能与安全锁钩两种保险相互独立,即使有一个保险失效,另一个保险仍然起作用,同时副锁钩有效地防止了手把总成自由运动,保证驾驶室安全可靠地锁住。即使驾驶室受到较大的正面或侧面冲击,驾驶室也会可靠地锁住。

3. 驾驶室翻转机构

对于平头货车,其发动机的检查和维修可以翻转驾驶室来进行。驾驶室翻转机构主要由支架、翻转轴、施力机构、支撑杆及调整机构等组成。翻转机构的形式主要有液压机构和扭杆机构两种,相比于液压机构,扭杆机构具有布置容易、操作轻便灵活、可靠性高等特点。

图 4-44 所示为某轻型货车驾驶室翻转机构,采用了扭杆机构,其翻转机构结构简单,且驾驶室的翻转角(指驾驶室翻转后被支撑杆撑住的位置)大。

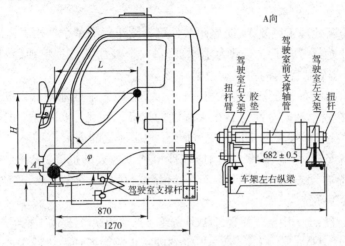

图 4-44 某轻型货车驾驶室翻转机构

第三节 货车车身的总布置设计

在总布置设计中,当汽车的载质量参数确定之后,对驾驶室采用何种形式布置可通过以下的优缺点权衡。

采用平头式布置的货车,其主要优点为:汽车总长和轴距尺寸短,最小转弯直径小,机动性能良好;不需要发动机罩和翼子板等车前钣金件,加上总长缩短等因素的影响,汽车整备质量减小;驾驶员的视野好;采用翻转式驾驶室时能改善发动机及其附件的接近性;汽车面积利用率高。

平头式货车的主要缺点有:前轴负荷大,因而汽车通过性能变坏;因为驾驶室有翻转机构和锁止机构,使机构复杂;进、出驾驶室不如长头式货车方便;离合器、变速器等操纵机构复杂;驾驶室内受热及振动均比较大;汽车发生正面碰撞时,特别是微型、轻型平头货车,使驾驶员和前排乘员受到严重伤害的可能性增加。

平头式货车的发动机通常布置在座椅下后部,此时中间座椅处没有很高的凸起,可以布置三人座椅,故得到广泛应用。发动机布置在驾驶员和副驾驶员座椅中间形成凸起隔断的布置方案仅在早期的平头车上得到应用。平头式货车在各种级别的货车上应用广泛。

长头式货车的主要优缺点与平头式货车的优缺点相反,而短头式介于两者之间,但更趋于与长头式优缺点相近。长头式货车的前轮相对车头的位置有三种:靠前、居中、靠后。前轮靠前时因轴荷分配不合理,已不采用;前轮靠后时,轮罩凸包会影响驾驶员的操作空间;前轮居中时外形美观、布置匀称,故得到广泛应用。

偏置式驾驶室的货车主要用于重型矿用自卸车及其他工程车上。它具有平头式货车的一些优点,如轴距短、视野良好等,此外还具有驾驶室通风条件好、维修发动机方便等优点。

一、驾驶室的设计布置

1. 货车驾驶室特点

货车车身的布置可分为驾驶室的布置和货箱的布置,驾驶室的布置显得尤为重要。驾驶室的布置除了驾驶室的内外造型应该具有时代气息和流行元素之外,安全性和舒适性是驾驶室设计的主旋律。目前,世界先进的货车驾驶室在产品结构和配置装备上具有如下特点:

(1)驾驶室结构为全钢整体设计,安全性能满足或超过欧洲法规对驾驶室的安全要求(ECE R29)。

(2)驾驶室防腐处理工序复杂,防腐耐久性可持续车辆的整个使用寿命周期。

(3)外形设计充分考虑了空气动力学原理,每一个表面部件都单独经过空气动力学模拟和风洞试验,以求得到最完美的空气动力学外形。

(4)驾驶室的内部布置充分考虑人机工程学原理,最大限度地降低驾驶员的疲劳程度,从而使驾驶员的工作效率和安全性得到很大程度的提高;"灵活空间概念"设计思想,使其在有限的内部空间内,提供个性化的功能配置,满足用户多样化的需求。

(5)内部装备安全、舒适、豪华,室内居住性得到了极大的提高:配置空气悬挂座椅、宽大的卧铺、半自动/全自动空调、电控门锁/车窗、环绕式仪表板、安全气囊、碰撞吸能转向柱、电动天窗、高级音响娱乐系统。

(6)驾驶室悬置系统采用空气弹簧,有效地隔绝了振动和噪声,提高了整车的舒适性和平顺性。

驾驶室正成为各种系统的中心控制室,更是驾驶员驾车、办公或者休息的空间,制造厂商都对驾驶室给予了极大的关注,各种新技术、新工艺、新材料得到了大量的应用,豪华型驾驶室更是成为各制造厂商展示自身开发能力和核心技术的舞台,图4-45为某货车豪华型驾驶室的仪表板示意。

图4-45 某货车豪华型驾驶室的仪表板示意

2. 货车驾驶室的设计布置

1)座椅布置

驾驶室可按座位数分为单人座、双人座、三人座等几种,对于长途运输的重型货车还可以设置单卧铺甚至双卧铺。另外,现在还有一些特殊用途驾驶室,如斯堪尼亚三种特殊用途驾驶室:低入口、双排座、双排座加长型,如图4-46所示。

图4-46 斯堪尼亚三种特殊用途驾驶室:低入口、双排座、双排座加长型

货车驾驶员操纵机构及座椅的布置要符合人机工程学要求,有关参数见表4-3及图4-47、图4-48所示。

座椅的布置直接影响驾驶员的视野性,法规要求货车驾驶员应能观察到离开汽车前端12m远、5m高处的交通指挥灯,如图4-49所示。为了改善驾驶员视野,可适当提高座椅高度并减小坐垫与靠背的倾角。

货车驾驶员座椅与操纵机构的布置尺寸及有关数据   表4-3

序号	项 目	数 值	说 明
1	驾驶室内部宽度	单人座不小于850mm,双人座不小于1250mm,三人座不小于1700mm	内宽是在高度为车门窗下缘及车门后立柱内侧量取,轻型货车三人座不小于1550mm
2	坐垫上表面至顶篷高	不小于1000mm	平行靠背量取,轻型货车不小于960mm,图4-48中 $A=100$
3	坐垫上表面至底板距离	370mm±70mm	
4	座椅上下最小调整范围	±20mm	以±35mm为佳。轻型货车允许不调
5	坐垫深度	420mm±40mm	
6	座椅前后最小调整范围	±50mm	以±70mm为佳
7	坐垫宽度	不小于450mm	
8	靠背高度	480mm±30mm	带头枕的整体式靠背,此尺寸可以增加,但增加部分的宽度应减小
9	靠背宽度	不小于450mm	在最宽处测量
10	坐垫角度(与水平面)	2°~10°	
11	靠背与坐垫夹角至少应能在给出的范围内调整	90°~105°	在靠背平直部分测量
12	靠背下缘至加速踏板距离	900~1000mm	
13	靠背下缘至离合器踏板、制动踏板的距离	800~900mm	气制动或带有加力器的离合器和制动器,此尺寸的增加不得大于100mm
14	离合器踏板、制动踏板行程	不大于200mm	
15	转向盘至坐垫上表面距离	不小于180mm	
16	转向盘至靠背距离	不小于360mm	
17	转向盘至离合器踏板、制动踏板距离	不小于600mm	
18	离合器踏板中心至侧壁距离	不小于80mm	
19	离合器踏板中心至制动踏板中心距离	不小于150mm	
20	制动踏板中心至加速踏板中心距离	不小于110mm	
21	加速踏板中心至最近障碍物距离	不小于60mm	
22	离合器踏板中心至座椅中心面距离	50~150mm	
23	制动踏板中心至座椅中心面距离	50~150mm	
24	座椅中心面至车门车门后立柱内侧(高度为车门窗下缘)距离	360mm±30mm	轻型货车不小于310mm
25	车门打开时,下部通道宽度	不小于250mm	
26	车门打开时,上部通道宽度	不小于650mm	

续上表

序号	项目	数值	说明
27	上视角	不小于12°	此两项为推荐值
28	下视角	不小于12°	图4-48中：$B=750mm$；$C=180mm$
29	靠背下缘至前围距离	不小于1050mm	脚能伸到的最前位置
30	靠背下缘至仪表板距离	不小于650mm	
31	仪表板下缘至地板距离	不小于550mm	此项是从安全角度出发来考虑的，允许时建议在布置上尽量达到
32	转向盘到前面及下面障碍物最小距离	不小于80mm	
33	转向盘到侧面障碍物最小距离	不小于100mm	轻型货车不小于80mm
34	转向盘中心与座椅中心面偏移量	不大于40mm	
35	变速杆的所有工作位置应位于转向盘下面和驾驶员座椅右面，不低于坐垫表面，在通过R点横向垂直平面之前，而在投影平面上距a点（a点为R点在水平面上的投影）≤600mm		
36	变速杆和驻车制动器操纵杆在任意位置时，距驾驶室内其他零件或操纵杆的距离≥50mm		

注：1. 除第10和11项尺寸外，所有坐垫和靠背有关的尺寸，都是按人体质量为65kg的情况下量取的。
2. 图4-47和图4-48系按座椅中间位置画出。

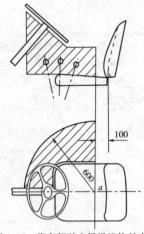

图4-47 货车驾驶室操纵机构的布置

2）车门设计布置

货车驾驶室的车门可以布置成顺开或逆开，两者的差别在于车门铰链的布置，顺开式车门的铰链布置在前，逆开式车门的铰链布置在后。顺开式车门即使在货车行驶时仍可借气流的压力关上，比较安全，而且便于驾驶员在倒车时向后观察，因此被广泛采用。逆开式车门在货车行驶时若关闭不严就可能被迎面气流冲开，因而用得较少，在一些低速工程车及特种车上有采用。

另外，由于货车（尤其是中、重型货车）驾驶室距离地面较高，在布置车门外手柄时需满足人机工程学的要求，具体布置参数见表4-4。

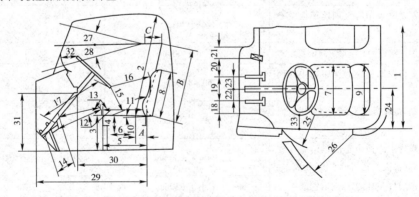

图4-48 货车驾驶员座椅布置尺寸

车门外手柄高度	表4-4
最大总质量(kg)	车门手柄高度 H(m)
<6000	≤1.40
≥6000~15000	≤1.60

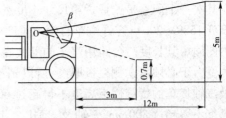

图4-49 货车驾驶员视野性要求

二、货箱的设计布置

一般通用的栏板式货箱的尺寸可根据货箱的计算容积、尺寸限界要求及轴荷分配等因素来确定。

首要因素是货箱的计算容积,该容积应该能保证在运输散装货物和成包货物时,尽可能充分利用汽车的满载质量。汽车的使用实践表明,为了保证正常可靠的运输,散装货物在货箱内的装载高度必须低于栏板高度约50mm,成包货物则容许高出栏板高度约100mm。因此,货箱的计算容积可根据车辆吨位和所运输货物之不同来选取。计算公式如下:

$$V = \frac{M}{\rho}$$

式中:V——货箱计算容积,m^3;
  M——货车最大装载质量,t;
  ρ——货物单位容积质量,t/m^3。

其值按最常运送的货物或单位容积质量适中的货物确定,见表4-5。

农产品和某些建筑材料等货物的容积质量为0.15~0.17t/m^3,用途最广的散装货物的容积质量平均为0.8~1.6t/m^3,成包货物的容积质量约为0.45t/m^3。表4-5所示为某些货物的容积质量。

常用货物单位容积质量　　　　　　表4-5

类　别	名　称	包装方式	单位容积质量(t/m^3)
建筑材料	石灰	散装	1.65
	砂子	散装	1.6
	干土	散装	1.2
	砖	散装	1.5
	锯材	散装	0.8
	各种木材	散装	0.75
	煤炭	散装	0.8~0.95
百货	服装	包装	0.32
	布匹	包装	0.4
	纱线	包装	0.22
	化妆品	盒装	0.5
农副产品	面粉	袋装	0.67
	粮食	袋装	0.6~0.7
	各种蔬菜	散装	0.55
	鲜白菜	散装	0.35
	甜菜	散装	0.65
	马铃薯	散装	0.68
	干草	捆包	0.28
	羊毛包	捆包	0.2~0.22

其次一个因素是选择货箱尺寸。虽然在国家标准《道路车辆外廓尺寸、轴荷及质量限值》(GB/T 1589—2004)容许汽车有较大长度,但是为了减轻其自身质量和提高机动性,设计时总是力图缩短其长度。公路用汽车的最大容许宽度为 2500mm,最大容许高度为 4000mm。货箱的内宽由于必须考虑侧栏板厚度,所以稍小于以上值。栏板高度 H 主要受载质量的限制,挂车及二轴货车的货箱栏板高度不得超过 600mm,二轴自卸车、三轴及三轴以上货车的货箱栏板高度不得超过 800mm,三轴及三轴以上自卸车的货箱栏板高度不得超过 1500mm。

第三个因素是考虑给定的轴荷分配。大多货车采用的是发动机前置后轴驱动的形式,以后轴为双轮胎的 4×2 货车为例,其理想的轴荷分配是前轴占 30%~40% 的总质量,后轴占 60%~70% 的总质量。通常货箱的质心(按载荷均布而考虑位于货箱的正中心)系位于汽车后轴线之前一定距离(为轴距的 2%~20%)处,因此,货箱长度 L_K 可按 $L_K = 2L_N$ 定,如图 4-50 所示,L_N 为货箱质心至驾驶室后围的距离减去前栏板厚度和驾驶室与货箱之间的间隙。初步确定货箱长度 L_K 后还必须校核是否能获得满意的有效容积,当需要加长 L_K 时应考虑离去角的限制。

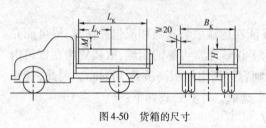

图 4-50 货箱的尺寸

货箱距地面的高度通常取决于车轮直径及其跳动时所需的间隙,其值为 1000~1400mm,此高度与铁路货台高度大致相适应,以便于装卸货物。为了运输笨重货物或牲口等,有时希望降低货箱地板高度。此时就不得不使轮罩凸出于货箱地板以上,因而使货箱地板和底架的结构复杂化,同时还减小了有效容积。

第五章　客车车身结构及其设计

第一节　客车车身结构及其分类

客车是指在设计和技术特性上用于载运乘客及其随身行李的车辆,由于其载客量大,空间利用率高,在全世界范围内都得到广泛应用。客车车身作为客车的重要组成部分,其设计质量决定了客车的许多性能。

客车车身主要由骨架结构和蒙皮结构两部分组成。在客车结构中,车身既是承载单元,又是功能单元。作为承载单元,由车身骨架与底架或车架(小型客车车身壳体直接与车架连接)组成的整体结构,在客车行驶中要承受多种载荷的作用。作为功能单元,车身应该为驾驶员提供便利的工作环境,为乘员提供舒适的乘坐环境,保护他们免受车辆行驶时产生的振动噪声和废气及外界恶劣天气等的侵袭。同时,在交通事故中,可靠的车身结构和乘员保护系统有助于减轻对乘员和行人造成的伤害。此外,合理的车身外部形状可以使客车行驶时能有效地引导周围的气流,提高车辆的动力性、燃油经济性和行驶稳定性,并改善发动机的冷却条件和车内通风。因此,客车车身结构对客车产品的设计制造有着十分重要的影响。

一、客车车身定义

在《汽车和半挂车的术语和定义》(GB 37301—88)中,客车车身的定义为:具有长方形的车厢,主要用来装载乘员和随身行李。

二、客车车身分类方法

由于客车品种繁多,车身的分类形式也是多种多样的。通常,可以按客车的用途、承载形式和车身结构进行分类。

1. 按用途分类

按客车的用途可分为城市客车、长途(旅游)客车、团体客车和专用客车四类。

1)城市客车

城市客车是为城市内公共交通运输而设计和装备的客车,如图 5-1 所示。这种车辆设有座椅及乘客站立的区域。由于乘客上下频繁,所以,城市客车具有车厢内地板低、过道高、通道宽、座椅少、车门多,车窗大等特点。为了满足大、中城市公共交通的需要及环保要求,城市客车正逐步向大型化、低地板化、环保化、高档化和造型现代化等方面发展。

2)长途(旅游)客车

长途客车又称公路客车,是为城市间旅客运输而设计和装备的客车,如图 5-2 所示。由于旅客乘坐时间较长,这类客车必须保证每位乘客都有座位,不设供乘客站立的位置。为了有效利用车厢的面积,座椅布置比较密集,而且尽可能提高座椅的舒适性,座椅质量都比较好。长途客车车厢地板高,地板下面设有存放行李物品的行李舱。地板一般设计成凹形,这样可以兼顾足够的行李舱空间和车内过道高度,有利于提高车身的抗扭刚性。为了提高整个车身的刚度,这类客车的车门少,且多布置在前轴之前。对于高速公路上的快速客运车辆,要求具有更高的可靠性、行驶安全性、乘坐舒适性和高速行驶性能等。

图 5-1　城市客车

图 5-2　长途(旅游)客车

旅游客车是为旅游而设计和装备的客车,其与长途客车的设计原则基本相近,但在外观和舒适性等方面要求更高,车内设施及附件设备也更豪华和高档。为使观光方便,旅游客车的视野一般较开阔。中高档长途客车也可作为旅游线路客运车辆使用。

3)团体客车

团体客车是为单位、机关团体、学校等单位职工或学生集体出行所设计的车型,如图 5-3 所示。这种车型也需要为每位乘客提供座位,但可以无地板下的行李舱,内饰可以简化,也可根据需要进行特殊设计,如供儿童乘坐的专车,其座椅可以设计成鲜艳的颜色。团体客车由于乘客集中上下车,故不需要较多的车门。

4)专用客车

专用客车是为一些专门用途而设计和装备的客车。它们根据特定要求,按专门规定的设计标准和用途来制造,如机场摆渡客车、采血车和会议客车等。图 5-4 所示的是由湖南大学与湖南衡山汽车制造有限公司共同开发的宿营客车。

图 5-3　团体客车　　　　　　　　　　图 5-4　宿营客车

2. 按承载形式分

客车车身结构按车身承载形式可分为非承载式、半承载式和承载式三大类。非承载式和半承载式车身结构都是对应于底盘有独立承载的车架结构,而承载式车身则对应于底盘无独立承载的车架结构。按承载形式对车身结构进行分类,表征了不同形式的车身结构的组成以及车身制造工艺过程中的差异。

1) 非承载式客车车身

非承载式客车车身是指具有一个独立的车身结构的客车车身形式。这类车的底盘有较强的独立承载车架,车身是通过多个橡胶衬垫或弹簧安装在车架上的,如图5-5所示。车身与车架弹性连接,安装在车架上的车身对车架的加固作用不大,车架是支承全车的基体,承受着安装在其上面的各个总成的各种载荷。车身只在一定程度上承受由车架弯曲和扭转所引起的载荷,所以严格说来,车身并非完全不承载。车架的振动通过弹性元件传到车身上,由于弹性元件的挠性作用,大部分来自路面的振动和冲击能被减弱或消除,在坏路行驶时可以对车身起到保护作用。

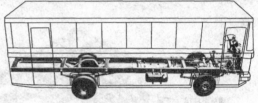

图5-5 非承载式客车的底盘及车身

非承载式车身通常由专业化车身厂家生产,然后安装在由具有底盘生产资质的厂家生产的客车底盘的车架上。该车身结构形式具有以下优点:

(1) 连接车身和车架的橡胶衬垫或弹簧可以起到一定的缓冲、隔振和降低噪声的作用,车厢内噪声低,缓冲隔振性能和乘坐舒适性较好。

(2) 底盘与车身可以分开生产再组装成一体,便于在同一底盘上安装不同的车身,简化了装配工艺,便于组织专业化生产,可以保证车身制造质量,尤其是油漆质量。

(3) 有车架作为整车的基础,便于在汽车上安装各总成和部件。

(4) 安全性能由底盘加强,遇到撞车事故时,车架可以对车身起到一定的保护作用,车厢变形小。

基于上述优点,非承载式车身形式在轻型及中型客车的设计中仍然应用广泛。但其在结构上也存在明显的缺陷:

(1) 在设计时不考虑车身参与承载,而是由底盘单独承载,所以必须保证车架的强度和刚度足够大以满足设计要求,这样就使得整车的质量增大,不符合车身轻量化的设计趋势。

(2) 车架的存在使得车身地板高度的降低受到一定的限制,不适合城市客车低地板化的趋势。

(3) 车架纵梁是大型零件,其制造需要大型锻压设备、装焊夹具及检验检具等一系列昂贵复杂的生产设备。

(4) 底盘结构调整不易,改进成本高,开发周期长。

(5) 客车质心高,高速行驶时稳定性较差。

2) 半承载式客车车身

半承载式车身就是车身与车架刚性连接,车身参与部分承载的结构形式。其结构特点是底盘仍保留有车架,车身通过焊接、铆接或螺栓连接与车架作刚性连接,是一种介于非承载式车身和承载式车身之间的车身结构。它的车身本体与底架(此时的车架也可称之为"底架")刚性连接,将车身骨架侧壁立柱与车架纵梁两侧的外伸横梁(或称牛腿)连接在一起,故车身也可以分担一部分弯曲和扭转载荷。

半承载式车身的优点是结构简单,对车辆进行改装容易,可以适当地降低地板的高度;同时车身部分参与了承载作用,设计时可在一定程度上减弱底架的强度和刚度,减轻客车的自身质量。但由于保留有底架,半承载式车身还是一种过渡结构,车身地板的高度受底架的限制而难以很大程度的降低,整车的轻量化仍受到一定的限制。

图5-6所示是典型的半承载式客车车身结构,一般是在现有的客车专用底盘(其车架由两根前后直通的纵梁与若干横梁组成)上将车架用若干悬臂梁(牛腿)加宽并与车身侧壁立柱刚性连接,使车身骨架与车架共同承载。半承载式车身适应于一些中小型客车生产及改装企业,通过从专业的客车底盘厂采购客车底盘,可以很方便地改装车身结构,对生产设备要求不高。

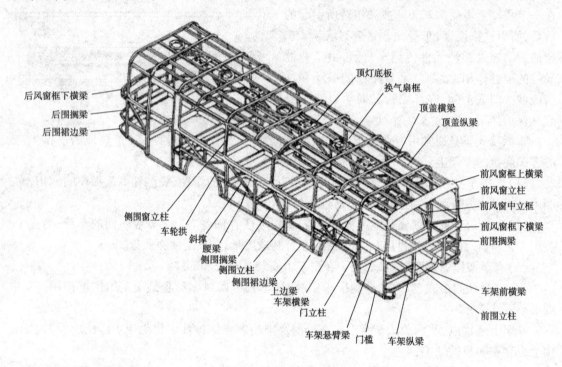

图5-6 半承载式客车车身及车架

3) 承载式客车车身

客车上的承载式车身技术在高档豪华客车制造中应用广泛。该技术是德国凯斯鲍尔公司于20世纪50年代首创,将飞机制造的整体化框架结构技术应用于客车生产,并通过严格的试验,使客车具有经济、安全和舒适等优点,尤其适应高速长距离客运。在传统技术条件下,客车产品要达到低地板、轻量化、配置人性化、低排放、高环保、乘客空间大等种种要求越来越难,而承载式车身技术的出现,适应了时代的要求。

承载式车身就是无独立承载车架的整体车身结构形式。其结构特点是底盘没有传统的冲压成形铆接式车架结构,而是由矩形钢管构成的格栅式底架结构,该底架结构一般不能单独承载。底架、前围、后围、左右侧围、车顶六大片组成承载式车身结构。车身采用封闭环结构,由于没有传统的车架,故可降低地板和整车高度。载荷由包括底架的整个车身承受,车身上下部结构形成整体,可以充分利用车身的承载能力。因此,对于承载式车身结构,其发动机、传动系统及前后桥等总成是在底架与车身焊接形成整体承载结构后再安装到底架的相应位置上的。

图 5-7 所示是奔驰 O404 大型客车的承载式车身结构,其底架是薄钢板冲压件或用型钢焊制的纵横格栅,以取代笨重的车架。格栅是高度较大(约 500mm)桁架结构,因而车身两侧地板上只能布置坐席,而坐席下方高大的空间可用做行李舱,故适用于大型长途客车。承载式车身结构的特点是所有的车身构件都参与承载,互相牵连和协调,充分发挥材料的潜力,使车身质量最小而强度和刚度最大。

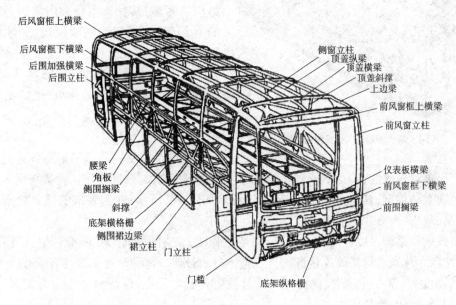

图 5-7　奔驰 O404 大型客车的承载式车身

承载式车身的优点:

(1)车身结构在设计时就进行了有限元分析和计算,优化了车身结构,使得车身质量降低,结构强度与刚度提高。

(2)可以根据需要合理设计地板高度,达到降低地板高度以方便乘客上下车,或适当增加地板高度以增加行李舱容积的不同需要。

(3)加工不需要大型的冲压设备,便于产品改型,容易实现多品种系列化生产。

但采用承载式车身也存在一些不足和现实问题需要解决。首先,由于取消了车架,来自道路的振动冲击会通过悬架装置直接传给车身本体,而车身又是易于形成空腔共鸣的共振箱,噪声和振动较大,可能恶化乘坐舒适性,因此,对隔振降噪的设计要求较高,使得成本和质量都会有所增加。其次是需要严格控制下料精度,承载式车身主要采用小截面方管焊接结构,需要重点控制下料尺寸、角度以及下料后弯折的加工精度,下料的准确度关系到小总成乃至车身焊接总成的准确度。再次,需要严格控制焊接变形和焊接应力。承载式车身相对于半承载式和非承载式车身,其焊接工作量明显增加,焊接接头的数量也成倍增加。由于其结构特点导致整车骨架对接头处焊接质量更加敏感,因此,需要研究焊接工艺,提高焊接水平,更加严格的控制接头处的焊接质量。最后,要设计一个好的承载式车身结构,必须有先进的结构分析手段和丰富的设计经验,否则可能导致所设计的车身质量比其他形式的车身质量还大。

3. 按车身结构分类

根据车身结构上的差异,可将客车车身分为薄壳式、骨架式、复合式和嵌合式结构等几种。

1) 薄壳式结构

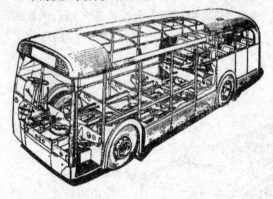

图 5-8 客车的薄壳式车身结构

薄壳式车身结构无较强的独立骨架结构,构成车身整体的主要是板块式构件,蒙皮也参与承载。图 5-8 所示为薄壳式车身结构的客车,其骨架主要采用截面为带凸缘的 U 形板材,强度和刚度较弱,必须依靠牢固焊接或铆接在骨架上的外蒙皮来予以加强。这种结构具有质量轻、材料消耗少、生产率较高及易于改型等优点,通常用于一些微型和轻型客车上。

2) 骨架式结构

这种车身结构的骨架主要是由抗扭刚度较大的矩形钢管构成的,车身不依靠外蒙皮加强,外蒙皮主要起装饰作用。骨架型钢多采用性价比高的碳素结构钢,其中 Q235 应用比较广泛。如图 5-9 所示,在组焊成的独立骨架上装配车门、车窗、蒙皮、内饰和地板等。

骨架式车身结构可以分为六大片,分别是顶骨架、左右侧围骨架、前围骨架、后围骨架和底骨架,这六大片通过焊接等连接方式合成整体空间骨架。这种车身结构具有承载能力好、整体强度和刚度高、窗立柱较细、侧窗开口大且视野开阔等优点,广泛地应用于大型客车车身。但焊接工艺较复杂,质量较大。

3) 复合式结构

复合式车身结构是将薄壳式和骨架式两种结构融为一体的一种车身结构。在受力较小的部位用薄壳式结构,而受力大的部位则采用骨架式结构。图 5-10 所示的是日本三菱汽车公司生产的一款复合式车身,该车的前后围为薄壳式结构,第二立柱与最末立柱之间为骨架结构。复合式车身结构比薄壳式车身结构弯曲及扭转刚度高,比骨架式结构的生产效率高,质量有所减轻。

4) 嵌合式结构

嵌合式车身结构是根据车身不同部位的受力情况,有针对性地将铝挤压型材嵌合而组成车身的侧壁,如图 5-11 所示。型材嵌合后将环氧树脂挤入连接处,树脂硬化后即可将铝型材牢固的粘结在一起。铝型材上有纵向整体式加强筋,可以用铆钉与钢质的竖框铆接在一起,因此,车身强度高、质量轻且不易损坏。这种车身采用蜂窝状夹层结构的铝板制成顶盖和地板,中间填充经发泡处理的氨基甲酸乙酯。顶盖和地板再与前述的挤压铝型材侧壁构件一起构成整个车身的壳体,其装配前的各部分组件如图 5-12 所示。嵌合式车身结构具有强度高、质量轻和寿命长等优点,适合于中型客车的车身。

图 5-9　骨架式客车车身

图 5-10　复合式客车车身

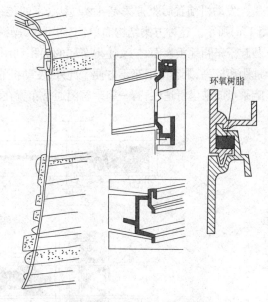

图 5-11　嵌合式客车车身侧壁结构

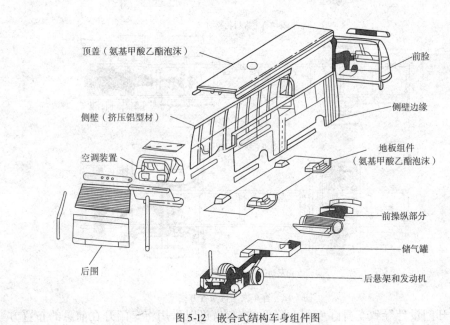

图 5-12　嵌合式结构车身组件图

第二节　车身总布置设计

一、发动机与车门的布置

1. 发动机布置

客车车身的总布置设计在很大程度上与发动机的布置相关联。发动机布置主要有前置、中置和后置三种，如图 5-13 所示。

1) 发动机前置后驱(FR)方案

发动机前置后驱方案是 4×2 型汽车的传统布置方案,主要应用于轻型及中型客车上,如图 5-13a)所示。这种方案结构简单,工作可靠,操纵方便,发动机的冷却效果好。但由于发动机前置,凸起于车厢地板表面之上,使得车厢的面积利用率差;传动轴从车厢地板下通过,导致地板平面离地距离较高,乘客上下车不方便。此外,发动机的噪声、气味和振动难以隔绝,很容易传入车厢内影响乘员的乘坐舒适性;有一扇乘客门通常布置在轴距范围内,降低了车身的刚度。

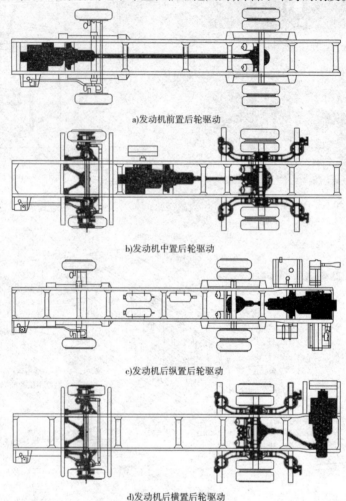

a)发动机前置后轮驱动

b)发动机中置后轮驱动

c)发动机后纵置后轮驱动

d)发动机后横置后轮驱动

图 5-13 客车发动机布置方案

针对中开门设计导致车身强度刚度降低的缺点,可以采用将车门开在前悬的布置方案,但是,这种布置形式前悬通常需要加长,可能出现前轴超载的现象。同时,发动机罩的存在导致过道比较狭窄。

2) 发动机中置后驱(MR)方案

发动机中置后轮驱动方案如图 5-13b)所示,传动系统的这种布置形式有利于实现较为理想的质量分配,车厢的面积利用率高,乘客门可以布置在车辆前轴之前。但是发动机维修困难,所以对发动机的可靠性要求很高。由于发动机中置于车厢地板下,发动机冷却效果差,地板高度也难以降低。此外,发动机的噪声、气味和振动还是可以传入车厢内。所以,这种布置方式只在部分大中型客车(特别是采用卧置发动机的车型)上采用,并未获得推广。

3) 发动机后置后驱(RR)方案

发动机后置可有纵置和横置两种方式,分别如图5-13c)、5-13d)所示。这种布置形式的发动机、离合器和变速器一般都置于后桥之后,主减速器与变速器之间的距离较小,其相对位置变化较大,所以应设置万向传动装置和角传动装置。将发动机布置在车厢后部,容易满足前桥30%～40%、后桥60%～70%整车质量的理想轴荷分配,增大车厢面积利用率,降低地板高度,隔绝发动机噪声、气味和振动,发动机的维修也比较方便,车门可开在前悬之前。同时,由于后轴的簧上质量和簧下质量之比增大,可以改善车厢后部乘客的乘坐舒适性。因此,发动机后置的布置方案在大中型客车上广泛盛行。

但是,由于发动机在车辆后部,不利于驾驶员观察,其冷却条件也差,必须采用冷却效果强的散热器;发动机、离合器和变速器采用远距离操纵,操纵机构复杂。随着发动机结构的改进以及机电液一体化技术的发展,上述问题已经得到了妥善的解决。

在发动机横置的情况下,发动机的动力系统通过成斜角布置的传动轴由变速器传至车轴,此布置较为紧凑,但结构比较复杂而且传动效率也会有所降低。

2. 客车车门布置

客车车门有乘客门、驾驶员门和应急门三种。对于不同尺寸不同类型的车型,其布置形式各不相同。

客车乘客门是乘客上下车的出入口,是客车设计的重要组成部分,按通道宽度可分为单引道门和双引道门。单引道门主要用于乘客上下车不频繁的长途客车、旅游客车和团体客车上,轻型客车应用也比较广泛;双引道门则主要用于乘客上下车频繁的城市客车上。乘客门在设计布置时需满足国家标准的规定,中国道路交通法规规定汽车靠右行驶,因此,乘客门布置在客车右侧,其中至少应有一个乘客门在车辆的前半部。但对在道路中央设置的公共汽车专用道上运营使用的公共汽车,由于公交站台位置的原因需在车身左侧上下乘客时,允许在车身左侧开设乘客门。一般乘客门的数量设置见表5-1。

客车乘客门的最少数量　　　　　表5-1

客车类型	Ⅰ 级			Ⅱ级、Ⅲ级	
车长 L(m)	$L \leq 10$	$10 < L \leq 13.7$	$L \geq 13.7$	$L \leq 12$	$L > 12$
乘客门最少数量	1	2	3	1	2

驾驶员门是驾驶员上下车专用门,设置在转向盘同侧,一般在中低档乘客门中置的大型客车和一些中型客车上采用。

应急门又称安全门,当客车内发生危险时,乘客可通过应急门进行紧急撤离,一般应用在特大型的长途客车或旅游客车上。国家标准并未对应急门的布置做出明确限制,但是,合理布置应急门的位置是相当重要的,通常布置在客车左侧中后部位置。

二、外廓尺寸和有关总布置尺寸

国家标准对客车的相关尺寸做了详细的规定。客车的外廓尺寸见《汽车外廓尺寸限界》(GB 1589—2004)中的规定,客车外廓尺寸的最大限值见表5-2。

《客车通用技术条件》(GB/T 13094—1991)规定了客车的许多总布置尺寸要求,部分尺寸要求见表5-3。

客车外廓尺寸的最大限值　　　　　　　　　　　　　　表 5-2

外廓限值类型		限　　值
总高		4m(对于定线行驶的双层客车为 4.2m)
总宽(不包括后视镜)		2.5m
总长	二轴客车	12m
	三轴客车	13.7m
	单铰接客车	18m

客车总布置尺寸要求　　　　　　　　　　　　　　表 5-3

规定项目		限　　值
接近角		≥12°
离去角		≥9°
转弯半径		≤12m
转弯时的通道宽度		≤6.7m
最小离地间隙	长途或旅游客车	≥270mm
	城市客车	≥240mm

此外,《客车通用技术条件》还对前、后悬长,轴距等许多其他总布置尺寸作了相应规定。如窗距的确定,需要满足 10t 顶置载荷作用的要求。

三、车厢布置及横截面尺寸

1. 座椅布置

客车一般根据用途、乘客数及车长布置座位排列方式和排数。城市客车行驶的车站距离近,乘客频繁流动,主要应保证乘客上下车方便和便于在车内走动。一般多采用两侧单座或一边单座另一边双座的布置方案,以增大过道的宽度和站立面积。近年来,城市公共交通迅速发展,为了满足人们上、下班及节假日时候客流高峰的需要,可以沿车辆两侧壁纵向布置座椅,这样可以显著的增加乘客站立面积,从而增大载客量。但是,这种座椅纵向布置的方案恶化了一般使用情况下乘客的乘坐舒适性。此外,由于进行城市客车承载系统(包括车身骨架、底架和行驶系统)的强度设计中必须考虑高峰载荷值,所以将会使汽车的整备质量相应增加,在占大部分使用时间的非客流高峰时刻,整车的设计强度是过剩的,这样显然是不经济的。

图 5-14 所示的是 VOLVO 汽车公司的 7700-02 城市大型客车的平面布置。该车的发动机装在地板下面,有效载客面积为 $22.52m^2$,乘客座椅面积为 $10.82m^2$,总容量为 110 人,客流高峰时刻可容纳 120 人以上。为了充分利用车厢面积,前轮罩上设了一排朝前布置的座椅,而后轮罩上则设了两排座椅,分别朝前和朝后布置。

城市客车车厢的平面布置在相当大的程度上受城市居民收入水平的影响。在西欧一些国家,城市客车的座位布置一般为前部 1+1,后部 2+2 的形式,但是随着经济的发展和城市居民收入水平的提高,城市客车的舒适性也逐步提高,座位数朝着增加趋势发展。在我国及一些发展中国家,城市人口密集,居民收入水平有限,城市客车的座位布置多采取前部 1+1,后部 2+2 的形式。

长途客车由于乘客乘坐时间长,车站距离也较远,客流量一般比较稳定,座椅布置主要应保证乘坐的舒适性,而且尽可能使乘客面朝前方乘坐。图 5-15 所示的是国内某客车企业投产的一款豪华长途大型客车平面布置图,该车的发动机后置,与城市客车相比,其特点是只开了一扇乘客门,座椅舒适性好且间距较大、过道较窄。同时,在车厢的中间还设有卫生间,车厢内的前部和中部各装有一台壁挂电视机。

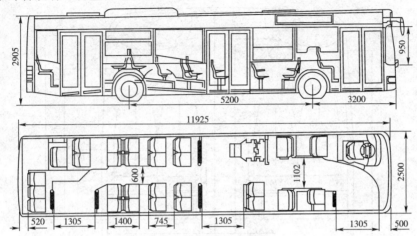

图5-14 VOLVO7700-02 城市大型客车平面布置

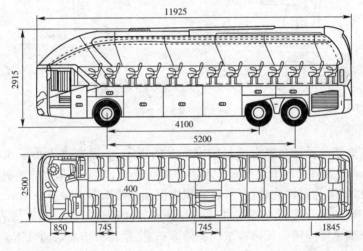

图5-15 豪华长途大型客车平面布置图

2. 客车横截面及相关尺寸

客车横截面如图5-16所示,《客车车内尺寸》(GB 13053—2008)对其各尺寸做了详细说明。例如,W_9 为乘客座椅中心平面至侧围的距离,H_8 为侧窗下缘高,H_9 为侧窗上缘高,H_{10} 为侧窗扶手高,H_{11} 为顶盖扶手高,A_{12} 为扶手空间,H_{12} 为乘客门高,H_{13} 为一级踏步高,W_{10} 为一级踏步深,H_{14} 为踏步高,W_{11} 为踏步深,W_{12} 为通道宽,H_{15} 为地板高,W_{13} 为行李架宽,H_{16} 为行李架入口高,α_7 为行李架倾角。

3. 内行李架、通风道及各种附件的设计布置

内行李架、通风道及相关附件都是客车内饰的重要组成部分。客车上的附件主要有车载电视、灯具、通风道及出风口、音响及扬声器等。在长途客车和旅游客车上,车载电视一般布置在驾驶员右上方的顶篷部位,便于全车乘客观看,对于车体较长的客车,可在客车中部位置增

加一个显示器,这样方便坐在车后面的乘客观看。城市客车的车载电视布置在驾驶员座椅后部及中部靠近车顶的位置。扬声器根据不同车型的需求,选择相应的数量和型号,安装位置一般在车内顶篷。

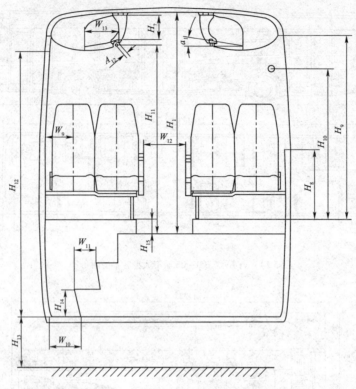

图5-16 客车横截面

　　客车内置行李架的设计布置需满足国家标准的规定,一般宽度不小于300mm,上部空间高度不小于200mm,具有大行李舱的客车不小于150mm;行李架对车壁的倾斜不小于5°,若行李架为水平,入口处需加挡护装置;行李舱容积应保证每位乘客不少于$0.1m^3$。客车内置行李架有航空式行李架和敞开式行李架两种。一般是和通风道进行组合后布置在车内顶篷的两侧。航空式行李架主要应用在长途客车和旅游客车上,是将行李架与通风道融为一体,由可掀起的带有弧线轮廓线的活动门组成的封闭式结构。通常将出风口、阅读灯面板、音响、扬声器和照明灯面板整齐排列于通风道下平面,位于座椅上方。敞开式行李架常用于低档客车上,是航空式行李架的简化,取消活动门。城市客车一般不设置行李架。

　　长途客车、旅游客车的通风道通常在前后顶相通。风道出风口结构布置要求较高,不仅要考虑美观、档次与内饰的协调、与风道的搭配等,而且经常还要带阅读灯、扬声器和可调节装置等。布置出风口时,一般和座椅的分布同时考虑,以乘员调节方便为标准,按座椅间距调节出风口,保证每个乘客座位上方都有一个出风口为佳,因出风口可调,乘客可根据自己的需要调节风向及风量。城市客车的乘客门开启频繁,风流损失较大,风道过长会加大风流的损失,所以其通风道前后封闭布置在内室的两侧顶上,并要求能到达前乘客门、驾驶员上方及最后排座位上方。风道上的出风口一般设置成敞开出风口,前后乘客门、驾驶员及车内后部位置的出风口数量可适当增加。个别地方根据需要可以布置一些可调出风口,布置时要考虑敞开出风口的风向及风速对乘客的影响。

4. 通道宽度、高度和扶手设计

通道宽度、高度以及扶手的布置将会直接影响乘客在车内走动的方便性,也在很大程度上关系着站立乘客的安全性,所以设计布置时要充分考虑多方面的因素。客车的通道和扶手等设计与车厢的宽度有着很大的关联,在不改变客车外廓尺寸及不影响车辆安全性等情况下,车厢内的宽度越宽越好,这样就可以增大车厢内的有效面积和通道宽度。一般用外廓宽度系数 α 表示客车有效面积的利用情况,α 可以定义为在坐垫平面上量得的车内宽度 B' 与客车外廓宽度 B 的比值,设计时候应尽可能提高此值。一般为

$$\alpha = \frac{B'}{B} = 0.912 \sim 0.954$$

客车骨架的厚度一般在 50mm 左右,外蒙皮厚度为 0.8~1.2mm,内蒙皮厚度为 3~5mm。坐垫与内蒙皮之间的间隙为 10~70mm,一般取 30mm。在外廓宽度为 2500mm 的大型客车上,乘客室内坐垫平面处的宽度约为 2300mm,此值与车身侧壁突出的形状、骨架以及内、外蒙皮板的厚度等有关,不同的取值就有不同的室内宽度。

城市客车和长途(旅游)客车坐垫平面处的通道宽度有着很大的区别,城市客车一般为 420~650mm,当座椅成三行布置时宽度可达 940~1060mm,现代城市客车的前部只在两侧各布置一个座椅,其通道宽度更宽。长途大型客车上的通道宽度较窄,一般为 310~540mm。

通道处的高度是指车厢内地板至顶篷的距离,城市客车一般取 1950mm 左右,低地板城市客车一般为 2000~2200mm;对于长途客车而言,由于车型大小的不同,对于容量较小的长途客车,其通道处的高度允许取得小些,一般可取到 1750mm。因为在容量较小的长途客车上,行车时所有乘客及售票员都有座位,只在上下车时乘客才通过通道而且距离不长。

扶手一般由直径为 $\phi 25 \sim 35$mm 的薄壁钢管或铝管制成,外面蒙上一层发泡的塑料,以减小其导热性。扶手通常设置在车门及通道处,便于乘客上下车。长途客车的座椅旁都设有扶手,主要是为了提高乘客乘坐的舒适性;而城市客车由于其乘客乘坐的区间短,一般座椅旁不设扶手,而是设置吊环式扶手供站立乘客扶持。

5. 地板平面高度

车厢地板平面的高度受发动机和传动系统安装布置方式的限制。对于利用与货车通用的标准后桥,并且采取前置发动机布置方案的情况,地板平面的高度 H 主要取决于以下参数:车轮半径 r_d、后桥壳高度 k 以及包括悬架压缩动挠度、缓冲块压凹后的附加挠度与地板厚度在内的 c 值(图5-17)。

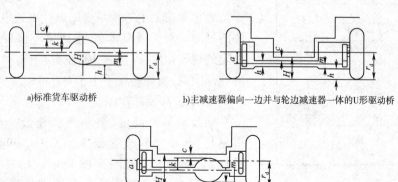

a)标准货车驱动桥　　b)主减速器偏向一边并与轮边减速器一体的U形驱动桥

c)带有轮边减速器的U形驱动桥

图5-17　驱动桥形式对城市客车地板高度的影响

客车上下车的方便性取决于踏步的高度、深度、级数、表面状态和能见度以及扶手位置和车门宽度等。对于城市客车而言,乘客上下车频繁,为了使乘客上下车方便及保证乘客的安全,应尽量降低车厢地板的高度,减少踏步的离地高度及级数等。欧洲经济共同体EEC的安全标准中规定了城市大型客车的一级踏步离地的最大高度应不大于400mm。德国、英国和法国等国对地板高度做了不能超过700mm的规定,一级踏步离地高度在350~370mm之间。日本规定了城市大型客车的地板离地高度不能超过900mm,一级踏步的离地高度在320~380mm之间。

为方便残疾人、老幼乘客乘坐轮椅及婴儿车上下城市客车,近年来国外的一些新车型上开发设置了方便特殊乘客上下车的附属装置。如Man公司的一款新车在乘客门入口处设置了可收回和伸出的活动踏板。当车辆停站时,踏板由专门机构伸出搭在站台上,在车厢与站台间形成一个坡度不大的斜坡通道供乘客上下车,待开车时候再收回隐藏。

为了使城市客车的地板尽量降低,目前广泛采取的措施是利用发动机后置的超低地板城市客车底盘。现代超低地板城市客车的地板高度为320~340mm。对于这样的地板高度,乘客门附近不再需要设置踏步,乘客可以直接从地面踏入车内。另一种降低地板的措施是减小轮胎尺寸,采用小尺寸高强度的轮胎,这样不仅可以降低地板高度,还可以减少车内轮胎罩壳的尺寸。根据现有的轮胎尺寸规格计算,选用小直径高承载能力的扁平轮胎,可使轮胎半径减小约50mm,从而可降低地板高度50mm。但是,这样客车的承载力会受到一定的影响,最小离地间隙会减小,通过性会降低,而且地板降低的高度也有限。

对于长途客车及旅游客车来说,由于乘客上下车不频繁,情况和城市客车相反,需要适当提高车厢地板的高度。这样可以提高碰撞时的安全性,改善乘客的视野,便于布置行李舱和其他生活设施,如空调、暖风设备和卫生间等。因此,近年来长途大型客车日益趋向于高地板布置,地板高度一般可以到达1000mm以上,有的达到了1300mm,甚至1700mm,整车的总高度则达到了3500mm,甚至更高。高地板所带来的问题是客车重心随着行李舱内行李的多少而转移,会直接影响行车的稳定性。不过,随着客车技术的快速发展,这个问题得到了比较好的解决。试验表明,地板高度为1200mm的大型客车,行李的质量达到整车质量的1/3时车辆行驶稳定性效果比较好。

6. 窗上、下边梁的高度

客车车窗上下边梁高度的设计布置应保证乘客足够的视野。对于城市客车,上边梁应保证站立乘客有一定的视野角度,一般在10°左右;下边梁与坐姿乘员的胸部同高,离地高度不小于600mm。

7. 踏步高及踏步深

踏步的最大高度、最小高度及最小深度的布置应满足《客车结构安全要求》(GB 13094—2007)中的规定,如表5-4及图5-18所示。所有踏步外边缘的设计应最大程度降低乘客绊倒的风险且有明显的颜色标记。

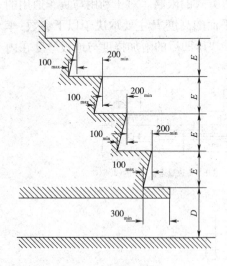

图5-18 乘客用踏步

踏步的最大高度、最小高度及最小深度（单位：mm）　　　　表5-4

客车类型		Ⅰ级	Ⅱ级、Ⅲ级
第一级踏步	距地面最大高度 D_{max}	360①	380②③
	最小深度 A_{min}	300	
其他踏步	最大高度 E_{max}	250④	350
	最小高度 E_{min}	120	
	最小深度 A_{min}	200	

注：①如果采用机械悬架：D_{max} 为380mm；

②至少一个乘客门的 D_{max} 为380mm，其他乘客门的 D_{max} 为400mm；

③如采用机械悬架，D_{max} 为430mm；

④对最后轴之后的乘客门，其 E_{max} 为300mm。

四、座椅尺寸参数

客车座椅是客车的主要附件总成，通常由骨架、弹性材料、固定支架、软垫、护面和座椅附件等组成，其结构的安全性、乘坐舒适性和材料的环保性等与乘客密切相关，越来越受到人们的重视。座椅的设计和制造应满足相关法律法规的要求，具有良好的乘坐舒适性与动态、静态特性，结构紧凑，护面材质和色彩应与车身内饰协调，有足够的强度和刚度，座椅的材料还应具有阻燃性。

客车座椅一般分为乘客座椅和驾驶员座椅，两者在尺寸和结构设计上有着一定的区别。

1. 乘客座椅的相关尺寸

乘客座椅的设计主要是考虑乘员乘坐时的舒适性和安全性，其几何参数如图5-19所示。不同型号的大型客车，其座椅坐垫的前缘到前排座椅下方的搁脚支板的距离以及坐垫和靠背的倾角都可以取为常数。布置在轮拱或后置发动机罩上的座椅，其高度一般需要相应的提高，但要保证乘客的双脚能自如地踩在地板上，这有时就需要为乘客设计搁脚的台阶或是稍微改变坐垫和靠背的倾角。坐垫距离地板的高度大约为450mm，一般不超过500mm。升高座椅的高度就有可能缩短座椅之间的间距，有时候为了增加车内的座位数，提高车内面积的利用率，就采用此方法，同时还要改变靠背的倾角和其他尺寸。座椅的深度不宜过大，坐垫不宜过软。

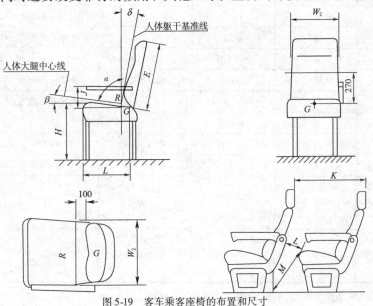

图5-19　客车乘客座椅的布置和尺寸

长途大型客车上确定坐垫前缘到前排座椅靠背的距离时,也就是乘客搁放膝盖处,必须考虑前排座椅靠背可能调整的倾角大小,该尺寸在靠背处于极限位置(后仰)的情况下,应取其等于城市大型客车上所采用的尺寸,约为250mm。有时候为了增加座椅数而不得不减小座椅的间距,在此情况下,为保证搁放膝盖处的空间,可以局部减薄该处座椅靠背的厚度以满足设计要求。

客车座椅常用的尺寸参数见表5-5。对于乘客座椅,在确定座椅宽度的时候,应采取双人座椅作为原始尺寸。对于团体客车来说,此值一般不得小于860mm;旅游大型客车上双人座椅的标准宽度约为900mm,单人座椅的宽度为440mm。三人座椅的宽度可取1300～1350mm,四人座椅的宽度则可取1750～1800mm。视用途和级别不同,同方向的前后座椅间距可在650～800mm之间的范围内选取。靠背高度可取为450～700mm。

2. 驾驶员座椅的相关尺寸

驾驶员座椅的设计与乘客座椅大致相同,但是一些尺寸参数不同,其相关尺寸规格见表5-5。驾驶员座椅不仅要使驾驶员有舒适的乘坐姿势,还应保证驾驶员视野良好、操作轻便,通过对座椅位置的各方面调节,能有效减轻驾驶员的疲劳,保证行车安全,尺寸参数如图5-20所示。由试验研究结果可以获取驾驶员坐姿对其工作的影响,在坐垫高度选定的情况下,随着转向盘倾角γ的减小,驾驶员作用在转向盘上的力增大。因此,为了减轻驾驶员的劳动强度,应该尽量减小转向盘的倾角。此外,还应合理的选择其他参数,以保证驾驶员的乘坐舒适性。由此可见,在载质量很大的汽车上,应布置倾角很小的转向盘。

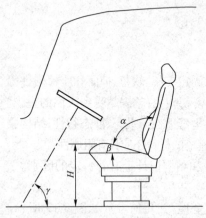

图 5-20 客车驾驶员座椅尺寸参数

客车座椅尺寸规格　　　　　　表 5-5

尺寸参数	代码	驾驶员座椅	乘客座椅		
			城市客车	团体客车	旅游客车
座椅高(mm)	H	380～460	400～450		
座椅深(mm)	L	400～460	≥350	≥400	≥430
坐垫角(°)	β	3～7	3～7		
靠背角调整范围(°)	δ	≥20	对于靠背角可调座椅:≥20		
坐垫与靠背夹角(°)	α	90～105	93～97	95～105	
坐垫宽(mm)	W_1	≥450	≥400/≥800①	≥420/≥860	≥440/≥900
靠背宽(mm)	W_2	440～480	一般与坐垫宽度相同		
靠背高(mm)	E	≥450	≥450		≥700
肘靠高(mm)	J	—	170～230		
前后座椅间距(mm)	K	—	650～700	720～760	750～800
后座椅前缘与前椅靠背后面的最小距离(mm)	L	—	260	270	280
后座椅坐垫前缘至前座椅后脚下端的距离(mm)	M	—	550	560	580

注:① ≥400/≥800:表示为单人座椅时≥400,为双人座椅时≥800。

驾驶员作用在踏板上的力也随着坐垫与靠背的倾角和座椅高度的变化而变化。当坐垫倾角 β 很小的时候,驾驶员几乎是将腿伸直来踩制动踏板;当靠背倾角 α 减小时,即坐垫与靠背的夹角接近 90°时,驾驶员就有了可靠的支撑;当座椅适当增高时,驾驶员的腿和踏板支杆几乎可形成一条直线,因此,在离合器或制动器传动机构沉重的汽车上,就应该升高座椅而坐垫和靠背倾角则宜选取较小值。

五、备胎、油箱和蓄电池的布置

1. 备胎

客车备胎的安放布置主要考虑两个方面的因素:轴荷分配和装卸的方便性。备胎的质量一般较大,可达 80~140kg,故其安放位置对车辆的轴荷分布有一定的影响,应在总布置阶段就开始考虑。同时要考虑只有驾驶员一人的时候,能够方便装卸备胎。

一般说来,将备胎安装于垂直位置是最可取的,这样便于驾驶员滚动轮胎固定到夹持架,然后再举升安放于车架下,而如果想要一个人挪动平放的车轮并将其装到夹持架上是相当困难的。对于城市客车来说,一般没有必要携带备胎。

2. 油箱

客车的油箱通常布置在轴距范围以内的车身一侧。主要从轴荷分配、加油方便及防火安全等方面来进行布置设计,同时还需考虑客车用途因素,不同用途的客车对油箱容积的要求是不同的。

现代汽车对防火要求越来越高,对于客车这样大量载人的车辆,防火安全更甚,所以在布置油箱的时候要进行充分考虑。一般油箱应尽量布置在远离排气管的位置,而且不应布置在乘客门附近。同时,在布置油箱时还必须考虑加油的方便性。

油箱容量在设计时有一定要求,应满足车辆最大行驶里程(一般为 200~600km)的要求。城市客车由于行驶在城市内,加油比较方便,其油箱容积较其他用途客车的油箱小,这样还可以减轻车辆的整备质量。该容量是根据车辆行驶一昼夜而不需要加油的条件来确定的。一般推荐城市大型客车的最大行驶里程为 400km,近郊城市大型客车为 450km,长途大型客车为 500km。不同型号的客车,其油箱容积一般 100~250L,燃油、油箱及固定装置的总质量为 95~300kg。

3. 蓄电池

蓄电池在布置时应与起动电动机位于同一侧,并且尽量靠近发动机,以缩短线路的距离。当蓄电池到起动电动机的距离较远时,电路的电阻就会增大,这样就会降低到达起动电动机的电压。大型客车上通常采用的是铅酸蓄电池,用支架固定在车身上,通常由驾驶室内的远距离电磁开关来进行接通和断开。蓄电池和导线一起质量为 60~120kg,所以,在布置时蓄电池的位置对车辆轴荷的分布有一定的影响。此外,还要考虑蓄电池拆装的方便性和可接近性。

六、仪表板的布置

仪表板是客车的中枢神经系统和监控中心,上面布置有各种仪表、指示灯和控制系统。通过仪表板上的仪表可以及时准确地了解客车的运行情况,使客车接受某种特定的操纵指示。因此,其设计布置的好坏直接关系到行车安全性,同时也关系到整车内饰的协调。

仪表板在设计布置时应最大程度地满足人机工程学要求,保证驾驶员集中注意力和操作方便,从而保证行车安全。造型和功能要求高度统一,色彩与客车内饰设计要相协调。仪表板各种控制开关的位置,按人机工程学的要求,应尽可能安排在双手轻易能触摸到的地方。因此,通常将客车仪表板设计成座舱式结构、环式操纵。

转向盘是驾驶客车的主要操纵件,设计布置时需要校核仪表板操纵开关或旋钮与转向盘及转向柱之间的位置关系。一般将仪表板控制开关布置在转向盘周围,变光开关、转向开关及刮水器开关等则以组合开关的形式安装在客车转向柱上,布置控制开关的时候还应考虑它们的使用频率。

仪表板外部系统布置示意图如图5-21a)所示,对于不同的客车,其在布置上也不尽相同。一般各种空调开关、灯光控制开关、其他功能开关等布置在1区、2区和4区,4区有时候也布置电视控制系统或监视显示装置;车速表、转速表及里程计数器等主要仪表布置在3区;冷却液温度报警、机油压力报警等报警信号装置布置在5区;6区一般布置收音机、点烟器等。根据客车使用需要,冰箱、饮料柜及医疗箱等可以布置在仪表板的副驾驶位置。图5-21b)所示是按上述原则布置设计的一款大型客车的仪表板。

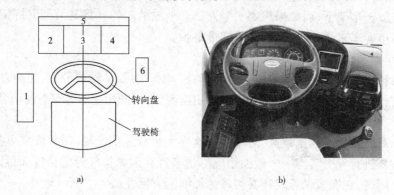

图5-21 大型客车仪表板布置

第三节 车架及车身骨架设计

一、车架设计

车架是整个客车的基体,其功用是支撑、连接汽车各个总成的零部件,承受来自车内外的各种载荷,并在很大程度上决定了客车总体的布置形式。非承载式和半承载式客车都有作为整车支撑的车架,车身及底盘绝大多数的部件和总成都是通过车架来固定其位置的。对于承载式客车,一般采用桁架式车架结构,现代客车正逐步向这种承载车身形式发展。

车架的结构形式首先应满足汽车总布置的需要。汽车在复杂多变的道路上行驶的时候,固定在车架上的各总成和部件之间不应发生干涉。当汽车在崎岖不平的道路上行驶时,车架在载荷的作用下可产生扭转变形和弯曲变形,当一边车轮遇到障碍时,还可能使整个车架扭曲成菱形。这些变形将会改变安装在车架上的各部件之间的相对位置,从而影响其正常工作。因此,车架应具有足够的强度和适当的刚度。为了使整车轻量化,要求车架质量尽可能的小些。此外,降低车架的高度以使得汽车质心位置降低,有利于提高汽车的行驶稳定性,这一点对客车来说尤为重要。

客车行业在发展初期,其底盘车架主要始于货车二类底盘的改装,形成了长头客车。随着时间的推移,有了后来在货车三类底盘上进行改装的过程,并进一步形成专用的客车底盘。后来对车架的结构进行了改变和发展,形成了分段式车架结构的底盘,这样就可以降低城市客车地板的高度,对长途客车和旅游客车来说则是为了获得较大的行李舱。随着全承载车身技术的出现,又形成了适应承载式车身的不同类型的客车底盘。

1. 三类底盘的车架改装

20世纪80年代前后,我国的客车基本上是以中型载货汽车的三类底盘改装而成的。不管作为城市客车还是作为长途客车,其地板高度较高,踏步级数一般是3~4级。车架形式大部分采用梯形车架(图5-22),也就是纵梁直通式结构,在此基础上外加牛腿(即纵梁外侧与车身连接的支撑梁);极少数客车也采用横梁直通式车架,这种车架为纵梁分段与直通横梁以加强角撑板铆接或焊接而成。尽管承载式车身是大型客车车身发展的趋势,但传统的梯形车架由于其所起到的缓冲、隔振、降低噪声和延长车身使用寿命等特点以及生产上的继承性和工艺性等原因,目前仍广泛应用于客车上。

图5-22 三类底盘车架改装的客车车架

梯形车架的纵梁大多数为左右对称的整体直通式大梁,纵梁和横梁的连接为铆接或螺栓连接。纵梁一般采用槽形截面,弯曲强度好,且便于安装底盘部件,有些还有加强的副纵梁。为使应力分布均匀,纵梁可设计为变截面形式。根据不同的要求,纵梁设计可以前后贯通,也可前部、中部和后部搭接成不同高度或不同宽度的结构,有些车型受后桥和地板高度要求的限制而在该处设计成稍复杂的弯曲结构。

为了满足地板适当降低的需要,有的客车在整体直通纵梁结构的基础上,采用弯纵梁形式的车架,即在前轴和后桥相对应的部位,车架纵梁是弯的。从而使前轴和后桥就有了较多的跳动空间,但整个车身地板的高度可以不与上弯车架的最高处相关,只与较低的纵梁平直段相关。这样在保证悬架运动空间的同时,通道地板可以适当的降低,只在前轴和后桥部分做出拱起的轮罩即可;这样还降低了整车的重心高度,更有利于行驶的稳定性及安全性,但需投入弯大梁的模具费用。

对于城市公交客车,为适当降低前部地板的高度,需要把悬架系统布置在车架的外侧,从而降低车架离地的高度。于是,车架的纵梁在垂直方向弯曲的基础上,在水平方向也弯曲,从而使车架总成变成前窄后宽的形式。

横梁用来保证车架的扭转刚度,同时支撑某些部件,如发动机、变速器、传动轴、散热器、备胎等。在前后悬架支架处则需设置抗弯能力较强的横梁。横梁结构一般采用工字形截面、双槽背对形成的工字形或槽形截面,有时也采用圆形、帽形和箱形等截面的横梁。根据布置和总成安装的需要,同一车架可同时采用多种不同的横梁截面及相关组合。槽形梁抗弯强度大,广泛的应用于车架横梁,通常在悬架前后支架处采用带大加强板的槽形横梁来承受大的载荷。帽形横梁可制成弯度较大的横梁,适用于一些空间位置受限的情况,如在发动机、散热器、变速器、传动轴处布置或用来支撑。

三类底盘车架改装形成的客车车架,一般在车门立柱、前后桥吊耳前后、侧围与前后围的分形面等部位加牛腿。轴距中间根据总布置方案加牛腿。牛腿截面可为槽形、方形等,长度方向上可以等截面或变截面或设计成等强度梁,中间可有减重孔。连接方式可有焊接、铆接或纹纹连接,中小厂以焊接方式为多。

这类客车车架的结构形式一般变化不大,优点是结构简单、工艺性好,但是本身存在质量大、总成更改后布置困难、受力不均匀和损坏后难以修复等缺点,主要用于城市公交客车和普通短途客运车辆。

2. 分段式

分段式车架主要以三段式为主,分为前段车架、中段车架、后段车架三部分。前段和后段车架采用传统意义上的车架,可以是平直的纵梁,也可能是弯曲的纵梁。中间部分主要有两种形式,一种是传统的大梁式车架,另一种是采用空间桁架结构。各段之间的连接方式有焊接、铆接、螺栓连接和混合连接等。

三段式复合桁架式车架结构如图 5-23 所示,前、后段车架采用槽形大梁,中段为桁架结构,作为行李舱。根据不同的车型和承载情况,采用不同规格的异型钢管焊接成箱型框架结构,再通过焊接或铆接与前、后段车架大梁连接在一起。对于钢板弹簧悬架,中间桁架一般不超过悬架安装区域;对于空气弹簧悬架,为增加行李舱容积,有些底盘的中间桁架超过悬架安装区,只有操纵区和发动机区域用较短的槽形大梁。为提高车架的抗弯曲刚度,承受更大的载荷,在车架的前、中、后三段搭接处必须焊接连接板。连接板的厚度不能大于纵梁厚度,且材质相同。面积较大时应采取塞焊、铆接或者螺栓连接、加周边断续焊等。

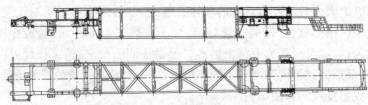

图 5-23 三段复合桁架式车架

三段式复合桁架式车架通过改变中段部分的长度实现改变轴距和车长的目的,通过改变中段的结构,可以形成不同的地板高度,从而满足不同的需求。这种车架的前后车架可以按标准化、模块化的设计思路设计,而中段车架的结构、尺寸因不同的车型会有较大变化。前段和后段车架的纵梁长度较短且结构相对简单,加工方便,不需要大型冲压设备。

国内开发和引进的豪华大型客车上广泛应用这种结构,其易于设计制造,有较大的行李舱,但是前后纵梁与桁架的连接复杂,工艺性要求高。

3. 全桁架式底骨架

这种形式的结构是由结构尺寸相近的小截面冷弯型钢杆件焊接而成的空间桁架结构,不能称之为车架,因为其没有传统意义上的纵梁结构,一般称为客车的底骨架,又称格栅式底架,如图 5-24 所示。这种结构可以通过变动杆件的数量和位置,引导整车力流的传递,调整杆件的应力,以达到等强度、等寿命设计的目的,为设计贯通式大行李舱提供了可能。同时,这种结构易于构建符合实际结构的有限元模型,从而提高计算精度。采用格栅式底架制造的 12m 大型客车,其行李舱容积可达 $11.5 \sim 14 m^3$,增加了客车的有效利用空间。

图 5-24 格栅式底架

格栅式底架与直通大梁式和分段式车架不同,其结构上综合了传统意义上的车架和底架为一体,即同时具有车架和车身底架的功用。由于考虑到车身也承担整车的载荷,因此,格栅式底架的设计强度相对较弱些,通过底架上外伸的横梁与车身连成一体来参与承受整车的弯曲载荷和扭转载荷,从而实现整车的轻量化。

由于格栅式底架采用了小截面杆件焊接而成的结构,致使焊接接头增加,焊接变形难以控制。为了控制精度,通常需设计专用的焊接夹具和胎具来保证,从而增加了加工成本,降低了加工速度。设计格栅式底架要求对所需承受的载荷有更明确的分析和掌握,这对设计工程师的要求很高,否则可能存在强度和刚度问题,或者达不到轻量化的效果。因此,格栅式底架结构一般只在高档客车或有特殊要求的客车上使用。

二、车身骨架设计

客车由于其长度和用途不同,其车身结构也有很大差异。6m 以下的客车由于车长较短,车身结构形式基本上与轿车相似,一般采用承载式车身,车身构件多为薄板冲压件焊接而成,较少采用骨架结构。而 7m 以上的大中型客车的车身结构多由骨架和蒙皮构成,由骨架形成车体并承载。

客车车身骨架的结构形式对于整车的性能起着举足轻重的作用,其设计水品的高低对整车的总体设计有着重要的影响。车身骨架约占整车质量的 1/3,是由薄壁杆件及冲压板件构成的复杂空间高次超静定结构,其受力复杂,结构分析的难度较大。各个部分(如立柱、横梁、搁梁、边梁、腰梁、顶盖纵梁、斜撑等杆件)与板件共同组成的空间杆系结构是车身其他部件和零件的安装基础。在结构强度低或应力集中的地方,要设置加强杆件,从而起到加强支撑和固定的作用。

车身骨架一般可分为六大片,分别为前围骨架、后围骨架、左侧骨架、右侧骨架、车顶骨架和底骨架。每片骨架总成的连接部分称分形面。图 5-25 所示为一城市客车车身骨架。

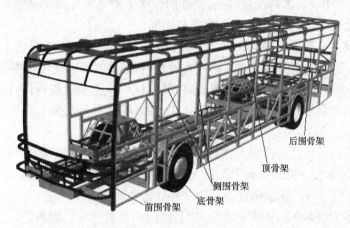

图 5-25 城市客车车身骨架

1. 侧围骨架设计

客车车身侧围骨架是整车重要的承载部件,分为左右两大片。若不带中门,左右两片除前部外的零件可基本对称。图 5-26 所示为一长途大型客车侧围骨架。侧围由各种纵梁和立柱构成,从上往下数,纵梁分别包括:上边梁(窗上梁)、腰梁(窗下梁)、座椅搁梁、地板搁梁(侧围搁梁)、裙边加强梁和裙边梁。座椅搁梁和裙边加强梁在骨架设计中可以没有,此时,腰梁与地板搁梁之间可设计成斜撑结构。立柱包括驾驶员门前后立柱、乘客门前后立柱、侧窗立柱、舱门立柱、腰立柱(腰梁与裙边梁之间与牛腿连接的立柱)及其他一些小立柱等。

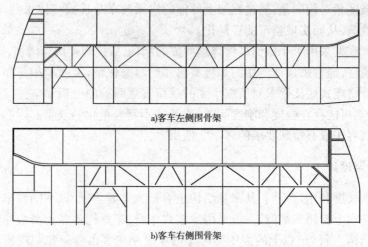

a)客车左侧围骨架

b)客车右侧围骨架

图 5-26 长途大型客车侧围骨架设计

在设计时,可以通过增强侧围结构设计来适当减弱底架部分设计,这样既提高了整车结构强度,也有利于整车轻量化。具体应从以下几个方面考虑:

(1)客车侧围腰部位置是重要的承载区域,其上部是车窗洞口,下部是行李舱洞口,因此需要设计合理的腰部结构以提高侧围承载能力。通常是采用腰立柱贯通的设计,同时,通过合理设计腰梁和地板搁梁,并在腰梁和地板搁梁之间设计斜撑,通过斜撑进行传力以提高承载能力。斜撑的截面尺寸通常小于立柱,但也不宜过小,否则会影响传力。同时,斜撑的斜度不能太小,高宽比应大于 0.6。值得注意的是,斜撑的作用主要是更好地实现腰立柱与窗立柱之间力的传递,因此,斜撑应该避免连接在两窗立柱中间。

(2)窗立柱根据总布置需要均匀布置,且应尽量与腰立柱在同一直线上。为提高整车上部结构承载能力,窗立柱应采用尺寸规格较大的材料,必要时可以选用性能好的材料。客车整车在发生交通事故时,特别是出现翻滚事故时,窗立柱将承受很大载荷,为保证车内必须的安全空间,窗立柱要有足够的强度和刚度,窗立柱、腰立柱应尽量与顶部横梁、底架横梁形成封闭环。

(3)门立柱用材的尺寸规格要大,舱门立柱、门立柱应与底骨架横梁(牛腿)断面对上,以增加其横向抗冲击能力。侧围骨架上的最大应力点普遍集中在乘客门立柱上角和靠近车门的几根窗立柱上、下角,因此,在窗角、门角、轮罩等处需要加强。

(4)一些长途大型客车的侧围还需要开门,此门应尽量开在后桥以后,以便减小侧围中部开口对整车强度和刚度的影响。

2. 顶骨架设计

顶骨架一般由顶部贯穿横梁、纵梁、前后拱顶支撑梁等组成,图 5-27 所示为某大型客车顶骨架设计。其在整车结构中一般起到下面几个方面的作用:承受车顶负荷(如空调、内行李架、风道等);连接侧围、前后围,使整车成为一个封闭舱体;承受车辆在运行中产生的部分弯曲、扭转载荷等。在顶骨架设计时可以从以下几个方面考虑:

(1)纵梁宜布置成两边较密、中间较疏的形式,这样可以充分利用材料的承载能力。尽量保持车顶横梁贯穿车顶不断开,横梁布置应尽量与侧窗立柱对应,使其与侧围立柱及底架横梁形成多处封闭环,很好的传递整车运行中产生的扭转载荷,并且将左右侧产生的力进行直接传递,而不在车顶内产生附加的扭转载荷。

(2)车顶纵梁在车顶承载中贡献度比较低,因此车顶纵梁的尺寸规格可以适当减小些。应适当增加车顶横梁的尺寸规格,提高其抗弯、抗扭能力。在贯通车顶的横梁有足够的强度和刚度后,其他多余的横梁就可以略去。合理分布车顶纵横梁,减少不必要的梁有利于车顶骨架设计的轻量化,同时可以减少焊接工作量。纵横梁布置还要符合国家标准中关于客车顶部静态承载的规定及内外蒙皮的安装要求。

(3)顶骨架是顶部所有其他部件的安装基础,顶骨架必须为这些部件提供安装基体和安装使用空间,还要注意安全出口的数量及位置。

3. 前后围骨架设计

前后围骨架是安装前后围蒙皮、保险杠、前照灯、刮水器和前后风窗玻璃等其他零部件的基础,同时在结构上还要满足客车的造型要求,尤其是前围,其造型曲面比较丰富,使得前围空间梁的设计和制造较为复杂。在设计时主要考虑以下几方面:

(1)对风窗处的尺寸要求严格,前后围骨架应与玻璃有很好的贴合,特别是与前后风窗安装止口很好的贴合,保证前后风窗能安装到位。

(2)设计合理的结构,连接侧围骨架、车顶骨架及底盘车架,保证整车车体成为刚性很强的框架。通常对于大型客车,在与侧围骨架、车顶骨架的结合面上设计一根与侧围骨架、车顶骨架对应位置相同的梁,在整车骨架总成焊接时形成双拼梁。对于前车门开在前悬部分的大型客车,前围骨架与侧围及顶篷的分型面可以设计在前车门后立柱部位。

(3)用简单的方式表达造型曲线。前后围骨架不一定要完全按照外轮廓曲线进行设计,这样可以方便加工,但必须为成形外蒙皮提供可靠的支撑。

(4)前围风窗下部应设计成有足够的强度和刚度,必要时可以考虑与底架结构设计成一体,以提高其承受风窗玻璃载荷及抗撞击能力。对于发动机前置的客车还需留出进风道。

(5)一般前围骨架设计两根大立柱,后围骨架设置四根大立柱,其他小立柱可根据具体情况增加。横梁设置3~4根即可。在保证强度和刚度的条件下,前后围骨架尽量设计得简约些。图5-28所示为某大型客车前后围骨架设计。

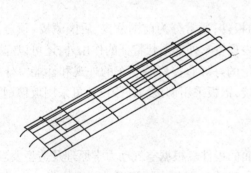

图5-27 顶骨架设计

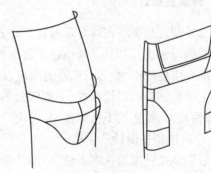

图5-28 大型客车前后围骨架设计

4. 客车用冷弯型钢

车身骨架采用冷弯型钢制作,不但可以提高客车车身的强度和扭转刚度,而且可以大大减少客车生产厂家车身制造的工作量。因此,冷弯型钢在客车车身上的应用与日俱增。

根据我国的国家标准《客运汽车冷弯型钢》(GB/T 6727—1986)规定,客车用冷弯型钢有三种,分别是槽形型钢、方形空心型钢和矩形空心型钢,其对应的代号分别为 KQC、KQF 和 KQJ。冷弯型钢的截面形状及标准符号如图5-29所示:

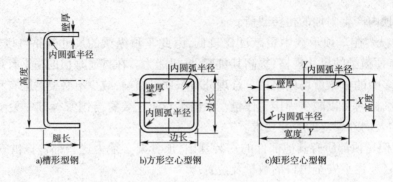

a) 槽形型钢 b) 方形空心型钢 c) 矩形空心型钢

图 5-29 冷弯型钢的截面形状及标准符号

常用的槽形型钢是 KQC30×40×2.0、KQC30×50×2.0、KQC20×70×5.5 等,常用的方形型钢有 KQF30×30×2、KQF40×40×2、KQF50×50×2 等,常用的矩形型钢有 KQJ30×50×1.5、KQJ30×50×1.75、KQJ30×50×2、KQJ40×50×2、KQJ60×50×2 等。弯曲角的内圆弧半径见表5-6。

冷弯型钢弯曲角的内圆弧半径 表 5-6

选用钢种	内圆弧半径(mm)	
	$t \leqslant 4$	$4 < t \leqslant 8$
普通碳素结构钢	$\leqslant 1.5t$	$\leqslant 2.0t$
低合金结构钢	$\leqslant 2.0t$	$\leqslant 2.5t$

冷弯型钢的材料主要有两种,分别是普通碳素结构钢和低合金结构钢。普通碳素结构钢用的最多的是 Q235 钢(即 A3);低合金结构钢主要是 16Mn,一般用于槽钢及特制矩形管。

第四节 蒙皮及客车内部覆盖件设计

一、外蒙皮设计

车身外蒙皮是覆盖在客车车身骨架外表面的板件,通常分为前围蒙皮、后围蒙皮、顶盖蒙皮和左右侧围蒙皮五部分。蒙皮除了装饰客车、表现整车外部形状特征的作用外,还可以起到增强强度和刚度的作用。因此,车身蒙皮设计质量的好坏直接影响整车的外观和性能。外蒙皮材料主要有钢板和铝板两种,一般钢板采用焊接,铝板采用铆接。外蒙皮还可采用玻璃钢结构,但表面较差,损坏后不易修复,易老化。

1. 前后围蒙皮设计

前后围蒙皮是覆盖在客车前、后围骨架外表面的板件。根据空气动力学原理及造型要求,前后围蒙皮应与顶盖蒙皮、侧围蒙皮光滑过渡。一般前后围蒙皮的侧视及俯视均为一组或多组光滑线条曲线连接而成。客车前后部造型代表着整车形状的特征,其上还布置着各种零部件、灯具及商标等,曲面的形状变化也比较复杂。因此,在设计中需要妥善的处理车身表面形状、前后风窗玻璃形状尺寸及客车前后部各种附件、灯具和牌照等之间的协调关系。

前后蒙皮的外形应该完全符合造型要求,设计时可根据造型效果图或缩小比例的模型,实测一些相关的点和线,然后进行相应的结构设计,并确定前后围蒙皮与顶盖、侧围蒙皮的边界线及前后围蒙皮的主要结构断面。图 5-30 所示为常见的前后围蒙皮结构形式,它由多组复杂的空间曲面组成。

在材料方面,前后围蒙皮多采用厚度为1mm的冷轧钢板或2～3mm的玻璃钢,与骨架的连接方式一般有焊接、粘接和铆接。当采用厚度为1mm的冷轧钢板时,常用焊接、铆接的连接方式进行固定,但是铆接由于铆钉凸出而影响外观,并且为锈蚀源,在现代的设计中被逐步弃用,焊接形式运用比较广泛。当采用厚度为2～3mm的玻璃钢时,通常采用粘接和铆接相结合的连接方式。

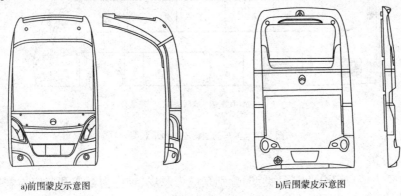

a)前围蒙皮示意图　　　　b)后围蒙皮示意图

图5-30　前后围蒙皮示意图

2. 顶盖蒙皮设计

顶盖蒙皮是覆盖在客车顶部的板件。根据整车的造型设计要求,顶盖蒙皮的线条要满足客车造型流畅、风阻小等要求;与侧围蒙皮过渡的光线要笔直划一,圆润流畅。因此,顶盖横向线条一般为大圆弧,小圆角过渡与两侧围连接。在纵向线条设计方面,一般低档车是从前到后设计成一根直线,小圆角过渡与前后围连接;中高档客车是前部改为一曲线或以斜线与前围连接,以降低风阻,造型也更动感。此外,顶盖蒙皮的密封也是十分重要的。

顶盖蒙皮一般采用厚度为1mm或0.8mm的冷轧钢板制作。钢板纵向放置于车顶与骨架贴实自然成形后进行焊接。有时为了提高其表面质量及降低噪声,对中蒙皮进行张拉,然后再与顶骨架进行焊接。目前市场上最宽的卷板规格为1.5m,而大型客车的顶盖蒙皮宽度一般大于2.5m,因此顶盖蒙皮通常分为三块,左右两块对称,如图5-31所示,其横向结构断面图如图5-32所示,这样易于密封,且减少了加工时间。

顶蒙皮也可以设计成横向布置,但由于焊缝多,且蒙皮的搭接要在骨架上,对骨架设计有要求,目前已较少采用。

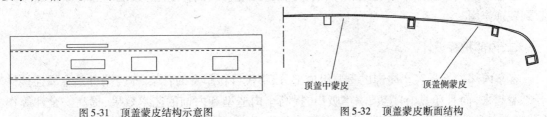

图5-31　顶盖蒙皮结构示意图　　　　图5-32　顶盖蒙皮断面结构

3. 侧围蒙皮的设计

侧围蒙皮是覆盖在侧围骨架外表面的板件,主要对客车的侧围起装饰作用。在设计侧围蒙皮时应合理分块,连接可靠,保证外表弧线和侧围曲线的紧密吻合,同时还要求线条流畅,光滑平顺,无鼓动和异响现象,且具有良好的耐蚀性,以保证客车的使用寿命。

客车侧围蒙皮一般分为侧围中蒙皮、舱门蒙皮、轮罩蒙皮及其他根据造型需要的蒙皮结构,如图 5-33 所示。通常腰梁以下至地板搁梁之间为张拉蒙皮,其他部位按结构要求设计。侧围蒙皮常用的材料有冷轧钢板、镀锌钢板、不锈钢板、铝板及玻璃钢等。从经济性、焊接性和耐蚀性等综合性能上考虑,使用最多的是镀锌钢板,这种钢板生产成本低,焊接性、耐蚀性优良。蒙皮与侧围骨架的连接方式一般是焊接,对于铝板及玻璃钢蒙皮也可铆接和粘接。

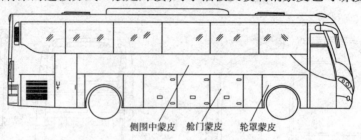

图 5-33 客车侧围蒙皮结构示意图

4. 蒙皮的分类

蒙皮按其受力特点可分为三种类型,分别是应力蒙皮、预应力蒙皮和非应力蒙皮。

1）应力蒙皮

应力蒙皮主要对应于薄壳式车身骨架结构,它是将蒙皮与骨架焊接后形成封闭的受力结构,使蒙皮与骨架共同参与承受载荷。由于应力蒙皮与骨架一起参与承载,故可以适当降低车身骨架的强度和刚度,减轻整车的质量,通常用于中、轻型客车。

2）预应力蒙皮

预应力蒙皮又称张拉蒙皮,通过采用冷张拉方式,使蒙皮内部产生拉应力后紧固在骨架上。也有采用电加热方式,使蒙皮受热膨胀后及时焊接在骨架上,蒙皮冷却后便可形成一定的预应力。由于蒙皮受到张拉应力,垂直于蒙皮的刚度得到提高,从而可降低车身蒙皮在行驶中的振动噪声,且蒙皮表面光滑平顺,平面度高。预应力蒙皮一般对应于骨架式车身结构,主要应用在客车车身侧围腰梁与地板搁梁之间的大片完整蒙皮,也可应用于裙部蒙皮等,但一般不用于蒙皮上要开口的蒙皮,以避免开口尺寸发生变化。

预应力蒙皮可承受部分载荷,一般可使骨架结构的强度和刚度提高 10% ~ 20%,有利于整车强度和刚度的提高。

3）非应力蒙皮

非应力蒙皮指直接采用焊接、铆接或粘接的方式连接在骨架上的蒙皮。这种蒙皮通常只起到装饰作用。

二、内部护板设计

客车内部护板是客车内饰的重要组成部分,不仅可将车身的骨架、车身附件及金属连接件等遮盖起来,而且还具有隔热、隔声吸声、提高车内造型和内饰的艺术效果、提高安全性等作用,使车内形成舒适豪华的环境,故其品质在很大程度上体现客车的豪华程度和价位。随着科学技术的发展,新材料、新工艺和新结构的不断涌现,为提高客车护板的水平创造了基础。客车护板主要有顶盖护板和左右侧围护板,要求具有阻燃特性,同时应该避免护板材料在使用过程中产生有害气体。

客车顶盖护板、左右侧护板一般为胶合板、棉麻纤维板或金属喷漆喷塑板,也有彩色印刷三合板、三夹板、钙塑板、纤维板贴复合人造革、三夹板贴混纺面料、弹性聚氨酯板等。在色彩设计方面，顶板应选择较浅、较亮的颜色，侧窗上沿应选择与顶板同色或邻近的色彩，下沿可选稍深的颜色，以显示色彩上轻下重，室内明亮、宽敞，给人以舒适之感。一般说来，顶板、侧板的色彩宜淡不宜深，图案花纹宜小不宜大，宜隐不宜敞，条纹宜竖不宜横。

三、地板设计

地板是客车车身底部的板件，它既是重要的承载面，也是隔断发动机、传动系统所产生的噪声的主要结构。地板在设计时既要保证足够的强度，又要能够有效的降噪和隔热，具有良好的密封性能，以提高客车的乘坐舒适性。

客车常用的地板材料有竹编胶合地板、木质胶合地板、原木地板、金属地板、塑料地板以及减振复合地板等。客车地板应具有足够的强度，良好的耐蚀性和耐久性，优异的隔声、降噪、减振及隔热性能，在结构上确保地板的密封，最重要的还要能够满足阻燃性能方面的国家强制要求。

第六章 轿车车身结构及其设计

第一节 轿车车身结构及其分类

一、轿车定义及其特点

轿车是用于载送人员及随身物品,且座位布置在两轴之间的四轮汽车,见GB 3730.1—1988。

轿车车身的作用是为乘员提供一个安全、舒适的乘坐环境,它包括白车身及其附件。同时,轿车车身又是包容整车的壳体,能够最直观地反映轿车外观形象的特点。因此,现代轿车车身设计非常注重外部造型以符合人们对轿车外形的审美要求,提高市场竞争能力。

二、轿车车身结构

早期的轿车直接沿用马车车身,并没有独特的车身结构,被人们称作"没有马的马车"。随着时代的进步,轿车车身已经成为轿车最重要的组成部分之一。轿车车身由以下几个部分组成:车身本体、车身外装件、车身内装件和车身电气附件等。

1. 车身本体

轿车车身本体又称为白车身,它是由车身结构件和车身覆盖件组合而成。车身结构件是主要承载构件,其选材、截面形状、受力方向等都是设计时应重点考虑的问题。三厢式轿车车身的结构示意图如图6-1所示。

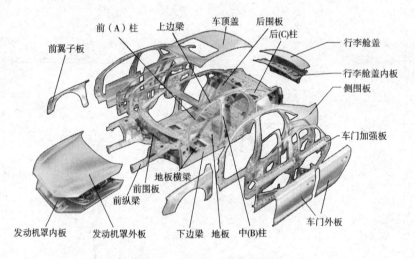

图6-1 三厢式轿车车身的结构

轿车车身结构件主要由各种梁和支柱组成,各种梁和支柱通过焊接形成空间框架结构,用来支撑车身覆盖件。轿车车身结构件包括车身前部结构件、客厢结构件、车身后部结构件以及连接用结构件,是轿车各总成及乘员的承载体。为了保证各个总成安装运转可靠、乘员乘坐舒适安全,其强度和刚度应满足要求,图6-2所示为某轿车车身的框架结构。

车身覆盖件大多数是由薄板冲压而成的,且具有不同的曲面形状及大小尺寸。车身覆盖件焊接在车身框架结构上,包覆各种梁和支柱,从而形成一个完整的封闭体,为乘员以及各总成提供一个良好的空间环境。与其他类型的车相比,轿车车身表面的外形和加工工艺都是最复杂的。轿车车身覆盖件既可以体现轿车的造型特点,又可以在一定程度上增加轿车车身的强度和刚度。

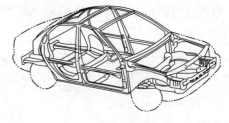

图6-2 轿车车身框架结构

2. 车身外装件

轿车的风格以及特色可以通过车身外装件来体现。车身外装件还可以起到一定的对车身保护作用,使轿车功能更加齐全。车身外装件主要包括散热器罩,前、后保险杠,密封条,车外后视镜,导流板,扰流板等。

1) 散热器罩

散热器罩是汽车前脸的重要组成部分,其主要作用是对进入散热器的气流进行整流以及导流,保护散热器。随着人们对审美要求的提高,散热器罩成为一个重要的装饰部件。散热器罩所用材料主要有钢板、锌合金以及塑料。但由于钢板冲压而成的散热器罩很难满足轿车复杂的成形要求,因此,轿车上很少使用这种材料的散热器罩。同时,由锌合金压铸而成的散热器罩质量大、成本高,目前已逐渐被塑料树脂注塑成形制作的散热器罩所取代。现代轿车中将散热器罩与车头灯罩整体注塑成形的设计,不仅可以提高车身前端的整体刚度,还可以增添造型的协调感与纵深感。散热器罩的形式通常还会有传统意义,例如,红旗轿车散热器罩造型像中国式折扇,德国宝马的双肾形设计以及沃尔沃的安全带形式,如图6-3所示为散热器罩的几种结构形式。

图6-3 散热器罩

2) 保险杠

保险杠包括普通型保险杠以及吸能型保险杠。普通型保险杠由面罩和钢支架组成,结构比较简单。吸能型保险杠种类比较多,主要有橡胶吸能型保险杠、吸能单元保险杠、直接吸能式保险杠以及整体树脂成形保险杠等,如图6-4a)所示。保险杠的作用主要是当轿车发生低速纵向碰撞时对车身起到保护作用,同时还可以起装饰作用。因此,轿车前、后保险杠的外部造型应与轿车的整体造型协调一致,如图6-4b)所示。

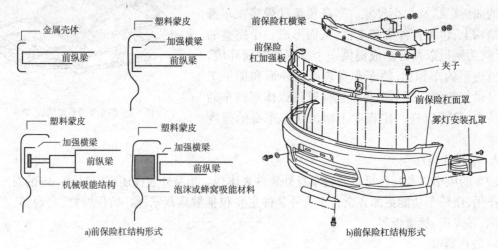

图6-4 保险杠结构及其形式

汽车发明初期,由于汽车车速较低,而且没有脱离马车的造型,因此,车身前部并没有保险杠。随着车速的不断提高,带来了对汽车车身防撞性的要求,保险杠被用在了车身之上,这时,保险杠的主要作用是防撞,并且,保险杠的造型比较简单。如今,随着人们安全意识的加强以及审美观的提升,保险杠设计时不仅考虑到了对车身的保护,还要考虑对行人的保护,同时还需满足美观及整体的协调性要求。中高级轿车上的保险杠结构不明显,通常与整车外形融为一体。

汽车法规要求碰撞速度小于4km/h时,可逆变形的弹性保险杠悬置系统不允许有损伤,发动机罩、悬架系统、传动系统等不应出现损伤。在保险杠的外形设计时,保险杠的曲率半径应尽量取得大一点,使之成为圆滑过渡,从而可以避免尖锐处伤人。后保险杠与前保险杠相同,也要遵守相关法规。

3. 车身内装件

车身内装件的设计与使用在车身设计方面是比较重要的一部分,这主要是由于乘员乘坐的舒适性、方便性以及安全性受车身内装件的影响比较大。车身内装件主要有:仪表板、座椅、安全带、安全气囊、遮阳板、车内后视镜、车门内饰、地板及车身室内装饰等。近年来,为了增强对用户的吸引力,车身内饰件结构变化较大。

仪表板总成安装在前围上盖板总成上,在其上面固定有轿车操纵和控制的各种组合仪表和控制开关。主要的仪表有行车速度表、行驶里程表、发动机转速表、燃油表、机油压力表、冷却液温度表、电流表等。除了这些必备的仪表外,还有其他一些装置,例如,转向盘、安全气囊、采暖空调装置以及音响等,这些装置或其操作开关也被安装在仪表板上,如图6-5所示。

图6-5 仪表板

目前，轿车所用仪表大多为结构简单、使用方便的指针式仪表。由于它的灵敏度较低且指针摆动使得不能准确读数，促使数字式仪表板的诞生。数字式仪表板比较精确，但同时数字显示变动快，驾驶员观察仪表板时会感到疲劳。

在仪表板上的材料使用方面也有一定要求，其应在 -30~130℃ 的温度范围内保持不变形。并且仪表板表面要有良好的触感，满足不亲水性、无毒、紫外线照射稳定等要求。

4. 车身电气附件

车身电气附件指除用于轿车底盘以外的所有电气及电子装置。如：各种仪表及开关；前照灯、尾灯、指示灯、雾灯、照明灯；音响及收视装置及设备；空调装置；刮水器；洗涤器；除霜装置；以及具有某些特殊功能的电气、电子装置，例如全球定位系统、导航系统、集成安全系统等。

三、轿车分类

1. 按发动机排量分类

1）微型轿车（Minicar），发动机排量≤1L

主要注重制造成本低和使用费用低，车身和底盘结构简易轻巧，乘坐空间紧凑，最高车速为 100~200km/h，使用油耗为 5~7L/100km。常见微型轿车主要参数见表6-1。

常见微型轿车主要参数 表6-1

型号	最高车速（km/h）	排量（L）
奇瑞 QQ（2012 款）	130	0.8~1.0
比亚迪 F0（2011 款）	151	1.0
Smart fortwo（2012 款）	145	1.0

2）普通级轿车（Subcompact car），发动机排量 1~1.6L

经济实用、车体轻巧、行动机动灵活。最高车速：140~200km/h，使用油耗：7~11L/100km。常见普通级轿车主要参数见表6-2。

常见普通级轿车主要参数 表6-2

型号	最高车速（km/h）	排量（L）
高尔夫（2012 款）	180~200	1.4~1.6
Polo（2011 款）	172~185	1.4~1.6
夏利 N5（2011 款）	156~173	1.0~1.3

3）中级轿车（Compact car），发动机排量 1.6~2.5L

内饰简洁、装备齐全、乘坐舒适。最高车速：180~200km/h 以上，油耗：10~16L/100km。常见中级轿车主要参数见表6-3。

常见中级轿车主要参数 表6-3

型号	最高车速（km/h）	排量（L）
马自达6（2011 款）	201~211	2.0
凯美瑞（2012 款）	190~200	2.0~2.5
奥迪 A4L（2012 款）	216~235	1.8~2.0

4）中高级轿车（Intermediate car），发动机排量 2.5~4L

豪华的装饰、完善的设备、乘坐舒适、动力性和加速性都很好，最高车速为 200~300km/h。常见中高级轿车主要参数见表6-4。

常见中高级轿车主要参数　　　　　　表 6-4

型　号	最高车速(km/h)	排量(L)
雪铁龙 C6(2008 款进口)	230	3.0
宝马 5 系(2012 款)	222～250	2.5～3.0
红旗盛世(2006 款)	235～250	3.0～4.3

5) 高级轿车(Limousine car)，发动机排量≥4L

高级轿车装饰豪华、设备精良、制作精细，使用性能强调高度的安全和可靠，乘坐宽敞舒适，动力性和加速性很好。其重要特点之一就是将较舒适的座位设置在后排，适于聘任驾驶员的社会上层人士使用。车身布置可分为两排座和三排座两种。为保证后座乘员上、下车方便，乘坐空间充裕，轴距及全车长度均比普通车型长，故有"长轴距型"之称。最高车速为 200～300km/h，油耗视车型变化较大。高级轿车主要参数见表 6-5。

高级轿车主要参数　　　　　　表 6-5

型　号	最高车速(km/h)	排量(L)
宝马 750Li 2010 款	250	4.4
迈巴赫 62S 2007 款	250	6.0
奥迪 A8L FSI W12 quattro 旗舰型	250	6.2

2. 按整车结构形式分类

1) 发动机前置、后轮驱动(FR)

由于这种布置形式有利于车室内部布置，并且可以提高动力性、操纵稳定性、行驶平顺性和乘坐舒适性，中、高级轿车多采用这种布置形式。但同时也存在一定的缺陷，主要是由于车室内地板上设计有变速器和传动轴的通道，影响了踏板的布置以及整车高度的降低，并且不利于整车小型化和轻量化设计，如图 6-6 所示。

2) 发动机前置、前轮驱动(FF)

轿车的这种布置形式取消了传动轴，从而可以降低地板以及整车高度、降低风阻同时还有利于整车的轻量化。如果采用横置式发动机，可以使车室内部布置更方便，便于车身总布置，同时还具有行李舱容积大的优点。因此，前轮驱动是当前轿车普遍采用的布置形式，也是小型轿车确保室内具有宽敞空间的设计主流，如图 6-7 所示。

3) 发动机后置、后轮驱动(RR)

轿车的这种布置形式与发动机前置、前轮驱动同样可以降低室内地板高度，但会限制行李舱容积，这是由于发动机布置在整车后部，导致行李舱布置在前部，然而，由于前轮转向需要，使得由翼子板和挡泥板围成的轮槽比后轮宽得多。同时，前舱中还有转向管柱等要占据一定的空间。由于有这一缺点，这种布置形式在现代轿车中采用的较少，如图 6-8 所示。

图 6-6　发动机前置、后轮驱动(FR)

图 6-7　发动机前置、前轮驱动(FF)

图 6-8　发动机后置、后轮驱动(RR)

四、轿车车身分类

1. 按座位排数分类

单排座轿车主要用于微型轿车、跑车中。有的单排座轿车，还在后面装有小孩座椅。

两排座轿车多用于普通级轿车以及中级、中高级轿车中,有前后两排座椅,大多数轿车为双排座。

三排座轿车多在高级豪华轿车中使用。

2. 按车门数分类

双门轿车。这类轿车设有单排座位或两排座位,其外形与四门轿车基本相同,只是后排座位无专用车门,坐在后排座位的乘客上、下车时要从前排座位后面穿越过去,前排座位的靠背必须是可以前倾的结构。这种车的后排座多为家庭中的小孩所用或作为临时性的乘坐使用,平时经常使用的只是前排座。这种轿车的全长一般在4m以下。由于轴距相应缩短,并将尾部与中部结合起来,形成斜溜的背部,在造型上显得尾部较长而整车尺寸较小巧,如图6-9所示。

三门轿车。轿车左右各有一个车门,背后还有一个背门。

四门轿车是轿车最普通的形式,一般有前后两排座椅和四个门。前座左右分开,各乘一人,后排座椅为长条式,可乘坐2~3人。其中,最佳座位即"主座",通常设在前排,也有少数设在后排。一般每边有前后两个侧窗或加后三角窗。这种轿车主要作为家庭用车,也用作公务或出租车,如图6-10所示。

图6-9 双门轿车　　　　　　　　图6-10 四门轿车

五门轿车。轿车左右各有两个车门,背后还有一个背门。

3. 按车顶结构分类

1) 普通车顶

普通车顶是常用的一种车顶,车顶是由轿车的前柱、中柱和后柱三根支柱支撑。

2) 硬顶车顶

具有硬顶车顶的轿车多为运动型轿车,一般分为双门式和四门式两类。硬顶轿车车顶由前柱和后柱两根支柱支撑,车顶材料常采用的是金属或复合材料。其侧窗前、后连成一体,形成一条较长的透明带,车身侧面通透感强,显得车身轻巧、明快、活泼。与普通轿车相比,车身中柱无上部,门窗无框,密封性能要求较高。硬顶轿车的车身结构刚性不如具有中柱的普通轿车好,安全性较差,如图6-11所示。

3) 敞篷轿车

敞篷轿车的顶篷包括可拆卸的硬顶以及可折叠的软顶,软顶平时可折叠缩放在轿车行李舱前部的车身内,需要时可手动或通过电动、液压装置自动升起。敞篷车也有四门与双门之分。由于顶篷是活动式的,为保证车侧窗与顶篷处的密封性,应采取特殊的措施。一般而言,敞篷车没有中柱,但是,现代敞篷轿车保留了部分的车顶以及立柱,这样可以提高翻车时的安全性,如图6-12所示。

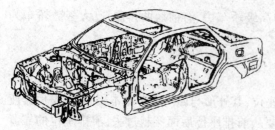
图6-11 承载式硬顶轿车车身

图6-12 敞篷轿车

4. 按有无骨架分类

在制造时,有骨架的车身是将车身外壳及内壁固定在焊接装配好的骨架上。车身骨架主要由前立柱、中立柱、后立柱、上边梁、顶横梁、门槛和地板、前风窗框和前围板、后围板及其他后部加强零件所组成,这种车身有很好的强度和刚度,多用于较高级的轿车。

在无骨架车身中,筋肋代替了骨架的作用,由若干块形状复杂的覆盖件组成,并且靠角板、横支条等措施来加强。无骨架式车身是一个刚性空间结构,同时具有许多优点,例如,有较好的强度和刚度,质量比有骨架式车身小,而且汽车总高度也可降低等。无骨架式车身用于大多数的轿车上。

5. 按车身承载方式分类

轿车车身按承载方式可分为非承载式、半承载式和承载式三大类。

非承载式车身(有车架式车身)包括车身本体以及车架两部分,具有独立的车架,轿车车身则是固定在车架上用来载人或装货的各种箱型构件与覆盖件的总称,车身与车架之间设置弹簧或弹性橡胶垫,这样,动力系统的振动通过车架传至车身时,上述弹性元件会吸收大部分的振动,从而可以使轿车的减振性能比较好,提高轿车的乘坐舒适性,同时减小车身所受的载荷。安全性方面,在汽车发生碰撞时,车内乘员较安全,这是由于车架可吸收较多能量。对于非承载式车身,车身与车架分离,因此车身的维修以及改装比较方便。同时,非承载式车身还有视野开阔、工艺简单、对车身地板还有保护作用等优点,如图6-13所示。

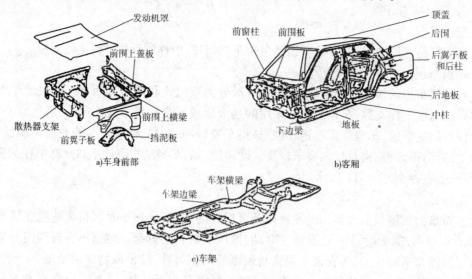

图6-13 非承载式车身

非承载式车身也有其缺点,主要体现在其整车质量以及高度增加,进一步会影响整车的动力性和燃油经济性以及行驶稳定性。同时,车架的生产技术要求及成本较高。

半承载车身的结构与非承载式车身基本相同,也是属于有车架式。它们之间的区别在于:车身和车架的连接不是柔性而是刚性的连接。

一般轿车都采用承载式车身结构。所谓承载式车身,顾名思义,其载荷是由车身来承受,且将车架与车身合二为一,没有独立的车架,因此也称之为无车架式车身。底板、车身框架、内蒙皮和外蒙皮等组焊成刚性框架形成承载式车身。对承载式车身而言,车身由薄钢板冲压焊接而成,在增大车身扭转和弯曲刚性的同时还可以减轻车身的质量。承载式车身也具有较好的安全性,这主要是由于车身是整体承载式框架,承受载荷比较均匀,同时车身的刚度分级可以更好地吸收冲击能量。承载式车身的制造工艺性好,生产效率高,适合现代化生产。承载式车身还有结构紧凑的优点,因无需车架,地板高度降低,从而使得整车的高度也可下降,有利于提高轿车的行驶稳定性,如图6-14所示。

图6-14 承载式车身

承载式车身的缺点是:来自传动系统和悬架的振动与噪声直接传至乘客室,严重影响乘坐的舒适性,必须采用大量的隔声防振材料,使成本和质量增加;车身改型困难,损坏后修复难度大;另外,车身下部为薄钢板组焊,易腐蚀,降低车身强度。

某些轿车为了便于安装发动机和动力传动系统以及为了改善安装点部位受力状况而采用副车架结构,如图6-15所示。副车架通过软垫直接连接到车身上。

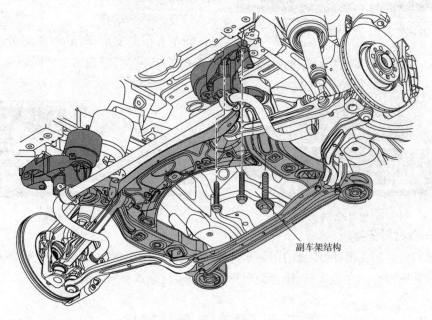

图6-15 副车架结构

6. 按轿车的外形分类

1)折背式车身(桥式车身,三厢式车身)

折背式车身是指车身背部有条折线的车身。其主要特征是,车身由明显的头部、中部、尾部三部分组成,大多数都布置有两排座位,可乘坐4~5人。这种轿车按车门数可分为二门式和四门式,如图6-16所示。

2)直背式车身(快背式车身,溜背式车身,两厢式车身)

后风窗与行李舱连接近似平直,与折背式比较更趋于流线型,有利于降低空气阻力,并使后行李舱的空间加大。目前这种造型很流行,尤其是中、小型轿车采用的更多,如图6-17所示。

图6-16 折背式轿车　　　　　　　　图6-17 直背式轿车

3)舱背式车身(半背式车身)

舱背式车身的顶盖比折背式的顶盖长,后背倾斜的角度比直背式小,后行李舱与后窗演变成为一个整体的背部车门,车身顶盖向后延伸与车身后部也成折线,如图6-18所示。

图6-18 舱背式轿车

4)短背式车身(鸭尾式车身)

由于背部很短从而使得整车长度缩短,减小了车身质量。从空气动力学上看也是有利的,可减少偏转力矩,提高行驶稳定性,如图6-19所示。

5)变形轿车车身

轿车有很多变形车,其改变部分主要是车身。例如,去掉顶盖或带有活动篷的敞篷车;使折背式车身顶盖后延到车尾的两厢式旅行车等各种形式的车身变形,如图6-20所示。

图6-19 短背式轿车　　　　　　　　图6-20 旅行车

7. 按车身材料分类

随着材料科学的发展,除传统的钢制车身外,出现了许多金属材料及塑料、钢塑材料等制成的车身。常见的有铝合金车身、镁合金车身、塑料车身、合成材料车身等。

第二节　轿车车身结构件

一、前部结构件

1. 非承载式车身的前部结构件

对于非承载式车身的轿车而言,散热器、发动机、部分传动装置、前悬架等都安装在轿车车架上。由于车架承担了主要的载荷,因此,不要求其前部结构件具有很大的强度和刚度,仅仅是用来包容装在轿车前部的各个总成,防止车轮将污泥甩到发动机及装在车身前部的各个总成上。这些前部结构件,多采用螺栓与车架或车身本体相连接,便于损坏后更换。

2. 承载式车身的前部结构件

承载式车身前部结构件具有承载和包容双重功能。为了支撑散热器、发动机、传动系统和前悬架等,同时承受它们的振动和冲击,承载式车身前部结构件应具有较大的强度和刚度,是车身前部的承载构件,也是一个不可拆卸的整体框架,其上设计有安装发动机和前悬架的悬置点。前照灯框架、前横梁、发动机罩前支撑板焊接组成了车身前部结构的横向承载单元。车身前部结构两侧的纵向承载单元由前翼子板支架、挡泥板、悬架支座、前纵梁等焊接而成,图6-21所示为承载式轿车车身的前部结构。

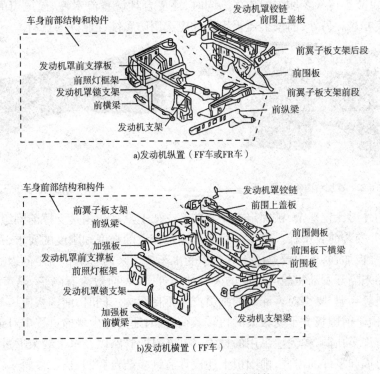

图 6-21 承载式轿车车身前部结构

二、客厢结构件

客厢是乘客的承载体和包容体。客厢结构件是由前围、左右侧围、后围、顶盖和地板等结构件共同组成的空间框架。客厢是轿车车身的核心,它要为驾驶员提供安全、可靠、方便的驾驶条件,为乘员提供安全、舒适的乘坐环境。因此,要求客厢的各个结构件除保证有足够的强度和刚度外,还要便于乘员的乘坐和上下车。微型轿车的客厢虽然十分紧凑,但还是要保证乘员有足够乘坐空间和舒适的乘坐姿势。随着轿车级别的提高,乘坐空间将逐步加大,乘坐的舒适性也能够提高。

1. 前围结构件

前围结构件由前围上盖板组合件、前围侧板、前围板(也称防火墙)、转向柱支架等构件组成,如图6-22所示。前围结构件由0.8～2.5mm厚的优质钢板冲压焊接而成,结构比较复杂。

前围将车身前部与客厢分隔开来,用来支撑和防护客厢前部,并防止发动机的噪声、热量和气体等进入客厢,因此应具有良好的密封、隔振和隔声效果。同时,前围总成对保证车身横向刚度、改善客厢舒适性以及提高撞车时的安全性有重要作用。

前围上盖板组合件一般由前围上盖板外板、前围上盖板通风板、前围上盖板内板等构件共同组成,如图 6-23 所示。前围上盖板组合件把车身左右侧围的前支柱连接起来,同时,对于中型和大型轿车,由于车身宽度很大,为了满足车身扭转刚度的要求,通常采用封闭断面结构。对于微型轿车或小型普通轿车,为了要满足经济性、轻量化的要求,简化了上盖板的结构,通常采用开口截面,与仪表板组装,从而达到足够的强度和刚度。设计前围上盖板组合件时,应注意发动机罩后端与上盖板外板或上盖板通风板之间的配合关系。刮水器的电动机一般装在前围组合件前部,以减小传入客厢内的噪声。同时,还要合理设置流水槽、前风窗的安装方式以及仪表板的安装方式。另外,前围上盖板组合件应选用防腐蚀性能好的材料。

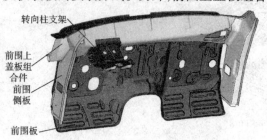
图 6-22　前围结构件

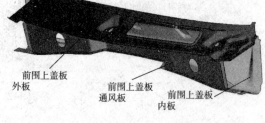
图 6-23　前围上盖板组合件

前围侧板的外形比较复杂,被固定在车身前部支架上。其作用是支撑前围组合件,同时连接侧围前支柱,并安装前翼子板。前围侧板要求满足较大的强度和刚度的要求,并且在必要的部位,要采用加强板加强,这主要是由于其要承受由车架传来的弯矩和扭矩的缘故。

前围板是用来隔开发动机舱与客厢的大型冲压件,其表面敷涂有隔热、隔声等材料,这是为了防止发动机舱高温、噪声对客厢内的乘员产生不良影响。同时,前围板应该具有足够的强度和刚度,这是由于前围板要承受较大的扭转载荷,同时还要减少碰撞过程中对乘员舱的侵入量。前围板上有许多孔洞,作为操纵用的拉索、转向管柱、管路以及电气线束通过之用。另外,由于安装各种总成和零件的需要,前围板上还设计有许多凸台和凹坑。

2. 左右侧围结构件

轿车客厢左右侧围结构件由各种形状和截面的薄壁冲压件焊接而成,要求具有较大的强度和刚度,这是由于侧围结构件不仅要为乘员提供侧面保护,而且还要安装车门、支撑顶盖、连接车身前、后侧面构件,同时还需要固定前后风窗玻璃。它的主要特点是:

(1)侧围结构件的外表面必须符合车身造型所需的曲面。不论在轿车的轴向(x 方向)还是在轿车的垂向(Z 方向),都要与车门等保持曲线的连续和光顺。

(2)侧围是一个刚度很大的承载结构件,不允许产生局部变形,否则车门会下沉,破坏车门的封闭性等。为了加大侧围结构件的强度与刚度,侧围结构件大多数采用了封闭式截面,在安装车门铰链处还要用加强板来加强。如果采用整体冲压成形,则可以大大地提高侧围整体刚度,但材料的利用率较低,所需冲压模具也很复杂。

(3)侧围各个结构件要求有特殊的形状,在靠车门的一边有特殊的沟槽,在与车门嵌合时,用于安装密封条来保证车门的密封。在车窗一边也有一些凸缘,用来安装车窗玻璃和玻璃密封条。在这些结构件分块时就要确定它们的形状,在组焊后形成所需的结构截面,并且还要考虑焊缝位置的安排。

轿车侧围结构对应于四门轿车、两门轿车和敞篷轿车具有一些差别。

四门轿车是最常见的车型,其框架结构主要是由前柱、中柱、后柱、上边梁和门槛等结构件组成。其中,前柱、中柱、后柱是比较重要的结构件,这是由于车身的整体刚度很大程度上决定于立柱的刚度。图 6-24 所示为四门轿车的侧围框架结构。

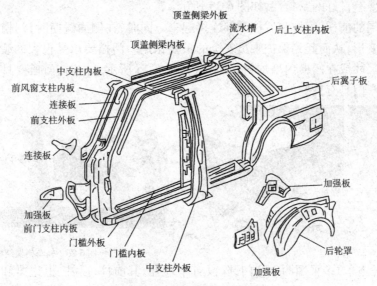

图 6-24　四门轿车侧围框架结构

前柱要承受车门的质量以及开关车门时的冲击力,同时还要支撑车顶,不但要将来自悬架的垂直力和前方纵向的碰撞力传向车顶和门槛梁,且在侧碰撞时,还将与中柱和后柱一起构成抵抗侧向力的主要屏障,受力较大。因此,为了使前门柱满足强度和刚度的要求,从而不出现变形以及车门下沉的现象,前柱一般都要用加强板。在一些中级轿车中还会采用内衬板结构,从而可使前柱的强度大大提高。前柱的上部是用来安装前风窗玻璃的前风窗柱,其大小会影响到驾驶员的侧方视野。因此,在保证前风窗柱具有足够的强度和刚度的同时,应尽可能地减少其对驾驶员视野的影响。

中立柱既要用来支撑轿车顶盖,同时还要承受前、后车门的支撑力。中立柱大都往外凸,这是由于中柱要装置一些附加零部件,例如前排座位的安全带卷收器、后门的铰链以及下部要安装前门的锁扣和导向装置。在发生侧面碰撞时,中柱承受很大的碰撞力,但该柱抵抗横向力的能力是有限的。为了在结构上保证侧碰撞时汽车的安全性,除了尽可能增大其截面积、选用超高强度钢和采用腹板结构加强它与门槛的连接强度外,还应将车身侧围结构作整体考虑,即借助车门、车锁、门槛以及前柱和后柱的相互联系,有效地将能量吸收区域扩展到车顶和地板。现代轿车的中立柱截面形状比较复杂,多采用封闭式截面并用加强板来加强,防止其在碰撞过程中出现中部弯折,保证具有较好的力传递性能。为了保证车门的密封性,设计中柱时要注意其与车门的配合。

后立柱的上部是用于支撑顶盖的后窗柱,后车门的锁扣和导向装置等一些零部件一般安装在后立柱的下部。后立柱一般不会影响驾驶员的视野及上下车,其尺寸大些也无妨,因此可以采用加大的截面,从而可以加大侧围的刚度。虽然后门在关闭时也会使后立柱受到冲击力的作用,但是该冲击力通常并不大。用于固定密封条的后柱部分凸缘的位置是根据车顶框架横梁以及纵梁的部分凸缘来确定的,后柱与车身的密封的可靠性是后柱设计的关键。上边梁的结构比较复杂,这主要是由于其既要搭接前柱、中柱和后柱及内饰件,同时还要承受较大纵向载荷。为了提高其强度以及抗弯、抗扭刚度,一般上边梁采用高强度钢板冲压而成,且在前支柱与中支柱之间增加加强板。在焊接装配时,上边梁的上侧翻边与顶盖内表面粘接,下侧翻边与顶盖的垂直翻边点焊连接,这样可以使得上边梁与顶盖满足密封与隔振的要求。同时上边梁与车门也要有良好的密封性,如图 6-25 所示。

门槛将侧围的前柱、中柱和后柱下部连接起来。同时,在侧面碰撞时,门槛还可以有效地防止客厢侧向变形,从而起到保护乘员安全的重要作用。门槛要承受很大的载荷,因此,应尽量加大其断面尺寸或在门槛内增加衬板结构,如图 6-26 所示。同时,门槛要具有很强的耐腐蚀性能以及与车门具有良好的密封性。

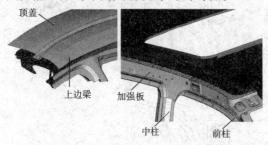
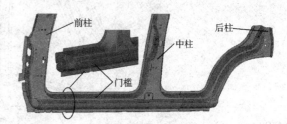

图 6-25　轿车上边梁结构　　　　　　　图 6-26　轿车门槛结构

运动轿车(跑车)多采用两个车门,除没有中柱外,其前柱、后柱、上边梁和门槛等结构件在结构形式和作用上与四门轿车基本相似。在结构设计中,要处理好各结构件之间的连接关系,尤其是后纵梁的布置设计,从而可以使后地板载荷有效地传递到车身侧围结构上。两门轿车侧围的强度和刚度要比四门轿车侧围大,这主要是由于两门轿车车门的总开口相对较窄,图 6-27 所示为双门轿车车身侧围框架结构件。

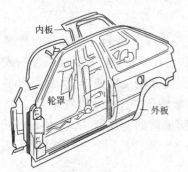

图 6-27　双门轿车车身侧围框架结构件

敞篷轿车的侧围仅仅是四门轿车或两门轿车的下半部,除前柱的上半部向上延伸为前窗柱外,侧围的上部没有框架结构作为承载构件。敞篷轿车采用加强的前柱,后柱和门槛与车架构成一个强大的底部承载结构,来承受作用在轿车上的各种载荷,从而保证轿车侧围有足够的刚度,车门框不会发生变形,使得车门能够与车门框保持良好的密封。在四门敞篷轿车上,有的还要采用特别加强的中柱来提高车门门框的刚度。

3. 后围结构件

轿车后围结构件由后围上盖板、杂物搁板、后围板、后围加强梁、左右连接板等组成。后围结构件对保持车身的扭转刚度起着重要的作用。后围上盖板和杂物搁板组合成具有封闭截面的承载构件,把左右后支柱连接起来,形成客厢后部主要承载横梁,如图 6-28 所示。后围板是隔开客厢与车身后部的隔板。为降低后轮传来的振动和噪声,后围板用后围加强板来加强它的刚度,并涂以隔振和隔声材料,来避免和降低后围板产生的共振。

4. 顶盖结构件

轿车的顶盖结构件是用来安装轿车顶盖的,它由顶盖前横梁、顶盖横向加强梁、顶盖后横梁等组成,如图6-29所示。

顶盖前、后横梁均为薄板冲压件,分别用来连接左右侧围前柱以及后柱上部,是构成风窗玻璃框的一部分。不同类型的轿车上顶盖横梁也是不同的,例如,在微型和小型轿车上,顶盖前横梁多采用开口截面,在中型和中高级轿车上,为了保证横梁的横向刚度,顶盖横梁都是封闭式截面。同时顶盖的前、后横梁的外形,都应符合车身造型设计要求。

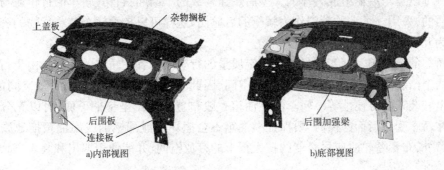

图6-28 轿车后围结构件

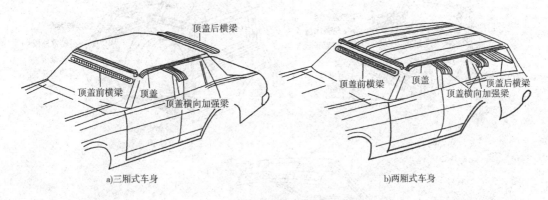

图6-29 轿车顶盖结构

5. 地板

轿车地板是车身的基础,是客厢的主要承载构件,其强度和刚度会影响整车的强度和刚度。轿车地板由前地板和后地板组成,如图6-30所示。按照地板的结构形式可将其分为骨架式结构和分块式结构两种。地板前段中间有凸起的凸包,可以用来装置轿车传动系统的变速器、传动轴、排气管等一些总成或部件,后段有凸起的后排座的坐垫框,同时坐垫框的下部还可以安放燃油箱。地板上冲有许多加强筋,用来增加地板的刚度。对于发动机前置前驱以及后置后驱的轿车来说,传动轴不从地板下部通过,因此地板可以降低,这样可以有利于

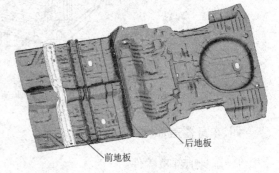

图6-30 轿车地板结构

座椅的布置以及乘坐舒适性的提高。对于发动机前置后驱的轿车来说,由于传动轴需要通过地板,地板上的凸包高度难以降低。

三、轿车车身后部结构

轿车车身后部结构形式与轿车的整体结构形式有关。三厢式轿车车身的后部结构是由客厢的后围板、行李舱的左右内侧板、行李舱的尾板、行李舱盖、后地板、后地板纵梁以及后地板横梁等构件组成。两厢直背式轿车车身的后部主要由背门和门框组成，其行李舱是由向后延伸的轿车侧围以及与后窗组成一体的大型后舱盖构成的。两厢斜背式轿车的行李舱与轿车的客厢是相通的，采用一个大的舱门作为轿车的后舱门，这样可以扩大轿车装载货物的容量。图6-31所示为几种典型的轿车车身后部结构。

通常轿车的燃油箱、备胎、工具箱和一定质量的行李被安置在轿车的后部。由于行李舱地板两侧有两个凸起的后轮罩，占据了很大的空间，因此在布置上要充分考虑有效空间的利用、备胎的取出和装入的方便性等。轿车的燃油箱一般布置在后排坐垫框下面，可以充分利用空间。同时在轿车受到后面碰撞时，要保证燃油箱不会撞坏而泄漏燃油或燃油箱拖地摩擦而引起火灾。另外，布置备轮时应尽可能的扩大行李的存放空间，并能便于取出和装入。

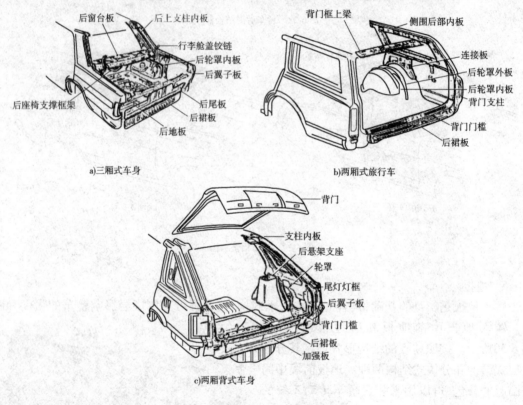

图6-31 几种典型的轿车车身后部结构

四、车身覆盖件

1. 车身前部覆盖件

车身前部覆盖件主要包括发动机罩、前翼子板等。

1）发动机罩

发动机罩一般是由外板和内板组成，如图6-32所示。外板是由左右对称的曲面组成的空间曲面板，内板为薄钢板冲压焊接而成的骨架形式，外板四周包裹内板，从而可以增强发动机罩的刚度。发动机罩要有隔声、隔热、质量轻、刚性好的特性。为了满足吸振和降噪的要求,外板与内板之间要留有间隙,用来填充吸振、隔声以及隔热材料。为了使得汽车头部平顺圆滑、空气阻力小、整体感较强,现代轿车的发动机罩两侧与翼子板平齐。

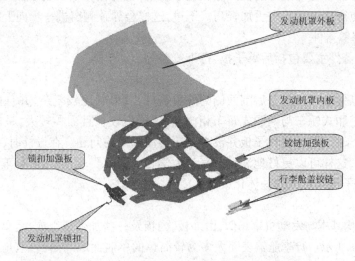

图 6-32　发动机罩

发动机罩有两种开启形式,一种是向后开启的,这种开启形式有较大的开启角度,并且便于发动机的维修,因此采用的比较多。但是,由于在汽车高速行驶时,气流可能会将发动机罩吹开,所以发动机罩前端有保险锁钩锁紧装置,否则是十分危险的。另一种是向前开启的,与向后开启形式相比,这种开启形式从安全性上是最好的,但是开启角度通常较小,因此采用得比较少。

2) 前翼子板

翼子板是轿车车身上较大的覆盖件,用于包容轮胎,防止流水飞溅。同时,翼子板的外表面形状要与车身侧面造型协调一致,从而满足外观要求。按照安装位置的不同可以分为前翼子板和后翼子板,前翼子板安装在前轮处,一般由厚度为 0.6~0.8mm 的高强度钢板冲压成形。

为了保证前轮转动及跳动时的最大极限空间,设计者运用"车轮跳动图",并根据选定的轮胎型号尺寸来验证翼子板的设计尺寸。由于前翼子板碰撞机会比较多,很多轿车上的前翼子板是独立的,这样方便其更换。为了安全起见,有些车的前翼子板用有一定弹性的可以起到缓冲作用的塑性材料做成。

2. 顶盖

作为车厢顶部最大的覆盖件,轿车顶盖多为固定式结构,顶盖焊接固定在由侧围上边梁与顶盖横梁组成的车厢顶部框架结构上。有些中高级轿车和运动型轿车还有采用电动折叠式顶盖或手工装拆式活动顶盖。

轿车顶盖的作用主要是为乘员提供安全舒适的驾驶乘坐环境,使得乘员不受风吹、日晒、雨淋。在轿车车身的总体刚度方面,顶盖不起关键作用;但是,在轿车发生侧翻时,顶盖还是要起到保护乘员安全的作用。因此,轿车顶盖要达到一定的强度和刚度要求,一般在顶盖下增加一定数量的加强梁。在顶盖内层敷设绝热衬垫材料,以阻止外界温度的传导及减少振动时噪声的传递。

轿车顶盖形状大多曲率较小。为了防止雨水从两侧车门门缝中流入车内,顶盖两侧设计有流水槽,起到对雨水的导流作用。顶盖如何与前、后窗框及与支柱交界点平顺过渡是非常重要的,在设计中要力争达到最好的视觉感和最小的空气阻力。现代的汽车顶盖造型有变薄的趋势,这样可以使得顶盖看起来更加轻巧。不过,这样会导致侧窗进一步向上扩大。

3. 车身后部覆盖件

车身后部覆盖件主要包括后翼子板、行李舱盖等。

1)后翼子板

后翼子板即后侧围外板,是后围两侧的外覆盖件,其形状比较复杂,并且由轿车结构决定其形状。例如,三厢式轿车与两厢式轿车相比,后翼子板较长且面积较大,是行李舱侧板的组成部分。与前翼子板不同,后翼子板并没有车轮转动碰擦的问题。在设计时,后翼子板略显拱形弧线向外凸出,这样可以更好地满足空气动力学和造型的要求,现代轿车车身结构的一个突出特点就是后翼子板与侧围的一体化设计。

2)行李舱盖

行李舱盖结构基本与发动机罩相似,由外板、内板及一些加强板组成,是车身后围上大型的覆盖件,如图6-33所示。行李舱盖表面大多为较简单的单曲面或双曲面,但是为了满足良好的刚性要求,内板形状比较复杂,有纵向、横向、斜向以及环向的加强筋。通常行李舱盖设置有铰链及平衡支撑杆,以保证行李舱盖有足够大的开启角。行李舱盖开启的支撑件一般用臂式铰链或四连杆铰链,并利用空气弹簧支撑杆或扭力杆来平衡行李舱盖的质量,这样可以使行李舱盖自动固定在打开位置,并且可以比较省力的启闭行李舱盖,便于提取物品。短背式轿车的行李舱盖一般会形成背门,这是由于其行李舱向上延伸,将后风窗玻璃与行李舱融为一体,使开启面积增加。

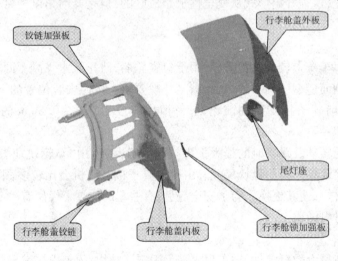

图6-33 行李舱盖

第三节 轿车车身的设计特点

一、设计原则

空间合理分配是轿车车身总布置设计的一个重要方面,通常零部件总是在与乘坐者争夺空间,在总布置设计中必须找到一个妥协的解决方案。

从满足驾驶员操作和乘员乘坐的要求出发,现代轿车车身设计中必须以人为中心。显然,轿车车身总布置设计的重点应放在确定室内空间大小和人体的活动空间上,又称车身室内人机工程布置设计,以改善乘坐舒适性和提高产品实用性。具体方法是利用人机工程学知识来确定乘员所必须的室内空间及操纵件、控制件装备等的布置位置,保证驾驶员操纵轻便、准确、视野开阔和乘坐舒适、安全等。在此基础上进行整车的发动机、传动系统等总成、部件,以及备胎、油箱和行李舱等的布置,以确定车身前舱和后舱的容积及尺寸,从而得到保证室内空间需求的具有合理外形尺寸的车身,满足车身轻量化的要求。

由此可见,轿车车身设计基本原则是由内向外设计,在保证最少生存空间的前提下,尽量扩大内室空间。车身总布置设计的设计原则具体表现为:市场目标性原则,从内到外的人体优先性原则,协调性原则,"见缝插针"原则,座位优先性原则,"大多数人"原则,舒适性原则,方便性原则等。

二、轿车车身设计的技术要求

轿车车身设计应满足的技术要求很多,主要包括性能、结构、制造、维修等方面。

(1)轿车车身设计应符合整车的性能及总布置设计要求,并且满足轿车车身不与底盘各总成或部件发生位置干涉或运动干涉的要求。

(2)轿车车身布置设计必须提供一个舒适的室内空间,良好的操纵性、上下车及乘坐方便性,并且保证驾驶员具有良好的视野。同时,轿车车身还应满足隔声、隔热的要求。

(3)轿车车身的外形设计不仅要满足色彩美观、新颖、时代感强的要求,同时必须具有低的空气阻力和良好的高速行驶稳定性。

(4)轿车车身结构应满足轻量化要求,可以使车身制造成本降低,但同时要有足够的刚性,即车身结构强度必须能够承受在其整个使用寿命内可能遇到的所有正常静力和动力载荷,不发生塑性变形、裂纹或破坏。

(5)轿车车身附件设计必须满足其使用的功能要求,并符合法规或标准的技术条件。

(6)轿车车身设计的选材要考虑材料的特性,并且必须来源丰富、成本低、无毒、阻燃。所选用的材料应能够实现高效率的加工制造和装配,同时材料必须能够再生重复使用,且对环境无污染。

(7)轿车车身结构设计及选材要满足车身制造工艺的要求,并且必须保证在轿车发生碰撞时,对乘员具有保护作用。同时,轿车车身在整个使用期间内要满足对冷、热和腐蚀的抵抗能力。

(8)车身设计应保证车辆维修时的接近性,应便于驾驶员对车辆的日常维护工作,并且方便易损零件的拆卸,使修复作业容易。

三、轿车车身布置

轿车车身的公称尺寸以及外形取决于车身类型和用途。所以,必须首先要明确轿车的类型和用途,才能确定它的公称尺寸以及外形。同时,车身的外轮廓尺寸与整车性能和人机工程学以及相应的工艺也有密切的关系。例如,车身长的轿车,纵向稳定性好、室内易于布置,但是整车占地面积较大、通过性不好;车身宽的轿车、室内宽敞、乘坐舒适性好、机构布置方便、大弯道行驶稳定性好,但其操纵困难,迎风面积大,通过性较差;车身高的轿车,乘员出入车辆方便、室内宽敞、视野开阔,但空气阻力大、行驶稳定性不好、转弯特性差;车身低的轿车,平顺性和稳定性好、空气动力学性能较佳,但乘坐空间小、乘员有压抑感。因此,轿车车身的长、宽、高之间存在一定联系,相互制约。

轿车车身外形尺寸包括总长、总高、总宽、轴距、轮距、前悬、后悬、前风窗倾斜角、后风窗倾斜角及最小离地间隙等。

轿车车身总布置设计的重点应放在确定室内空间大小和人体的活动空间上,由此来改善乘坐舒适性以及提高产品实用性。

1. 根据轴荷分配定动力总成相对位置

发动机和传动系统的布置形式,以及各总成和部件的布置位置、空间尺寸决定整车的轴荷分配。传统发动机前置后轮驱动布置时的轿车满载时理想轴荷分配为:前轴48%~49%,后轴51%~52%;发动机前置前轮驱动布置时的理想轴荷分配为:前轴51%~52%,后轴48%~49%。

动力总成的布置需整车总布置和车身总布置共同协调。通过曲轴中心线与发动机汽缸体前端面交点的坐标和曲轴中心线的位置等参数可以确定动力总成的位置。发动机罩的高度还会限制装有空气滤清器的发动机的高度。

2. 轿车车身前围布置

前围的布置应在动力总成定位之后来确定,动力总成的外轮廓确定之后可以画出前围板线。为了布置转向系统机构、制动系统、离合器的管路和附件以及暖风系统的风道,同时也为了减少碰撞过程中发动机对乘员舱的侵入量,前围板到发动机后端应留有足够的间隙。前围下部与底板约倾斜45°连接,其倾斜面位置一般与前轮罩面相切。将前轮前移、发动机布置位置前移或采用不同的布置形式,这些都有利于前排乘员的搁脚姿势和加速踏板的布置。同时,重心前移有利于高速行驶的侧风稳定性,增加汽车的不足转向。

3. 车身地板布置

轿车地板的高度及布置形式可根据前后轮罩的位置和形状、最小离地间隙、发动机和传动系统的布置形式以及门槛下沿线的高度初步确定。离地间隙及纵横梁的截面高度决定了地板高度。

对于发动机前置前轮驱动或发动机后置后轮驱动的轿车,由于地板下部没有传动轴通过,故地板高度可以降低,这样有利于座椅的布置,同时可以提高乘员的舒适性。对于发动机前置前轮驱动的轿车,地板中间通常还有凸包,这主要是由于发动机排气管要在凸包下方由轿车前方通向尾部。

对于发动机前置后轮驱动的轿车,由于传动轴要在地板下通过,这样会带来一系列的问题。例如,地板上出现的凸包的高度较高;后座凸包影响到其坐垫的厚度,进而带来乘员舒适性的问题。为了降低车身总高,需要降低传动轴线以及地板高度,同时还要考虑到发动机的安装高度,以保证油底壳有足够的离地间隙。为了解决这些问题,通常需要将传动轴在纵向平面内U形布置,满足各个万向节叉轴线之间夹角的要求,提高传动效率。

在确定地板平面之前,首先要绘制出传动轴的最高轮廓线,通常传动轴与地板凸包之间的最小间隙取10~15mm,从而可以决定地板凸包线。采用周边式车架以及将传动轴分为两段并使用准双曲面齿轮传动可以降低车身地板高度,进而可以降低整车高度,减小空气阻力,提高高速行驶的稳定性,如图6-34所示。

a)单根万向节传动轴　　　　b)两根万向节传动轴(装有中间支撑)

图6-34　U形布置的万向节传动轴

4. 车身内部布置

车身内部空间以及驾驶员座椅尺寸和操纵机构布置可根据人机工程学的要求来确定。驾驶员座椅的位置设计对驾驶员的驾驶舒适性影响比较大,要尽量合理的布置座椅位置,使驾驶员能够舒适的驾驶。座椅的位置是通过人体尺寸、底板高度、车身总高和乘坐姿势来确定的。一般坐的姿势越低,踏板至靠背的距离越大,同时座椅水平调整行程也就越大。前排乘员座椅的舒适性是由第95百分位的假人来评定的。布置后排座椅时,第95百分位的假人膝部与靠背面应留有约30mm的间隙。由于乘员座椅靠近车身中部振动较小,因此,后排座椅最好靠中部布置。通常采用后座控制点到后轴的距离来评价其乘坐舒适性。

当座椅尺寸确定之后,通过驾驶员以及后排乘员的头部包络线来确定顶盖的初步轮廓。顶盖高度的确定原则一般是头部至顶篷的距离加上隔热材料层,为20~30mm,图6-35所示为车身顶盖轮廓的确定。

5. 影响乘员上下车方便性的车身布置

轿车车身侧围车门数量以及开口形状和位置、车门支柱和车身侧壁的倾斜角度、上边梁以及门槛高度都会影响乘员的上下车,图6-36所示为车门开口形状及位置的设计。

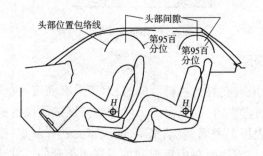

图6-35 车身顶盖轮廓的确定

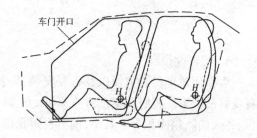

图6-36 车门开口形状及位置设计

对于两门轿车,一般增大车门的开口宽度以保证后排乘员能方便上下车,同时驾驶员座椅的倾翻受到转向盘的限制,因此,在后支柱设计时,应尽量后移且垂直布置,以保证后座入座的最小通道尺寸。在四门车身中,应将前柱尽量前移,同时中柱适当倾斜的布置在后座通道的前面,则可以大大改善入座的方便性。

图6-37所示为车身侧壁倾斜角的确定。车身侧壁的倾斜角度是由上边梁与下门槛在横向布置上的偏移量(k)来确定的。当$k=0$时,乘客为了进入车内,上身需要倾斜30°以上,上下车会比较困难。同时,k值也不应过大,k值过大不仅会影响汽车外观以及车内空间的利用,还会使乘员上下车不便。因此,一般取$k=100~150mm$。这样需要采用弧面玻璃以适应车身侧围的弧形设计。车门上边梁的高度降低以及升高门槛的高度,都会影响乘员上下车的方便性。

驾驶员在进出时腿部的转动范围大约是60°(图6-38)。而车门开启最大时,从门槛内饰上方的102mm处测得的坐垫与内饰件最小距离L,表征人的整个腿部、脚部是否能够顺利进出,一般应保证$L>440mm$,如图6-38所示。

小腿与门槛外板也应保证一定的尺寸,以保证乘员下车的方便性,主要以第5百分位的女性人体为分析对象,如图6-39所示。

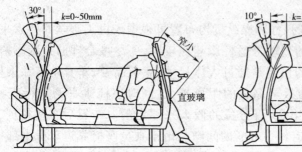 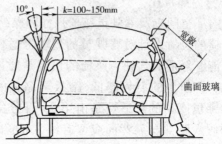

图 6-37　车身侧壁倾斜角

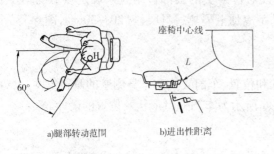 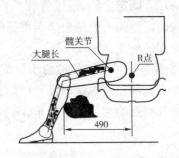

图 6-38　腿部空间　　　　　　　　图 6-39　小腿与门槛外板间隙

6. 视野性设计

为保证轿车操纵方便以及行驶安全,驾驶员应有良好的视野。同时,对于乘客而言,也应有良好的视野。视野包括前方视野、侧方视野、后方视野,以及雨雪天时刮水器擦拭的风窗面积、冬天的除霜面积等。其中,前方视野是由仪表板上表面、发动机罩、前风窗支柱等限定,侧方及侧后方视野是从侧窗和外后视镜中得到的,后方视野是由后窗和内后视镜得到的。发动机罩以及翼子板的形状,立柱的结构,车窗尺寸、形状以及布置,座椅的布置、高度以及坐垫和靠背的倾角等都会影响视野性。改善视野性的措施有很多,例如,布置驾驶员座椅接近汽车前端、加大车窗、降低窗台、减小风窗玻璃倾角并尽量使之靠近驾驶员的眼睛、减薄立柱厚度并使其下端后移、升高座椅和减小坐垫与靠背的倾角等。汽车设计常见的视野障碍区如图 6-40 所示。

7. 车身结构性能要求

在现在的车身设计中。为了保证汽车的各种性能,需要满足车身刚度、强度、疲劳、碰撞及 NVH 的要求。在车身刚度方面,分为白车身的弯曲刚度和扭转刚度两方面,如图 6-41 和图 6-42 所示。

考虑到整车的 NVH 性能,在白车身结构分析中,还需要对白车身的模态进行分析,图 6-43 和图 6-44 为白车身的一阶弯曲模态和一阶扭转模态示意图。

随着对汽车安全性要求的提高,国家对汽车碰撞方面的要求越来越严格。碰撞分为正面碰撞、偏置碰撞、侧面碰撞、追尾碰撞等。在现代的汽车设计中,基于碰撞的传递路径分析手段越来越多,图 6-45 为汽车正面碰撞传力路径示意图。

由于传统的传力路径比较单一,现在都采用多条传力路径来保证汽车的安全性,如图 6-46 所示。

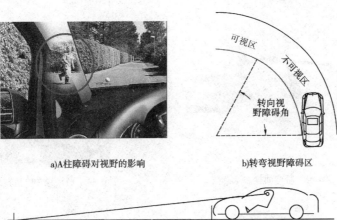

a) A柱障碍对视野的影响　　b) 转弯视野障碍区

c) 前方视野障碍区

d) 后方视野范围

图 6-40　视野障碍区及视野范围

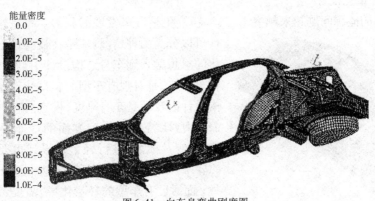

图 6-41　白车身弯曲刚度图

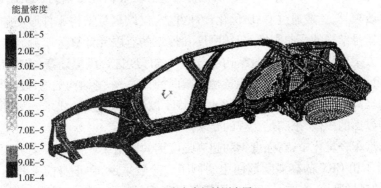

图 6-42　白车身扭转刚度图

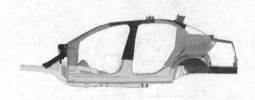

图 6-43　白车身一阶弯曲模态示意图　　　　图 6-44　白车身一阶扭转模态示意图

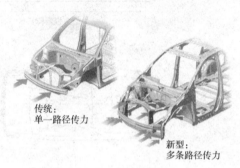

图 6-45　汽车正面碰撞传力路径示意图　　　图 6-46　汽车正面碰撞多条传力路径

侧面碰撞中的传力路径如图 6-47 所示。

8. 车身轻量化设计

随着汽车的能源问题越来越突出,汽车轻量化是汽车发展的趋势。车身结构的轻量化设

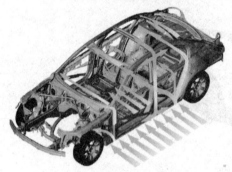

图 6-47　侧面碰撞中的传力路径

计可以分为两种情况:一是在概念设计阶段就将轻量化的思想融入到车身结构设计中,设计出全新的轻量化车身;二是对现有车型的轻量化改型设计。车身结构设计需要满足车身刚度、模态、碰撞安全性、疲劳寿命和 NVH 特性等诸多方面的性能要求和相关的法律、法规及标准,进行轻量化设计也要满足上述性能的要求,采用高强度钢板和先进制造工艺来轻量化车身。而对已有车型的轻量化中,需要考虑到改型设计的实际可操作性和由此带来的加工制造成本增加,因此要尽量不修改模具,一般通过 CAE 优化设计方法,仅以车身结构零件厚度作为变量进行优化设计。并以车身结构的弯曲刚度、扭转刚度和模态的有限元计算为基础,经灵敏度分析后,应用修正可行方案优化算法,对车身结构部分零件的厚度进行优化计算,实现车身结构的轻量化改型设计,可以用强度好的材料来代替达到减厚的目的,车身结构的弯曲刚度和扭转刚度都有不同程度的提高,主要模态频率的变化也在 1Hz 以内,满足设计要求。另外还需要进行碰撞及行人保护方面的校核,来满足法规的要求。

在现在的汽车轻量化中,高强度钢和超高强度钢的应用在现在的车身应用中越来越广泛,图 6-48 所示是本田 CRV 的高强度钢使用的例子。一般来说,在车身前部和后部使用高强度钢,保证合理的碰撞吸能,在乘员舱要采用超高强度钢,保证碰撞时,乘员舱不变形,从而达到

碰撞安全要求。

高强度钢（HSS）是指屈服强度为210~550 MPa的钢，屈服强度高于550 MPa的钢定义为超高强度钢（UHSS），而先进高强度钢（AHSS）的屈服强度介于HSS和UHSS之间的强度范围。高强度钢具有良好的低温韧性、成形性和焊接性。汽车用钢逐步向高强度化方向发展，当钢板厚度分别减少0.05 mm、0.10 mm、0.15 mm时，车身减重分别为6%、12%、18%。可见，增加钢板强度是减少钢板厚度减轻车质量的重要途径。不过，高强度钢难成形、回弹大等问题需用对应措施来解决。高强度钢主要应用在车轮、悬架系统及加强件、保险杠、前后纵梁、车门防撞梁、地板纵梁以及B柱等零部件，如图6-49所示。

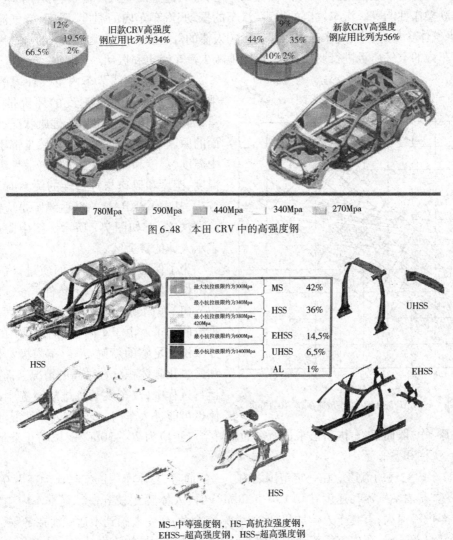

图6-48 本田CRV中的高强度钢

MS-中等强度钢，HS-高抗拉强度钢，
EHSS-超高强度钢，HSS-超高强度钢

图6-49 高强度钢在车身中的应用

第七章 空调、隔热、密封与防振

随着人们生活水平的提高和现代汽车技术的不断发展,人们对汽车舒适性的要求越来越高。汽车的舒适性是指良好的平顺性、低的车内噪声、适宜的空气环境、良好的乘坐性能和良好的驾驶操作性能等。汽车发出的噪声、汽车的振动、汽车车内的温度、湿度、空气流速、含氧量、有害气体含量、灰尘、气味等因素都会影响人体的舒适感。为了提高乘员的舒适度,就必须对汽车车内的空气质量进行调节,并尽可能地减少汽车噪声和振动。

空调系统是调节车内空气环境的总系统。乘员对空调系统的舒适度的评价是一个模糊量,因为不同的年龄、性别、健康状况、情绪等方面的原因,每个人对舒适性的感觉都不一样,其中温度、湿度和风速对乘员的舒适性影响最大。温度、湿度和风速与舒适性的关系有多种评价方法,其中 ASHRAE 的舒适线图是应用较广泛的方法之一,如图 7-1 所示。图中阴影的部分表示人体的舒适区。

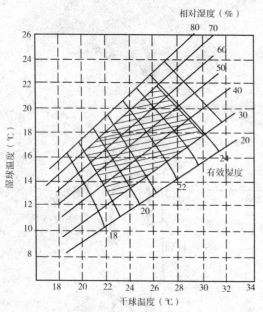

图 7-1 ASHRAE 舒适图(夏季风速 0.08~0.13m/s)

为了保证汽车内空气的质量,汽车空调系统的设计应尽量满足以下条件:

(1)车内新鲜空气的换气量应满足每一位乘员的需求。由于车内空间小,乘员的密度大,如果没有足够的新鲜空气,车内极易出现缺氧和二氧化碳体积分数过高的情况。而且在汽车运行过程中,汽车发动机排放尾气中的有毒气体也可能进入车内,造成车内空气混浊,影响乘员的健康。一般而言,车内每位乘员所需的新鲜空气量应为 20~30m³/h,以防止乘员缺氧,造成疲劳、头痛和恶心。

(2)车内空气的流速应在一定范围之内。一般而言,夏季车内的空气流动速度在 0.25m/s 左右,冬季车内空气流动速度在 0.15~0.20m/s 时,人体感觉较舒适。夏季车内空气流速应比冬季车内流速大,有利于人体散热,但如果流速太大,会使人感到不适。而在冬季,汽车车内利用暖气设备采暖,车内空气流速应尽量小一些,以减少热量的流失。

(3)车内空气的舒适温度,一般而言,冬季车内为 16~20℃,夏季车内为 20~28℃。同时车内外空气温差不宜太大,夏季车内外温差宜保持在 5~7℃,冬季宜保持在 10~12℃范围内。

(4)车内空气应具有一定的相对湿度。一般而言,冬季保持在 55%~70% 为宜,夏季保持在 60%~75% 为宜。

(5)车内气压应比车外稍高,以防止灰尘和缝隙风进入车内。

第一节 通风系统

汽车空调通风系统通过引入车外新鲜空气,改善车内空气的质量,使车内的空气保持一定的洁净度,降低有害气体和二氧化碳的体积分数,有利于保持乘员健康。另一方面可以通过引入新风,防止汽车前窗结霜凝雾。

汽车车内通风量的选择通常是以二氧化碳(CO_2)的体积分数为依据。在正常情况下,CO_2在空气中的体积分数只占0.033%,CO_2体积分数过高,则会对人体健康产生不良影响。表7-1为CO_2体积分数对人的影响。

CO_2体积分数对人体的影响 　　　　　　　　　　　　表7-1

空气中CO_2体积分数	对人体的影响
1%~2%	呼吸急促,持续作用会破坏人体电解质平衡,人会感到轻度头痛
2%~3%	头痛加剧,呼吸困难,气喘,出汗,不能进行体力劳动
4%	精神沮丧,思维知觉减退
5%	危险含量,有昏迷危险

从表7-1可以看出,当车内CO_2的体积分数大于1%时,对人体健康会产生一定的危害。因此,一般规定车内的CO_2的体积分数限值为0.1%~0.125%,每个乘员需要新鲜空气量为15~21m^3/h。

新鲜空气引入量除了考虑上述CO_2体积分数这个基本标准以外,还必须考虑人们抽烟、除臭气等需要增加的量,以及车内正压力和局部排风所需要的风量。新鲜空气引入量必须大于排出和泄漏的风量,使车内的压力略大于车外的压力,保持车内正压。这样不仅可以防止车外空气不经空调装置直接进入车内,而且可以防止发动机的废气通过回风道进入车内,污染车内空气。

汽车空调通风系统一般有自然通风和强制通风两种类型。

一、自然通风

自然通风是利用行车时汽车与外界空气的相对运动所产生的气流压力差将外部空气引入车内,自然通风一般可通过以下几种方式实现。

1. 通过开设汽车侧窗、顶窗、百叶窗来通风

图7-2所示为汽车安全顶窗。

在汽车行驶过程中,虽然打开车窗能够带来大量的新鲜空气量,但由于汽车在运行过程中,打开车窗也会带来大量的灰尘及传入车外噪声,同时高速度的风会直接冲撞到乘员,从而降低了乘坐舒适性。

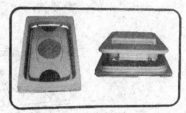

图7-2 汽车安全顶窗

2. 通过开设各种通风口来通风

在设置通风口时,一般将空气进风口设在车身外表面空气正压区,同时最好是烟尘和雨水不宜进入的位置,而且尽可能的离地面较高。空气出风口一般设在车身外表面空气负压区,而且应尽量加大出风口的有效流通面积,提高排气效果,同样也必须注意防止灰尘、噪声以及雨水的侵入。图7-3所示为轿车空调风的循环,图7-4所示为轿车外表面空气压力分布。从图 7-4 可以看出,轿车车身外部大多受到负压,只有在轿车车前及前风窗玻璃周围等为正压区。

图 7-3 轿车空调风的循环

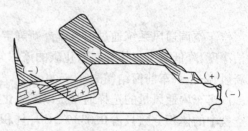
图 7-4 轿车外表面空气压力分布

因此,常用通风口的设置一般有以下几种:图 7-5 所示为汽车前围上部直接设置进风口导入外气,图 7-6 所示为前围上部的狭缝为进风口导入外气,从乘员的腿部和仪表板的两侧进入车内。通风口的最佳宽度一般都需在车身外形审定之后才能决定,一般通风口的总宽度需小于车身宽度的 70%,而且当汽车行驶时,通风口的压力系数(静压与风压之比)在 0.35~0.5 之间时,通风效果较好。

图 7-5 进风口位置　　　　　　　图 7-6 进风道示意

通风口处通常应设有过滤装置、进气阀门和内循环空气阀门。过滤装置能够防止尘土进入,进气阀门和内循环空气阀门用来控制新鲜空气的流量。当车内空调装置开启,车内温度与设置温度相差较大时,应先关闭进气阀门,打开内循环空气阀门,这样可以快速调节车内温度,等车内温度适宜时,才打开新鲜空气进气阀,保持车内空气的清新度。

出风口的设计同样需要考虑车身表面压力分布特征,以确定最佳位置。图 7-7 所示为各种汽车出风口的位置及其压力系数 c。

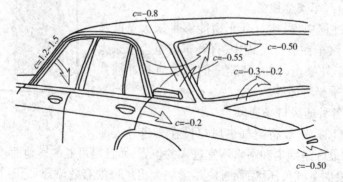
图 7-7 各种汽车出风口的位置及其压力系数 c

二、强制通风

强制通风是通过装于车顶的换气扇或进风通道中的风机强制从车外引入新鲜空气送入车内。在装有冷暖一体化空调的汽车上,一般都采用这种通风方式。

无论是自然通风还是强制通风,为了提高通风效果,通风口的设计都应利用汽车行驶产生的气动压力。进风口设在车身外表面空气正压区,同时最好是烟尘和雨水不宜进入的位置,例如前围的正面和前风窗的下部。出风口一般设在车身外表面空气负压区,例如顶盖侧面和后风窗的上端及下端。

第二节 采暖装置

汽车采暖装置是汽车在冬季运行时能够单独提供热量的所有设备的总称,主要用于冬季车内取暖、风窗玻璃除霜以及改善发动机的低温起动性能。

一、采暖装置的种类

汽车采暖装置可根据空气循环方式进行分类,也可根据使用的热源进行分类。

采暖装置按空气循环的方式分为内循环式、外循环式和内外混合循环式。内循环式采暖装置是利用车内空气作为载热体,加热升温以后,送入车内取暖。内循环的优点是消耗热量最少,采暖效果较好,但空气不新鲜。外循环式采暖装置是利用车外新鲜空气作为载热体,加热以后送入车内取暖,采用这种方式,车内空气最新鲜,但消耗热量也最大。内外混合循环式采暖装置利用车内空气和车外新鲜空气混合作为载热体。一般汽车上都会提供内循环或外循环的选择开关供选择。

汽车采暖装置按使用热源可以分为余热式(非独立式)采暖装置和独立式采暖装置。

1. 余热式采暖装置

余热式采暖装置无独立供暖装置,主要利用汽车发动机工作时的剩余热量(发动机冷却循环水或排气余热)作为热源,引入热交换器,由风机带动车内或车外空气吹过热交换器而使之升温。余热式采暖装置又可根据剩余热量的类别分为水暖式和气暖式两种。利用发动机冷却液的热量采暖的,称为水暖式。利用发动机排气系统的热量进行采暖的,称为气暖式。

1)水暖式

水暖式采暖装置是通过利用发动机冷却液的热量来取暖,即将发动机缸体出来的热冷却液的一部分分流进入热交换器内侧,同时,冷空气被风机强迫通过热交换器,在热交换器内冷空气和发动机冷却液进行热量交换,冷空气被加热送回车内,用于车内取暖和风窗除霜。该装置多数用于采暖要求不高的汽车,如轿车、货车驾驶室和小型客车,使用安全。表7-2 为轿车、货车用水暖式暖风装置的基本参数。

轿车、货车用水暖式暖风装置的基本参数 表7-2

发动机排量(L)	加热功率(kW)	送风量(m^3/h)	电动机功率(W)
0.36	1.9~2.1(1600~1800kcal/h)	120~160	20~25
0.8~1.5	2.3~2.9(2000~2500kcal/h)	150~220	30~40
1.9~2.0	3.5~3.7(3000~3200kcal/h)	270~290	65~90

图 7-8 所示为水暖式采暖装置的结构,主要由暖风机、送风机、温度设定杆等部分组成。发动机冷却液流过暖风机的内部管道,为暖风机提供热源。送风机和室内外换气电动机强制抽取冷空气进入暖风机内加热,再通过内外气转换开关进入车内取暖。温度调节器调节被加热暖空气的温度至车内乘员需要的合适温度。

图 7-9 所示为水暖式内外混合循环采暖装置。发动机冷却液流过热交换器 1 的内侧管道,为采暖装置提供热源,外部空气吸入口 5 和内部空气吸入口 7 分别吸入新鲜空气和车内空气,进入到混合室 4 混合,风机 8 将混合室 4 中的空气送入热交换器 1 的进气侧,混合气体被加热后送入管道 3 通往前座脚下,送入管道 9、10 输送到前窗除霜或除雾。

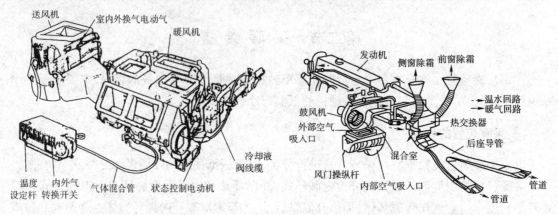

图 7-8 水暖式采暖装置的结构　　　　图 7-9 水暖式内外混合循环采暖装置

采暖装置提供的暖风应该在车内分布均匀。暖风通过仪表板、车顶或 B 柱上的出风口为前排及后排乘员提供热量。暖风通过风窗玻璃下面设置的出风口吹到风窗玻璃上,可使风窗玻璃内侧温度在露点之上,防止风窗玻璃结霜。

水暖式暖风装置的优点是结构简单、可靠性较好;缺点是热量较少,在寒冷季节可能会出现供暖不足,甚至导致发动机过冷,影响发动机的正常工作。

2)气暖式

气暖式采暖装置是利用发动机排气管中的废气余热或冷却发动机后的热空气取暖的采暖装置。气暖式采暖装置可根据空气加热器类别分为热交换器式和热管式两种类型。

图 7-10 为热交换器式采暖装置简图。采暖时,将消声器前端的废气阀门 4 关闭,从而使汽车高温废气通过主发动机排气管 5 进入热交换器 3 内,用于加热热交换器外的新鲜空气,使其温度升高,再由风机 2 将加热的新鲜空气吹入车厢内取暖和除霜。

图 7-11 为热管式采暖装置安装在客车上的示意图。热管是一种管内处于高真空状态且装有高效率传热介质的金属管,热管有吸热端和放热端,发动机排气通过吸热端,吸热端吸收热量,使热管内的液体迅速气化,产生蒸气流向放热端,热量在放热端迅速通过管壁传到管外,空气通过放热端加热后,由风机输送到车厢内取暖和除霜。

气暖式采暖装置的供暖效果会随着车辆行驶速度而变化,车速快,传热效果较好,车速慢,则传热效果较差。而且,气暖式采暖装置体积较大,结构复杂,可靠性要求较高。因此,气暖式采暖装置在汽车上运用较少。

总体来讲,余热式采暖装置成本较低、经济性好、结构简单、使用也比较方便,但产生的热量较小,且受工况影响,停车时不能采暖,难以满足大中型车辆冬天对暖气的需求。

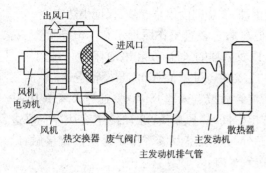
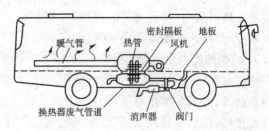

图 7-10 气暖热交换器式采暖装置简图　　　　图 7-11 余热气暖热管式采暖装置

2. 独立式采暖装置

独立式采暖装置具有独立供暖装置，利用燃料在燃烧器燃烧所产生的热量加热水或空气，输入到车厢内提高车内温度。根据加热介质不同，独立式采暖装置分为直接式采暖装置和间接式采暖装置。

独立式采暖装置热容量大，热效率可达 80%，一般在大型豪华旅游车、客车以及寒冷地区使用的汽车安装此设备。其结构比较复杂、成本较高，但采暖迅速，可以满足较高热负荷的需求。

1）直接式独立燃烧采暖装置

直接式独立燃烧采暖装置是利用燃料在双层的燃烧器内燃烧产生的热量直接加热空气，再由风机将热空气送入到车内取暖。图 7-12 为独立式空气加热器结构图，它由燃烧室、热交换器、供给系统及控制系统组成。

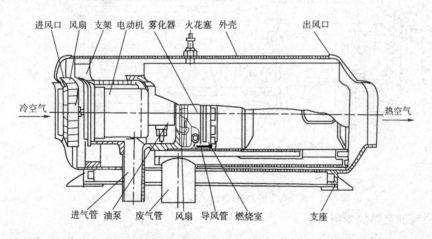

图 7-12 独立式空气加热器结构图

燃烧室由燃料管、火花塞、环形雾化器和燃料分布器等组成。在燃烧室内将空气和燃料混合燃烧产生大量的热量，加热空气和水。燃烧器内的温度一般会达到 800℃。

热交换器紧靠在燃烧室的后端，由内腔和外腔组成。燃料燃烧产生的大量高热气体从内腔通过，借助内腔壁向外腔释放大量热量，然后通过废气管道排出。外界冷空气或室内冷空气通过强制通风的方式进入到热交换器的外腔，吸收内腔壁内传来的大量热量，实现冷空气向热空气的转换，热空气经吹风口进入到车内，实现车内取暖。

供给系统包括燃料供给、燃烧空气供给和外界空气供给。

控制系统能够手动或自动控制整个系统工作，如当暖风出风口的温度超过设定值时，过热保护器动作,继电器自动切断油泵电磁阀的电源,停止供油,燃烧器内停止燃烧,保证供热安全。

图7-13是大型客车的直接式独立燃烧通风及暖气联合装置工作原理示意。电动机15安装在加热器5内,带动前部的风扇10和燃油泵11以及后部的风扇16和甩油杯17一起工作。风扇16强制抽取助燃空气,通过助燃空气进口25进入并经过甩油杯17与燃油混合,燃油泵11中的燃油经过供油管24流至甩油杯17上,两者混合后被点火塞18点燃,通过节流罩19并在燃烧室20中燃烧,然后经燃气废气排出口27排出。同时,风扇10驱动冷空气从冷空气进口8进入,继而在加热器后部分成两层流动,以便充分与燃烧室及废气排出通道的壁接触,以吸收热量,最后经暖风出口22流向暖风管7并被送入车内。

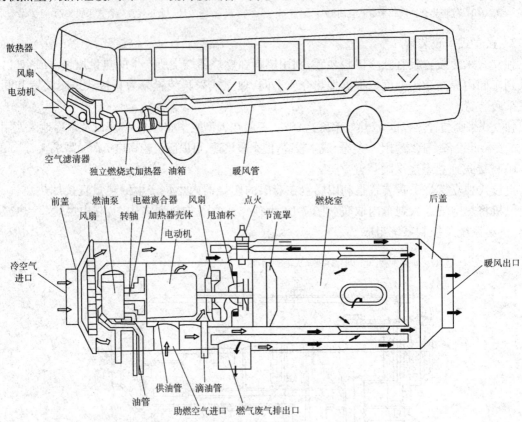

图7-13 大型客车的直接式独立燃烧通风及暖气联合装置

2)间接式独立燃烧采暖装置

间接式独立燃烧采暖装置与直接式的工作原理基本类似,只是工作介质采用了水,即先把水加热,再利用水-空气的热量交换为车内提供暖风,同时用水泵代替了风机。水暖式一方面可以为车厢内取暖,另一方面可为汽车发动机、润滑油预热,以便汽车更好的起动。在汽车发动机起动后,将热水流入车厢内管道,热水通过管壁对车内空气进行加热。

如果水加热器与发动机的冷却水管相通,发动机的冷却液可作为热源为车厢内加热,在一定程度上转变为余热式暖风装置,只是在发动机冷却液温度低于80℃时,水加热器开始工作。如果冷却液的温度高于80℃,在恒温器的自动控制下,切断油泵的电源,燃烧器停止加热,而水泵则继续工作,以免冷却液温度过高,使装置损坏。

间接式独立燃烧采暖装置,由于多采用内循环式,灰尘较少,暖气比较湿润,人体感觉较好,但空气新鲜度稍差。而且水管易形成水垢,影响传热效率。

二、除霜器

除霜器用于消除严寒季节在前窗和后窗上集结的霜和冰雪,确保驾驶安全。在严寒季节,汽车车窗的外侧会凝结霜和冰雪。而且在车内,由于车窗玻璃全部关闭,车内乘客的呼吸使车内空气受热,空气中的水蒸气受到车内外温差的影响,会在玻璃内侧凝结成雾,严重影响驾驶员的驾驶和乘员观赏车外景色。一般的空调系统,都会在前风窗玻璃下方和仪表板的上方安装除霜用的暖气出风口。图7-14 为仪表板上方安装除霜用的暖气出风口示意图。

除了暖气出风口除霜以外,近年来还有用真空蒸镀法、透明电阻膜、电热刷水器等方法除霜。

真空蒸镀法是在玻璃上镀上氧化铟、氟化锑或氟化镁等导电薄膜,通电加热除霜,玻璃表面温度可快速达到 70~90℃,实现快速除霜。

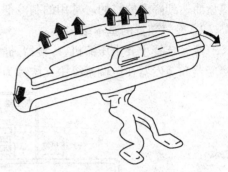

图7-14 仪表板上方安装除霜用的暖气出风口示意图

透明电阻膜法是指在夹层玻璃中夹入透明电阻膜,通电使之产生热量,利用此热量融化风窗上的冰霜。

三、暖气系统的布置

暖气系统应根据"头凉脚热"的生理特点来布置暖气管道。图7-15 所示是大客车暖气系统的布置,暖气管道通常布置在过道两侧或地板上方靠侧壁的部位。

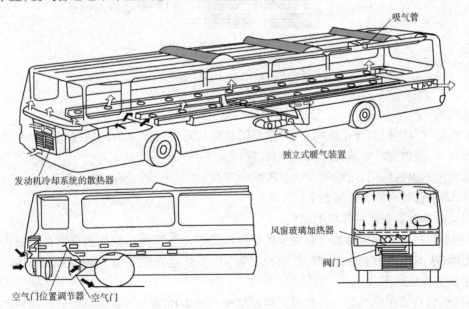

图7-15 大客车的暖气系统布置

第三节 冷气装置

汽车冷气装置是指在炎热季节对汽车车内空气进行调节用的制冷装置,其目的是为乘客创造一个舒适凉爽的车内环境。

一、冷气装置的工作原理及结构特点

1. 工作原理

汽车冷气装置的基本原理是利用沸点很低的制冷剂在汽化过程中,吸收车内空气的大量热量而达到降温的目的。常用的制冷剂为 R12 或 R134a。

2. 冷气装置的基本结构

冷气装置主要由压缩机、冷凝器、储液干燥器、节流膨胀阀、蒸发器等五大部分组成,其中冷凝器和蒸发器在空调系统中又统称为热交换器。图 7-16 为冷气装置制冷循环图。

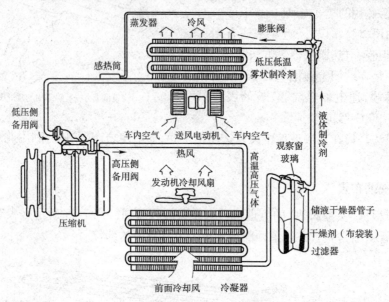

图 7-16　冷气装置制冷循环图

1）压缩机

压缩机是汽车空调制冷系统的心脏,其作用是将从蒸发器出来的低压气态制冷剂压缩成高温高压气体,排放到冷凝器,维持制冷剂在制冷系统中的循环流动。

考虑到压缩机的作用,压缩机应具有压缩效率高、体积小、质量轻、能够在高温下工作、起动平稳、振动小和噪声低等性能要求。

压缩机通常有以下几种典型的结构:

（1）曲柄连杆式压缩机是通过在曲柄连杆机构的带动下迫使压缩机的活塞在汽缸内不断地往复运动,从而改变汽缸的容积,在制冷过程中,不断地实现压缩和输送制冷剂的作用。图 7-17 是其工作原理图。

（2）回转斜盘式压缩机是一种往复式活塞结构。图 7-18 所示为回转斜盘式压缩机的工作原理。压缩机工作时,主轴带动回转斜板转动,斜板驱动活塞作轴向移动,由于活塞在前后布置的两个汽缸中同时做轴向运动,这相当于两个活塞在作双向运动。

（3）摇摆斜板式压缩机也是一种轴向往复活塞式压缩机,也称双向斜盘式,是目前在汽车空调压缩机中使用最广泛的一种。图 7-19 为回转斜盘式压缩机的工作原理图。压缩机工作时,主轴带动传动板一起旋转,传动板摇板以中间的小钢球为中心左右摇摆,从而带动活塞在汽缸内往复运动。

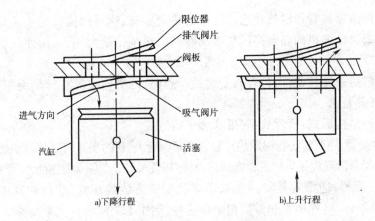

图 7-17 曲柄连杆式压缩机工作原理图

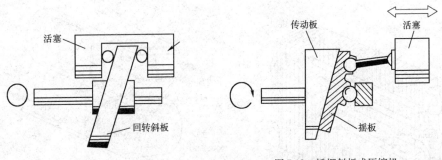

图 7-18 回转斜盘式压缩机　　　　图 7-19 摇摆斜板式压缩机

（4）涡旋式压缩机是一种新型的旋转容积式机构，由一个固定的渐开线涡旋盘和一个呈偏心回旋平动的渐开线运动涡旋盘组成。相比往复式压缩机，具有效率高、噪声低、振动小、质量小、结构简单等优点。图 7-20 为涡旋式压缩机结构图，通过定片和动片之间的相对运动，使密封空间的体积发生变化，从而完成吸气、压缩、排气工作过程。

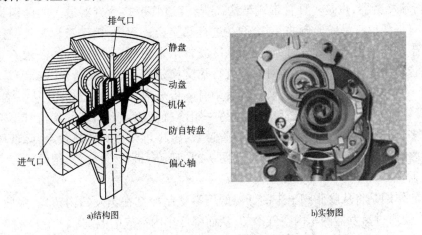

图 7-20 涡旋式压缩机结构图

压缩机除了以上几种典型的结构，还有旋叶式压缩机、滚动活塞式压缩机、螺杆式压缩机、变排量式压缩机等形式。

2) 冷凝器

冷凝器是一种由金属管和散热片组合起来的热交换器,这种结构有利于热量的散发。冷凝器的作用是把来自压缩机的高温高压气体制冷剂的热量传给大气,从而使气态的制冷剂冷凝成液态。

通常冷凝器散热条件较差,而且容易受腐蚀。因此,冷凝器应具有传热面积大、传热效率高、防腐蚀性能好等要求。

冷凝器有三种结构形式:管片式、管带式和平行流式。

(1)管片式冷凝器,用胀管法将铝散热片胀紧在紫铜管上,管的端部用 U 形弯头焊接,制造工艺较简单,但这种冷凝器清理焊接氧化皮较麻烦,而且传热效果较差。图 7-21 所示为管片式冷凝器。

(2)管带式冷凝器,通常先是将一条长的多孔扁管弯成蛇形管,然后在其中安装散热铝带,再在真空加热炉中,将蛇形管和散热铝带焊接好,制作工艺比管片式要复杂。图 7-22 为管带式冷凝器结构示意图,这种冷凝器的传热效率比管片式可提高 15% ~20%。

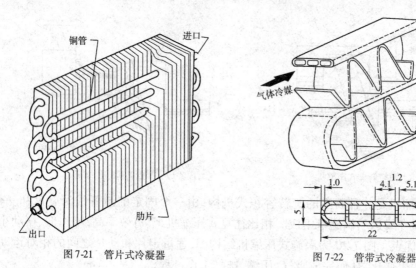

图 7-21 管片式冷凝器　　图 7-22 管带式冷凝器

(3)平行流冷凝器,也是一种管带式结构,它与普通管带式冷凝器最大的区别是,普通管带式始终只有一条扁管呈蛇形弯曲,制冷剂在进行热交换过程中,由于流程过长,管带压力损失大。又由于制冷剂进入冷凝管时为气态,从冷凝管出来为液态,对管径的需求不一样,而普通管带式的管径始终都是一样,这样对充分进行热交换是不利的。平行流冷凝器是将多根冷凝管道隔成一组在两端与集流管汇合,集流管中有隔板分成几段。传热介质从一端集流管进入,通过冷凝管流入另一端的集流管,再通过另一组冷凝管流入入口端的集流管下部。同时,进流处管道多,出流处管道少,逐渐减少每组管道数,这样可以提高传热效率,降低压力损耗,实现冷凝器内制冷剂温度和流量分配均匀。图 7-23 所示为平行流冷凝器结构。

3) 蒸发器

蒸发器的作用是将从膨胀阀出来的低温低压雾状制冷剂在蒸发器内蒸发,吸收周围空气大量的热量,使通过蒸发器的车内空气冷却,从而降低车内空气的温度。

蒸发器应具有制冷效率高、尺寸小、质量轻等特点。

常用蒸发器的结构有管片式、管带式和层叠式。

(1)管片式蒸发器与管片式冷凝器类似,也是通过胀管法使铝翅片与铜质圆管或铝质圆管紧密接触,结构简单,加工方便,但传热效果较差。图 7-24 为管片式蒸发器结构。

(2)管带式蒸发器也与管带式冷凝器类似,是由一根多孔扁管与蛇形散热铝带焊接而成。工艺较管片式复杂,但传热效率要比管片式提高10%左右。图7-25为管带式蒸发器结构示意图。

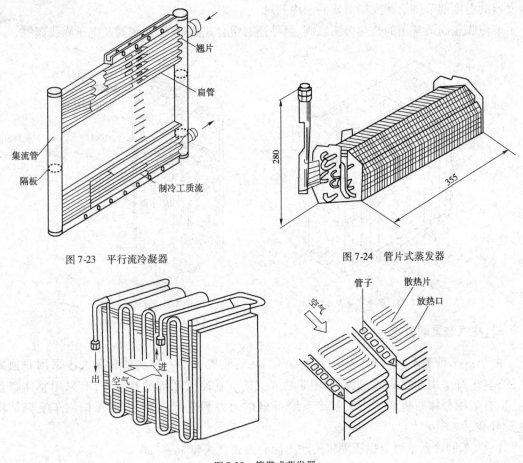

图7-23 平行流冷凝器　　　　　图7-24 管片式蒸发器

图7-25 管带式蒸发器

(3)层叠式蒸发器是在管带式蒸发器的基础上发展起来的,由两片冲成复杂形状的铝板叠在一起形成制冷剂通道,并在每两个铝板之间放置波纹型百叶窗翅片,然后一层层叠置起来。这种形式结构紧凑,传热效率最高,但加工难度较大。图7-26为层叠式蒸发器结构示意图。

4)储液干燥器

储液干燥器的功能是使制冷液过滤、干燥吸湿和储存多余的制冷液。在汽车空调正常工作时,制冷剂的供应量一般都会大于蒸发器的需求量,因此,高压侧液态制冷剂必须使用储液干燥器储存一部分。同时,在系统不运行或检修时,也可以将系统中的制冷剂送到高压侧储液干燥器内储存,防止制冷剂泄漏。

储液干燥器还可以过滤空调系统中的各种杂质,如污垢、金属颗粒等,避免损伤压缩机汽缸壁和轴承,防止堵塞过滤网和膨胀阀。

储液干燥器第三个作用就是吸收空调系统中的湿气。制冷剂有时候会含有一定的水分,很大程度上会造成空调的"冰塞"现象,并会腐蚀系统管道,储液干燥器内的干燥剂能够吸收制冷剂中的水分。图7-27为储液干燥器结构示意图。

5）节流膨胀阀

节流膨胀阀的功能一方面可以将从储液干燥器出来的液态制冷剂降压成容易蒸发的低温低压的雾状物,使液态制冷剂的汽化温度下降到低于蒸发器周围空气温度;另一方面可以根据蒸发器的温度调节供给蒸发器需要的制冷剂量。

节流膨胀阀最常用的是热力膨胀阀,另外还有组合式阀、H型膨胀阀及电子膨胀阀等。

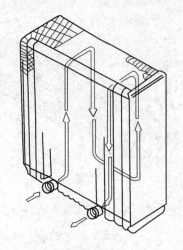 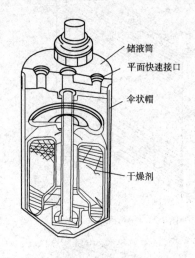

图7-26 层叠式蒸发器　　　　　图7-27 储液干燥器

二、冷气装置的分类

由于汽车种类不同,与之相应配套的汽车冷气装置也不一样。如轿车大多采用非独立式的,客车有采用独立式的,也有采用非独立式的。在冷气系统的布置中,有采用整体布置的,也有采用分体布置的。汽车制冷系统可根据动力源进行分类,也可根据汽车空调结构进行分类。

1. 汽车制冷系统可根据压缩机的动力源分为独立式和非独立式

独立式汽车制冷系统是指制冷系统本身带有辅助发动机来驱动压缩机,汽车制冷量不受汽车行驶状态的影响,如图7-28b）所示。

非独立式汽车制冷系统是指制冷系统的压缩机须由汽车发动机通过传动带直接驱动,需消耗发动机一定的动力,而且制冷量受汽车行驶状态的影响,如图7-28a）所示。

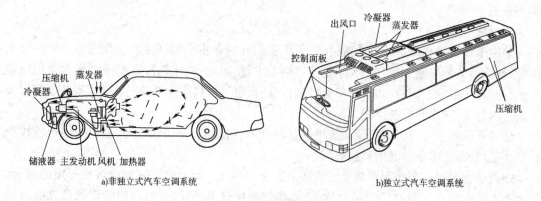

a) 非独立式汽车空调系统　　　　　b) 独立式汽车空调系统

图7-28 非独立式和独立式制冷系统

2. 汽车制冷系统按结构可分为整体式和分体式

整体式制冷系统是由辅助发动机、压缩机、冷凝器、蒸发器通过传动带、管道连接成一个整体，安装在底盘的专用机架上，形成一个独立系统。整体式制冷系统一般连接管路短，制造工艺性较好，而且制冷剂渗漏少，侧围无制冷剂管，但冷却性能不如分体式，外循环时空气不够清新，占用底架空间较大，侧围送风管影响造型。

分体式制冷系统是将辅助发动机、压缩机、冷凝器以及蒸发器部分或全部分开布置，通过管道连接成一个制冷系统。分体式制冷系统一般连接管路比较长，管道之间接头多，因此制冷剂的渗漏相对较大。

三、汽车冷气装置的布置

汽车冷气装置的布置方式根据不同的汽车类别、不同的车型大小、不同的车内高度而有所不同。大体而言，可根据车型分为轿车冷气装置布置和客车冷气装置布置。轿车冷气装置的布置形式变化较少，而客车冷气装置的布置形式较多。

1. 轿车冷气装置的布置

轿车的冷气装置通常是由轿车发动机通过传动带直接驱动压缩机。为了不影响发动机怠速稳定性和汽车的加速性能，压缩机均装有电磁离合器。在布置压缩机时，应使压缩机支架有足够的强度和刚度。

冷凝器一般布置在发动机散热器前面。为了保证良好的通风条件，一般在冷凝器前增设风扇。由于冷凝器与散热器距离较近，散热器的散热效果会受到影响，因此，必须考虑冷凝器与散热器的距离。

蒸发器的布置方式相对较多，可以布置在轿车仪表板的中间或下方，或者布置在轿车的后部，由后部向前部送风。蒸发器在安装时，应考虑蒸发器出口阻力，尽量减少风量的损失和降低噪声。

膨胀阀一般安装在蒸发器入口处。图 7-29 为轿车冷气装置的布置示意。

2. 客车冷气装置布置

客车冷气装置中一般压缩机和独立式副发动机的布置形式变化不大，都布置在车厢地板以下，整体式冷气装置一般也布置在车厢地板以下，而冷凝器和蒸发器则布置形式较多。大体而言，整体式冷气装置布置方式分为裙置式、前置式和后置式。分体式冷气装置布置方式分为裙置式、后置式、内置式和顶置式。

1）裙置式

整体式冷气装置一般都采用裙置式，而分体式冷气装置一般只将冷凝器、独立式驱动装置裙置，而蒸发器很少裙置，否则就需要送风管路加长，而且会有阻力大、送风不均匀、有灰尘吸入蒸发器等缺点，影响蒸发器的效果。图 7-30 所示为整体裙置式冷气装置布置。

2）后置式

整体式后置式冷气装置将整个机体布置在车身后部，为了解决机体散热问题，通常在冷凝器与车壳之间增设封闭的导流板，从而增强冷凝器、散热器的散热效果。而对于分体式冷气装置是将冷凝器布置在车身后部，而将蒸发器顶置，这种布置虽然在气流结构和传热效率上优于裙置，但对整个车体的设计有影响。

3）内置式

整体式一般不采用内置式。对于分体式，通常将蒸发器至于车厢内顶的两侧，而冷凝器裙置,可根据车厢的长度安装不同数量的蒸发器机组,这种布置方式的优点是冷风管道端阻力小、效率高;缺点是影响车厢内顶两侧空间,对于客车而言,这样不便于布置行李架。

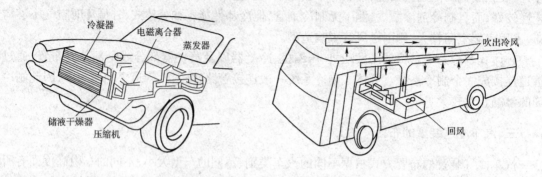

图 7-29　轿车冷气装置布置　　　　图 7-30　整体裙置式冷气装置布置

4) 顶置式

通常是将蒸发器和冷凝器集中布置在车顶,而将压缩机和副发动机裙置。这种布置方式的优点是便于配气,温度分布均匀;缺点是提高整车的高度和重心,车身外形不够平整。如图 7-31 所示。

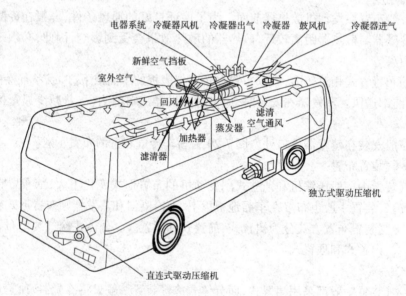

图 7-31　分体式顶置式客车冷气装置布置

四、汽车冷气装置制冷量的选择

汽车冷气装置制冷量一般可根据车型及热负荷选择。汽车冷气装置在设计选择前,都应该进行热负荷的计算,这样可以为车辆冷气装置系统的合理设计、选择和匹配提供基本的依据。

汽车的热负荷是由传入车厢内的各种热量的总和构成的。车厢内的热量主要由以下几个方面组成:①大量的热量可通过车壁及门窗玻璃传入车内;②外界的热空气可通过门窗及地板缝隙漏入车内;③人体散发的热量;④发动机舱内的热量通过车身前围及发动机罩传入车内以及车内用电器散发的热量。图 7-32 为汽车与外界环境热交换图。

汽车车内总的热量 Q_T 为：

$$Q_T = k(Q_B + Q_G + Q_P + Q_A + Q_E + Q_F + Q_S) \tag{7-1}$$

式中：Q_T——车内总热量，W；
　　　Q_B——通过车体结构传入的热量，W；
　　　Q_G——通过玻璃窗传入的热量，W；
　　　Q_P——人体散发热量，W；
　　　Q_A——室外空气带入热量，W；
　　　Q_E——发动机舱传入热量，W；
　　　Q_F——通风系统传入热量，W；
　　　Q_S——车内电器的热负荷，W
　　　k——修正系数，$k = 1.05 \sim 1.15$。

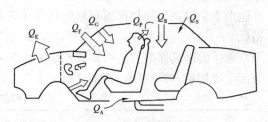

图 7-32　汽车与外界环境热交换图

由于在车内的总热量中不包括辐射出去的热量和汽车车身结构所储存的热量，按照车内总热量来选取冷气装置制冷量会使汽车冷气装置容量稍许偏大一些。但由于汽车冷气装置工作条件恶劣，且要在短时间内实现降温和升温等要求，这样选取的结果会更加安全可靠。

在进行冷气装置制冷量的选择时，有时候受条件限制，或在要求不是非常严格的情况下，对于不同的车型，制冷量还可以根据经验进行估算。经验估计法具体有两种方法：乘员估计法和车型估计法。乘员估计法即根据汽车的额定乘员人数来确定冷气装置的制冷量，即制冷量 = 每人制冷量 乘员人数；车型估计法，因国内外汽车设计已基本规范化，所以在一般情况下，轿车发动机的排量或客车乘坐人数等因素基本决定了车内空间的大小，可大致确定热负荷的范围，这样对制冷量的选择也有很大的参考价值。

在设计之初，冷气装置制冷量的选择还可以参考以下数据：

轿车：$3 \sim 9.3$ kW；
货车驾驶室：$3.5 \sim 6$ kW；
微型客车：$7 \sim 10$ kW；
轻型客车：$12 \sim 14$ kW；
中型客车：$18 \sim 24$ kW；
大型客车：$26 \sim 40$ kW。

第四节　车身的隔热与密封

为了保持乘员乘车的舒适性，必须使车厢内的温度保持在一定范围以内。因此，汽车除了装备冷气装置和暖气装置之外，还必须要求车身具有一定的隔热和密封性能。

一、隔热

汽车隔热主要从以下几个方面考虑：

1. 改善车壁的隔热

（1）汽车车身的左右侧围和顶盖直接接受太阳的辐射和外界高温气流的影响，是汽车车身结构中最大的传热部分，对汽车的隔热效果有直接的影响。因此，可以采取一些措施减弱汽车车身左右侧围和顶盖的直接传热效果,如减少汽车车身外蒙皮与骨架间的接触面积、涂点焊胶、不焊的部位隔开(如张拉蒙皮与斜撑之间)等。

(2)在内外蒙皮之间填充高热阻的隔热保温材料或在合理的范围内加大隔热保温材料的厚度,也可以在一定程度上改善车壁的隔热性能。由于汽车的工作环境复杂,对隔热保温材料性能也要求较高。隔热保温材料应具备导热系数小、密度小、耐高温、抗低温、低吸水性等性能指标。

常用的隔热保温材料有聚氯乙烯泡沫塑料、聚苯乙烯泡沫塑料(硬)、聚乙烯泡沫塑料、聚氨酯泡沫塑料、玻璃纤维、石棉毡等。表7-3为常用材料的隔热保温性能。

常用材料的隔热保温性能 表7-3

序号	材料名称	导热系数(W/(m·K))	密度(kg/m³)	使用温度范围(℃)
1	聚苯乙烯泡沫塑料	0.029～0.040	25～30	-80～+75
2	聚氨酯泡沫塑料(软)	0.026～0.028	45～65	-60～+120
3	聚氯乙烯泡沫塑料	0.043	45	-35～+80
4	聚氨酯硬质泡沫塑料	0.023～0.044	30～50	
5	玻璃纤维	0.035～0.052	200	
6	石棉毡	0.12	420	
7	木板	0.17～0.35	550	
8	胶合板	0.17	600	
9	玻璃	0.75	2500	
10	空气	5.5	1.2	

(3)用具有隔热性能的材料作内蒙皮,如非金属材料、复合材料、棉麻制品等,进一步加强车壁的隔热性能。

2. 改变车身外表面的颜色和光洁度

汽车车身外表面的颜色和光洁度对太阳辐射到车身的热量有直接的影响,太阳辐射能公式为

$$Q = \eta IF \tag{7-2}$$

式中:Q——太阳辐射到车身的总热量;

η——车身表面吸热系数,与车身表面颜色、光洁度有关,一般而言,表面为白漆时 $\eta = 0.47$,表面为黑漆时 $\eta = 0.89$,随着汽车使用年份的增加,车身为白色时 η 增加到0.9,车身为黑色时增加到0.98;

I——太阳的辐射强度;

F——车体受热面积。

从式(7-2)可以看出,汽车车身蒙皮表面的颜色和光洁度对汽车的传热有明显的影响,一般汽车在经过长期使用以后,随着车身蒙皮表面颜色的加深和光洁程度的降低,表面粗糙度增大,容易黏附灰尘污垢,η 值就会增大,从而车身吸收的热量也随之增加。因此,汽车车身的蒙皮表面宜使用浅而光亮的颜色,且光洁度要高。同时,车内护板表面,也最好采用浅色内装饰。表7-4为不同材料和颜色的表面吸热系数 η。

不同材料和颜色的表面吸热系数　　　　表7-4

材料名称		表面吸热系数 η	
		运用前	长期运用后
银漆		0.42	0.90
抛光铝板		0.26	
镀锌钢板		0.76	0.89
抛光钢板		0.45	0.74
车身颜色	白色和浅黄色	0.26～0.45	0.90
	深绿和深红色	0.81～0.90	0.97
	黑色	0.89	0.98

3．改变玻璃材料及采取遮阳措施

（1）通过加窗帘或减少玻璃尺寸可以在一定程度上减少太阳辐射。

（2）贴遮阳膜。遮阳膜材料是一种功能复合材料，具有高反射率和选择性透光的特性，不但能反射宽频带的红外线，而且具有较高的可见光透射率。一般而言，对可见光的透射率可达70%以上，而对太阳光全光谱不同波长的反射率在75%以上。因此，在汽车玻璃上贴遮阳膜具有很好遮阳效果。

（3）改善玻璃材料。改善玻璃材料也可大大降低车身热负荷，特别是吸热玻璃和反射玻璃的运用，从而使太阳辐射热的传入明显减少，进一步降低了汽车的热负荷。

（4）提高车身的密封性能。

二、密封

汽车车身的密封一般可分为静态密封和动态密封。

1．静态密封

静态密封是指对在汽车的使用过程中固定不动的间隙的密封，如风窗玻璃与骨架、各蒙皮间、蒙皮与骨架之间点焊、铆接形成的缝隙等。

静态密封采用涂敷密封胶的方法来实现。随着粘接技术和密封胶的不断发展，各种密封胶在汽车上得到广泛的应用。根据汽车制造过程所涉及的工作部位和功能的不同，车用密封胶一般有以下几种类型：

（1）点焊密封胶。点焊密封胶用在焊接前在钢板搭接处涂胶，然后点焊，将胶夹在焊缝中间，填满焊点间缝隙，适用于车身所有的焊缝，尤其对于在焊装后那些被遮蔽或不宜涂焊缝胶之处更应涂点焊胶，以保证密封。如图7-33中黑色线条为点焊密封胶用于车身焊缝处。

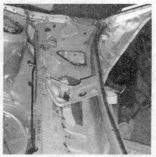

图7-33　点焊密封胶的运用

（2）涂装密封胶。涂装密封胶主要有焊缝密封胶、指压密封胶等。其中焊缝密封胶在汽车密封、防漏、防锈方面起着至关重要的作用。用的比较多的是 PVC 型焊缝密封胶。指压密封胶主要用于汽车车身工艺孔、大缝隙或其他缺陷的密封、填平,用手直接塞堵、压实、抹平即可,施工过程中不粘手。

(3) 总装密封胶。总装密封胶又可分为风窗玻璃密封胶和内饰密封胶。汽车的风窗玻璃如果密封性不好,则在行车、停放过程中会造成漏雨、透风、漏尘土的现象,而风窗玻璃密封胶具有剪切强度较高、弹性突出等优点,能将玻璃和车身紧密地结合成一个整体,增强车身刚度,保证密封效果。

2. 动态密封

车身上的门、窗、孔盖等活动部位的间隙密封属动态密封,它是靠橡胶密封胶条的唇、空腔、凸缘等部分的弹性变形在其接触的表面产生接触压力,通过密封胶条的压缩变形来实现密封作用。当汽车车身振动时,密封胶条不仅可以吸收零部件的振动,还可以防水、防尘。密封胶条的材料一般采用表面具有橡胶的海绵胶条,也有采用硬质橡胶或 SBR 海绵的。表面护膜采用氯丁二烯或氯磺化聚乙烯类的合成橡胶,护膜厚度为 0.1~0.5mm,它不仅改善了密封胶条的耐候性和耐磨性,且使密封胶条外形美观。

考虑密封胶条的使用场合和作用,橡胶密封胶条的材料应具有以下要求:

(1) 弹性好,永久变形小。

(2) 好的耐候性、耐氧化性、耐老化性。

(3) 具有一定的强度和表面护膜的耐磨性。

(4) 吸水性低。

(5) 便于成形和装配。

3. 密封胶条的结构类型

密封胶条根据安装方式可分为:粘着型、嵌入型、卡夹型和镶嵌型。密封胶条的断面型状有中空型和唇型。粘着型通过粘接剂粘接,而嵌入型、卡夹型和镶嵌型密封胶条则是分别通过嵌入、卡夹和镶嵌的机械固定的方式安装,如图 7-34 所示。

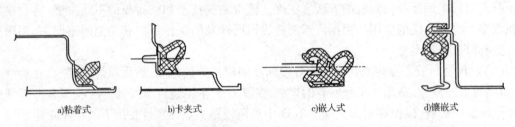

a) 粘着式　　b) 卡夹式　　c) 嵌入式　　d) 镶嵌式

图 7-34　密封胶条安装方式示意图

图 7-35　密封胶条的各种断面形状

图 7-35 为各种断面形状为中空型的密封胶条。

4. 密封胶条的选型设计

密封胶条的选型设计主要考虑两个方面问题:一是要合理选择密封胶条的压缩量,一般密封胶条在正常工作时的压缩量应该为密封胶条的最大压缩量的 1/2~2/3,压缩量太小可能达不到好的密封效果,压缩量过大则容易使密封胶条老化,缩短使用寿命。二是要合理选择密封胶条的最小折弯半径,通常,汽车制造厂采用的密封胶条为专业密封胶条制造厂提供的成捆的密封胶条,需要多长裁剪多长,密封胶条的最小折弯半径应大于或等于5倍密封胶条的截面宽度。折弯半径太小会造成密封胶条边缘褶皱,影响美观及密封效果。当然,如果从造型需要必须将密封胶条设计成尖角也是可以做到的。此时,必须向密封胶条供应商定做具有折角的密封胶条。这会给改型带来一定的困难,也会对窗框的制造提出更高的要求。

第五节　车身的隔振与降噪

一、车身的隔振

汽车在行驶过程中,由于路面的不平以及车轮、发动机和传动系统等旋转部件激励等因素,或多或少会造成汽车的振动和噪声,对乘员乘坐的舒适性产生不良的影响。同时,振动会对汽车本身产生动载荷,加速汽车零部件的磨损,导致疲劳失效。因此,必须对车身进行有效的隔振和吸声处理。

一般来讲,汽车车身振动的激励源主要为发动机振动和轮轴及传动系振动。发动机及与其刚性连接的离合器、变速器等组成的动力总成是汽车车体中最大的集中质量之一,发动机工作中产生的不平衡惯性力和力矩是引起汽车振动的主要激励源之一。

考虑上述两种引起车身振动的主要因素,车身的隔振也应从这两方面入手。

1. 发动机隔振

对于半承载式和承载式车身的汽车,发动机工作所产生的振动将直接通过车架传至车身,而通过设置发动机悬置系统,可把发动机传递到车架的振动减少到最低限度。因此,如何改进发动机悬置是改善车身振动的有效办法之一。

发动机的悬置系统有三点悬置、四点悬置和五点悬置等。一般汽车都采用三点或四点悬置系统,而五点悬置系统很少应用。如果悬置点数目过多,当振动较大时,车架会发生变形,悬置点有可能会发生错位,使发动机或悬置支架受力过大而造成损坏。三点式悬置系统对车架的顺从性最好,固有频率低,抗扭转振动的效果好。图7-36所示为三点式悬置系统,它采用的是两点左、右斜置、后端一点紧靠在主惯性轴的布置方案。这种布置方案在四缸发动机上运用较多,具有较好的隔振能力。而前一点、后两点的布置方式通常在六缸发动机上运用较多。

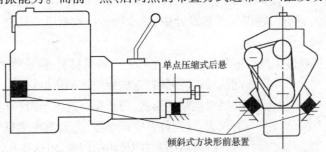

图7-36　三点式悬置系统

四点式悬置系统的稳定性好、能承受较大的转矩,但不利于隔离低频振动。图7-37为四点悬置系统示意,四点式悬置普遍用于六缸发动机。

在设计发动机悬置时,必须充分考虑到悬置的使用目的。例如支撑的质量、形状和限制的位移。汽车发动机悬置的弹性支撑通常都采用橡胶减振垫。这种橡胶减振垫在空间的三维方向上都有弹性。橡胶减振垫有三种基本形状:压缩式、倾斜式和剪切式,如图7-38所示。不同形状的橡胶减振垫,其各方向的弹性系数也相差较大,应根据发动机悬置系统的特点来选择橡胶减振垫的形状。有时为了承受汽车碰撞冲击产生的过大振动,悬置需要具有很大阻尼力,这时需要采用液压式悬置。

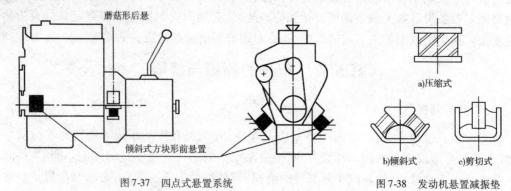

图 7-37　四点式悬置系统　　　　　图 7-38　发动机悬置减振垫

发动机弹性支撑的设计及减振垫的选择应保证有效隔振,避免机体、螺栓与车架之间刚性接触。

2. 轮轴及传动系统隔振

由于路面不平引起轮轴及传动系统的振动将由悬架系统传至车身。为有效隔振,必须合理选择悬架的结构参数,提高悬架的减振性能,包括刚度和阻尼系数。由人机工程相关知识可知,人体所难以承受的垂直振动频率为 4~8Hz,悬架系统设计时应使车身 4~8Hz 的振动处于衰减区,才能满足舒适性要求。因此,一般货车悬架系统的固有频率为 1.5~2Hz,旅行客车为 1.2~1.8Hz,高级轿车为 1~1.3Hz。悬架阻尼比值通常应该在 0.25~0.5。

悬架系统可选取具有非线性弹性特性,即悬架的刚度 k 可随载荷的改变而变化,以保持汽车在各种载荷的情况下,固有频率基本不变,从而提高悬架系统的隔振能力。另外,选择适当的悬架结构及布置方式,也可有效提高隔振效果,如独立式悬架允许车轮有较大的跳动空间,而且弹簧设计得比较软,平顺性好,相对于非独立式悬架,隔振效果要好。

二、降噪

汽车的噪声包括车外噪声和车内噪声。汽车噪声对乘员在车内的舒适度、语言清晰度、行车安全等都有一定的影响。在现代车身设计中,减少噪声一般有以下几种方式。

1. 密封隔声

密封隔声一般都通过在汽车车身的某些结构上使用隔声材料,防止噪声进入车内。对于发动机噪声,一般在前围板使用隔声材料,且一般采用隔声效果较好的双层结构形式,防止噪声进入车内。同时,考虑到前围板上有仪表、转向柱及空调装置,并要有很多软管、缆线及导线束穿过,这样存在着空隙传声的问题,对这些孔进行仔细处理对隔声具有重要的意义。对于来自风、地面和排气的噪声,底板和地毯也采用双层壁的结构,且中间层填充合成泡沫材料,双层壁的内表面使用表皮防振材料,能够增强隔声能力。

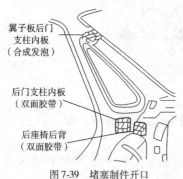

图 7-39　堵塞制件开口

车门立柱、车室和行李舱之间的隔壁有很多孔,对这些孔进行塞孔处理也是隔除外界噪声的重要方法,图 7-39 所示为用胶带和泡沫材料进行塞孔处理的方法。可有效降低孔洞的风啸声和噪声的直接透射。

2. 采用吸声材料

(1)在噪声源附近采用多孔性吸声减振材料,如发动机舱处的地板下部。其机理主要是当声波进入材料表面的小孔时,会引起小孔中空气和材料微小纤维的振动,由于内摩擦和黏滞阻力的存在,使相当一部分声能转化成热能,从而达到吸声的效果。可优化设计孔洞大小和材料厚度来调整吸声的强度和效果。

(2)多孔板作为内蒙皮,可采用泡沫、毛毡、玻璃纤维等吸声材料作为车内蒙皮,吸声效果较好,特别是顶盖内护板距乘员耳朵很近,且面积大,吸声效果好。

3. 板面冲筋或阻尼处理

阻尼材料是一种内损耗大的材料,地板、顶盖、前围挡板等容易引起振动的钣金件,在其表面应涂一些阻尼材料来减少噪声辐射,即衰减处理(阻尼处理)。一般阻尼材料为沥青基物质和其他高分子涂料(橡胶、树脂等)。衰减处理过后,板及阻尼材料的综合损耗系数 η_1 可由下式近似求出:

$$\eta_1 \propto (\frac{\eta_2 E_2}{E_1})(\frac{t_2}{t_1})^2$$

式中:η_2——阻尼材料的损耗系数;
E_1——钣金件的弹性模量;
E_2——阻尼材料的弹性模量;
t_1——钣金件厚度;
t_2——阻尼材料厚度。

由上式可知,$\frac{t_2}{t_1}$ 对 η_1 的影响较大,一般而言,阻尼材料的厚度为钣金件厚度的 2~3 倍。

图 7-40 是防振、隔声、吸声和阻尼材料综合运用实例。在进行车身设计的过程中,既要满足结构强度刚度和使用要求,又要满足控制振动和噪声的要求。

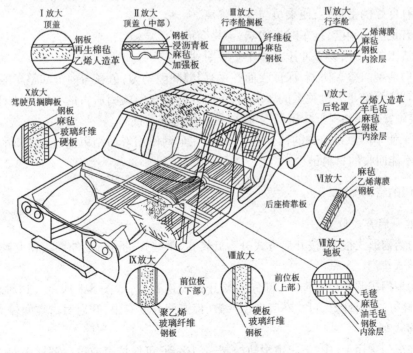

图 7-40 防振、隔声、吸声和阻尼材料综合运用实例

第八章　车门、车窗及其附件

车门总成是轿车车身上相对独立的总成之一,但又与整车结构组成了一个有机的整体。车门除了本身具有复杂的薄板结构外,还是很多附件的安装基体。车门设计的好坏,将直接影响到汽车的安全性、侧面视野性、进出方便性、密封性及噪声等方面的性能。

第一节　车门的结构

一、车门的结构要求

车门的结构设计与优化是整车开发设计中的重要环节,对车门的结构性能要求主要是开闭灵活、安全可靠、密封严实和工艺性好。具体要求有:

(1)车门具有必要的开度,以保证上、下车方便,并且开启后能停止在最大开度和(或)半开的位置上。

(2)车门安全可靠,关闭时车门能锁住,行车或撞车时,车门不会自动打开,发生车辆侧碰或翻滚时,车门能起到结构支撑作用,且碰撞后能够正常打开。

(3)操作性良好,开关方便,玻璃升降轻便、灵活;部件系统可靠、耐久。

(4)具有良好的密封性,使乘员与外界隔离。

(5)具有足够的刚度,行车时不振响,不易变形下沉。

(6)制造工艺性好,易于冲压并便于安装附件。

(7)车门造型与整车协调,保证表面齐平,门缝间隙均匀,色彩与内饰和整车匹配。

(8)设计应该满足人机关系的要求,如车门开启及车门关闭所占的空间大小适中、车门操作件的安装位置合理和视野障碍最少等,以提高乘员舒适性。

(9)为了使车门系统造成的社会损失最少,在车辆使用寿命结束时,应要求拆卸分解工作最少,而且不能回收的材料最少。

二、车门的结构类型

1. 按照开启方式分类

车门的结构形式很多,按开启方式分为旋转式、平移式、折叠式、外摆式和上掀式车门。

1)旋转式车门

旋转式车门按照开启方向,又可分为顺开式和逆开式,如图8-1所示。这种门结构较简单,支撑刚性好,密封性好,可与车身造型一致,但车门开度有限,开启时占空间较大。

2)平移式车门

平移式车门采用上、中、下三道滑轨控制车门运动,可像拉窗或拉门那样横向滑开,也称滑移式车门和平摆式车门,如图8-2所示。平移式车门轻巧灵活,门的开度大,在狭窄的街道上也能十分方便地上下车,密封性好,但结构较复杂,对侧围强度和刚度有一定的影响。由于车门负荷全部支托在几个滑轮支架上,要求滑轮支架和导轨有较高的刚度,支架和导轨的变形会引起车门开关困难并使车门和门框间隙变化而使密封性变坏,产生振动和噪声。

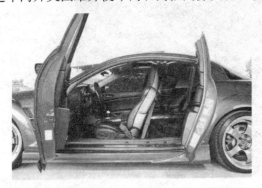
图8-1 旋转式车门

图8-2 平移式车门

3) 外摆式车门

外摆式车门如图8-3所示。优点是开启时占用空间小,当车身侧面与障碍物距离较小时仍能全部开启;能够与整车外部造型保持一致,使车身造型变得更加协调和美观;能够改善空气动力学性能,车身密封性好。但车门仅用两根拐臂式摆臂支撑,支撑刚度要求高,容易产生振动和噪声。

4) 折叠式车门

折叠式车门的开度大,开门方便,如图8-4所示。广泛应用在20世纪的大、中型客车上。但这种车门打开时占门框进深较大(折叠门打开时车门折叠后收进车内的深度较大),传动机构较复杂,门的刚性较差,密封不好,容易产生较大的噪声。而且,由于这种门要实现折叠,很难与整车的外部造型相协调。因此,折叠式车门有逐渐被外摆式或内摆式车门替代的趋势。

图8-3 外摆式车门

图8-4 折叠式车门

5) 上掀式或飞翼式车门

上掀式或飞翼式车门如图8-5所示。广泛用于轿车及小型客车、救护车等的后门,也用于低矮汽车的前门。这种车门打开后留给乘客进出空间较大,但是车门打开后占用空间大,对交通造成不便,并且这种车门的连接机构的耐久性不易保证。目前轿车上所使用的上掀式车门系统主要是手动开启、气压支撑形式。

2. 按照车门结构分类

按车门钣金结构形式车门可分为全尺寸内外板车门、滚压窗框车门和半开放式车门。

图 8-5　上掀式车门

1）全尺寸内外板车门

全尺寸内外板车门主要由全尺寸的冲压外板、全尺寸的冲压内板和嵌在内外板间的窗框导轨组成。导轨为 U 字形滚压成形件，焊接在内板上组成内板总成，最后外板与内板总成通过包边方式闭合起来。这种车门钣金结构在许多早期的车型上应用广泛，又称整体式车门结构。目前市场上的代表车型有：大众宝来、标致 307、老款蒙迪欧和斯柯达明锐等，如图 8-6 所示。它的优点是有比较好的完整性，整个车门的刚性比较好，并且由于制造中的工序比较少、工艺简单，整个车门钣金总成的制造精度相对容易控制。但是，这种结构也存在一些缺陷，比如窗框外边框通常比较宽大，窗框的可装饰性不强，对造型有限制，不太符合现代造型的要求。而且全尺寸的门板需要比较大的冲压模具，对冲压模具的要求也比较高，整套模具的成本很高；由于窗框是一体冲压成形，废料面积比较大，材料的利用率比较低。目前在新款的车型中，采用这种车门结构的越来越少。

2）滚压窗框车门

滚压窗框车门整个窗框被从内、外板中分离出来，又称分开式车门。门内、外板尺寸缩小为只有窗台以下的部分，窗框则是由几段通过滚压工艺成形的窗导轨和一些小冲压件拼焊而成的一个总成件，窗框总成与门内板在窗台位置通过焊接的方式连接成一个完整的车门，如图 8-7 所示。这种结构的优势是窗框宽度可以不受冲压和焊接工艺的限制而设计得比较窄，有利于车身造型的美观，也有利于乘员视野，并且滚压窗框的截面形状受工艺影响较小，可以比较自由地根据密封条或者造型的需要设计成各式各样的形式。由于内、外板尺寸缩小了将近一半，相应模具成本降低了许多，同时内、外板的材料利用率也大幅提高，节省了材料成本。组成滚压窗框的几段导轨的截面形状还可以设计成统一的截面，被多个车型采用，增强了通用性，节省了重复开发成本。滚压窗框结构的缺点是，滚压件受弯曲工艺影响，容易出现径缩现象，而且弯曲半径不能过小，否则会出现褶皱，造型受到制约。窗框与门内板在窗台区域焊接时需要有较长的交叠部分，设计时需考虑留出空间避免出现干涉，同样也会影响门分缝线的设计。另外，滚压窗框本身是多段导轨拼焊而成的，并且整个窗框总成也是和门内板焊接连接的，制造精度比较难控制。滚压窗框的车门结构形式目前主要被日系和韩系车广泛采用，美系车也有少量采用，而欧系车则很少采用。

3）半开放式车门

半开放式车门钣金主要由全尺寸的冲压内板、窗框加强板和一半尺寸的冲压外板组成，窗台以上没有外板遮盖,整个窗框内部结构暴露于车外,如图8-8所示。通过在窗框内板上安装附件形成窗框外表面,比如导轨饰板和密封条。由于车门外板没有窗框,外板模具尺寸减小,板材的利用率提高,白车身的质量减小,同时安装在窗框外侧的一些带有装饰性作用的附件,使得车窗外边框具有很强的装饰性,有利于车身造型设计。但是,这种车门结构由于玻璃周边的装配附件比较多,增加了装配难度,各零件间的匹配精度比较难控制,容易影响玻璃升降。

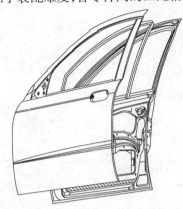

图8-6 全尺寸内外板车门结构

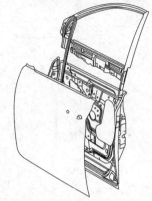

图8-7 滚压窗框车门内外板结构

三、车门的结构简介

车门由壳体、附件和内饰盖板三部分组成。其中,壳体包括内板、外板两部分,由厚度为0.8~1mm的钢板制成,外板应与车身造型相协调,适当考虑附件的安装。外板包着内板,沿门边形成一刚性箍。内板是车门的主要零件,在其上冲压有各种形状的窝穴、加强筋和孔洞,以便安装附件。同时,内板上还焊有加强板和支架,以便分散局部集中载荷,在安装完附件后,用内饰盖板盖上。车门借铰链安装在车身壳体上。在汽车行驶时,车身壳体将产生反复扭转变形。为避免在此情况下车门与门框摩擦及产生噪声,车门与门框之间通常留有较大的间隙,并通过橡胶密封条密封。

图8-9所示是典型的汽车车门。门外板上安装了门锁外手柄7。门内板上安装有门铰链、升降玻璃及其导轨、玻璃升降器、门锁、车门开度限位器等附件。

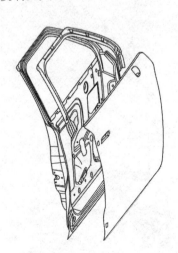

图8-8 半开放式车门结构

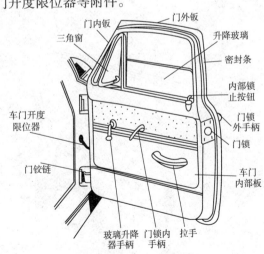

图8-9 典型汽车车门结构

为保证安全,有些汽车将车门的起、闭与制动器联动,如果车门未关好,车辆便处于制动状态,发动机也处于怠速状态,且蜂鸣器鸣响,告知驾驶员采取措施。

图 8-10 所示是桑塔纳轿车右前车门结构。包括车门、铰链、限位器、门锁及手柄等。

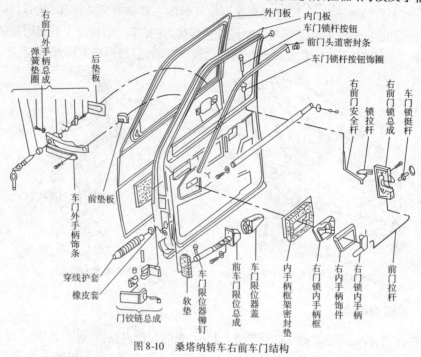

图 8-10　桑塔纳轿车右前车门结构

第二节　车门附件

车门附件是具有独立功能的装于车门上的各系统总成。主要包括车门铰链及限位器、车门锁、玻璃升降器、车门密封系统(车门及车窗密封条)、门拉手等部件。车门附件如图 8-11 所示。

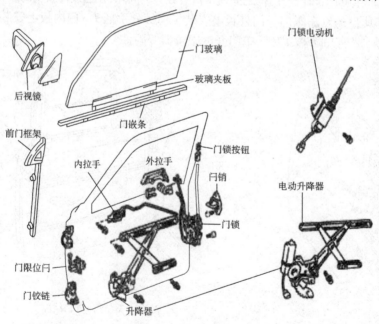

图 8-11　车门附件

一、车门铰链和限位器

1. 车门铰链的结构

车门铰链由固定部分、活动部分和轴组成。车门铰链有内铰链(又称暗铰链或隐铰链)和外铰链,目前汽车用铰链大多使用内铰链,在工程车等某些特殊车身结构中也有外铰链的形式。车门内铰链有合页式、臂式两种。

1) 臂式内铰链

臂式内铰链的铰链轴安装在门柱内,所以要求门柱粗大。其优点是由于铰链轴与车门的位置较远,开门时能使门往外移,因而不易与门框或车身其他部分干涉。缺点是门柱大,需开口。如图8-12所示。

2) 合页式内铰链

图8-13为合页式内铰链的典型结构。合页式内铰链的铰链轴线在门柱以外,其优点是质量小、刚度大、结构紧凑、装配简单。缺点是门柱设计时需要留有空间,避免与开启的车门发生干涉,故门柱通常较小。图8-14所示为合页式内铰链在车上的安装情况。

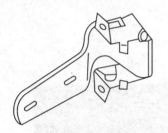

图8-12 臂式车门铰链

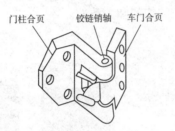

图8-13 上、下合页式内铰链

图8-14 合页式内铰链在车上的安装情况

3) 车门开度限位器

车门开度限位器用以限制车门的最大开度,防止车门外板与车体相碰,还必须能使车门停留在最大开度,起防止车门自动关闭的作用。车门开度限制器也可与门铰链合二为一。图8-15所示为车门开度限位器结构示意。

2. 车门铰链的连接方式

常见的车门铰链和车门以及车身的连接方式有如下几种。

1) 螺栓连接

车门铰链、车身件和车门件均有安装孔,用穿过安装孔的螺栓并配合螺母将车门铰链和车身以及车门连接起来。如图8-16所示。

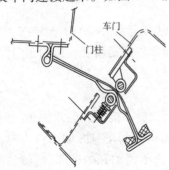

图8-15 车门开度限位器

图8-16 车门铰链采用螺栓与车门以及车身连接

2）焊接连接

车门铰链、车身件和车门件没有安装孔，通过焊接把车门铰链以及车身、车门件连接起来。如图8-17所示。

3）焊接加螺栓连接

车门铰链的合页有一个用螺栓连接到车身或者车门上，另外一个则通过焊接与车身或者车门连接起来。

3. 车门铰链的要求

1）车门铰链与车门及车身之间的安装面应平整

车门与车身的相对位置可以用车门与车身间的间隙来衡量，如图8-18所示。间隙大小和均匀性影响车身的美观和品质，间隙越小越均匀越好，一般间隙范围为3～5mm，平均是4mm左右。间隙较大密封性不好，稳固性差且可能出现噪声，间隙较小车身与车门可能有摩擦，造成磨损和噪声；间隙均匀性差，汽车车身美观变差不协调，给人一种杂乱的感觉；故应选取适宜的间隙大小并保证其均匀性。间隙大小和均匀性取决于：①车身门框尺寸；②车门尺寸；③车门铰链尺寸。缝隙尺寸是由这三个尺寸相互配合形成的。在车身门框以及车门尺寸给定的基础之上，车门铰链的尺寸将影响缝隙的均匀和一致性。

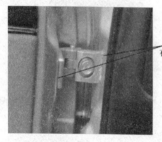

图8-17 车门铰链采用焊接与车门以及车身连接

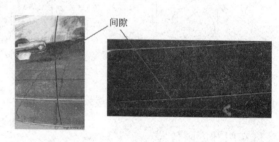

图8-18 车门边缘与车身间的间隙

因此，车门铰链与车门及车身之间的安装面一定要平整，如果是用螺栓连接的车门铰链，车身、车门件螺栓安装孔间的相对尺寸一定要达到必要的公差精度要求。

2）车门铰链要有一定的刚度

考虑到车门铰链需要承受车门的质量和开关门等其他力，在车门承受额外力时，车门位置会发生改变，如果车门位置改变较大，则影响外观。因此，车门铰链要有一定的刚度，在承受一定力作用时，车门位置的改变需限定在合理的范围内。

3）车门铰链要有一定的耐久性

由于汽车的使用有一定的质保期限，车门铰链也处于经常开合和磨损的工作状态，因此车门铰链要有一定的耐久性。车门铰链耐久性取决于其各功能部件磨损情况。影响车门铰链耐久性的主要因素有衬套、销轴的耐磨性。

4）车门铰链要有一定的强度

汽车受到侧向撞击时，车门会承受较大的撞击力量，车门铰链不能脱开而致使车门侵入乘员舱危害乘员安全。因此，车门受到撞击时，车门铰链承受的车门和车身之间的拉力时，车门不应脱开车身，应具有一定的强度。车门铰链的强度主要取决于销轴孔的壁厚、销轴的强度、车身以及车门件材料的强度等。

二、门锁装置

1. 车门锁装置的要求

(1)开启方便、锁止可靠。如坡道上应能方便开门,铰链倾斜时自动关闭车门,操纵内、外手柄能轻松打开。同时,门锁应有两挡锁紧位置——全锁紧和半锁紧、未锁紧报警(灯光或音响)等,且还应具备锁止机构。

(2)具有对车门运动的导向和定位作用。

(3)具有防误锁功能。

(4)满足强度要求。

图 8-19 所示是部分车门锁结构形式。

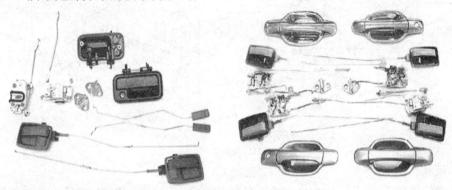

图 8-19 车门锁

2. 门锁的结构类型

车门锁的结构类型分为舌式、棘轮式和卡板式等。

1)舌式

舌式结构的车门锁开启快速、操作简单,是通过单一固定螺母安装在驱动螺栓末端或者用单个螺钉进行锁舌安装的车门锁,如图 8-20 所示。

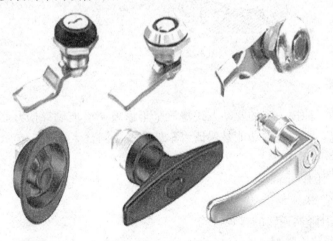

图 8-20 舌式车门锁

舌式车门锁结构简单,安装容易,对车门的装配精度要求不高。缺点是只有横向(开门方向)的定位,不能承受纵向载荷,可靠性差,且关门沉重、噪声大,锁舌与挡块易磨损,故在汽车上已较少采用。

2）棘轮式

棘轮式门锁轻便省力,结构可靠。特点是锁内部有一套由锁钩（棘爪）和棘轮组成的制楔机构。缺点是对棘轮和棘爪的啮合间隙要求严格,故对车门的安装精度要求较高,如图8-21所示。

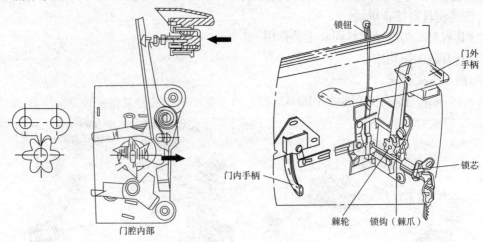

图 8-21　棘轮式车门锁

3）卡板式

卡板式门锁以U形卡板与车身立栓上的锁扣结合,原理同棘轮式,它既可承受纵向载荷,又能承受横向载荷,安全可靠,适用于各种车型,如图8-22 所示。

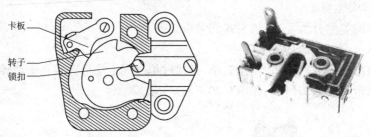

图 8-22　卡板式车门锁

三、玻璃升降器

玻璃升降器是一种按一定的驱动方式将汽车车窗玻璃沿玻璃导槽升起或下降,并能停留在任意位置的装置。它的基本功能是保证汽车玻璃灵活调整。

1．玻璃升降器的要求

(1)升降平稳,工作可靠。

(2)操纵轻便省力。

(3)具有防止升降器逆转的自锁机构。

2．玻璃升降器结构类型

玻璃升降器作为车门附件,其作用是保证车门玻璃平稳升降、门窗能随时并顺利地开启和关闭,并能使玻璃停留在任意位置,不随外力作用或汽车的颠簸而上下跳动。因此要求玻璃升降器结构可靠、操纵轻便省力,并需有防止玻璃升降器倒转的制动装置。主要结构类型有：

1) 臂式玻璃升降器

臂式玻璃升降器的传动机构为齿轮齿板啮合传动,除齿轮外其主要构件均为板式结构,加工方便,成本低,在目前国内车辆上使用较为普遍。但由于其采用悬臂式支撑结构及齿轮齿板机构,故工作阻力较大。下面主要以单臂式和双臂式玻璃升降器进行说明。

单臂式玻璃升降器的结构如图8-23所示。其特点是只有一个升降臂,只有一个活动的滚子,也就是说只有一个支撑点。因此,升降臂支撑点与玻璃质心之间的相对位置经常变化,玻璃升降时,稳定性较差,容易会产生倾斜、卡滞。这种简单的升降器结构只适用于玻璃较为规则、两侧为平行直边、玻璃质量较小的情况。

双臂式玻璃升降器,有两种结构形式,一种是两个臂相平行,称为平行臂式升降器;另一种是两个臂互相交叉,称为叉臂式玻璃升降器。目前使用最广的是叉臂式玻璃升降器,如图8-24所示。叉臂式升降器与单臂式玻璃升降器相比,叉臂式玻璃升降器本身有一个活动的支撑滚子和两个提升滚子,这样可保证玻璃平行升降,提升力也比较大。叉臂式玻璃升降器制造工艺简单,对车门的兼容性很强,也就是说,一个升降器可以布置在不同的车型的车门上,可以平台化生产。因此,这种结构的玻璃升降器被广泛应用。

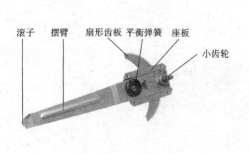

图8-23 单臂式玻璃升降器

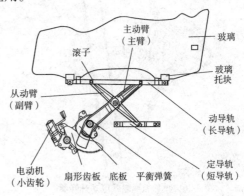

图8-24 叉臂式玻璃升降器

2) 钢丝绳式玻璃升降器

钢丝绳式玻璃升降器有单导轨和双导轨两种,单导轨玻璃升降器结构简图如图8-25所示。它的工作特点是,通过小齿轮转动绕有钢丝绳的卷丝筒,从而带动钢丝绳,钢丝绳通过导槽的两个滑轮定位后,带动滑块上下滑动,而实现玻璃的升降运动。钢丝绳的松紧度可用张紧轮进行调节。

3) 电动玻璃升降器

电动玻璃升降器主要是由升降器机构和电动机两大部分组成。其动作原理是通过电动机的输出轴→传

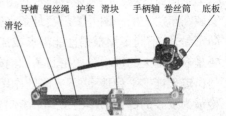

图8-25 单导轨钢丝绳式玻璃升降器

动机构,将电动机的旋转运动变成滑块或动导轨的上下运动,以实现车门玻璃升降运动。升降器的电动机是双向的,通过开关控制电流方向,使其顺转或逆转,以达到玻窗的上升或下降的目的。但在各种形式的电动门窗升降器中,其电动机结构形式大同小异,一般均为永磁式直流电动机(并带有蜗杆减速装置)。

图8-26是单导轨电动玻璃升降器结构简图。它主要由电动机、钢丝绳部件、卷丝筒、滑轮、导槽、滑块、调整弹簧等组成。当升降器电动机作顺时针或逆时针旋转时,电动机输出轴经蜗轮

蜗杆减速带动卷丝筒正反向旋转。卷丝筒又带动与钢丝绳相连的滑块,使滑块沿着导槽作上下运动,而滑块上固定着车门玻璃,从而使玻璃上升或下降。为了提高该装置的机械效率,减少摩擦损耗,在钢丝绳与导槽摩擦面上须涂上润滑脂,在导槽上下端钢丝转向处装有工程塑料制作的滑轮,一方面减少了钢丝运动时的摩擦,同时增加了钢丝折弯的曲率半径,延长了钢丝使用寿命。调整弹簧的作用是消除钢丝使用中被拉长而造成的松弛现象,保证了升降器的可靠工作。

为了玻璃升降的稳定,滑块应与车窗玻璃的重心处相连接。在车窗玻璃较宽且形状不规则,或者车门中只有一边玻璃导向槽时,单导轨结构就很难满足玻璃升降稳定性的要求。因此,又出现了双导轨绳轮式电动升降器的结构。图8-27是这种结构示意图。与单导轨相比仅多了一套导槽机构和滑块,两个滑块与玻璃连接点的距离拉开了。因此,玻璃升降时的稳定性可以大大提高了。汽车前门窗,采用这种结构的较多。

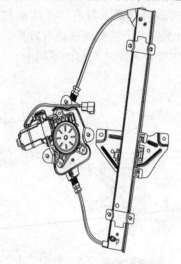

图 8-26 单导轨绳轮式电动升降器

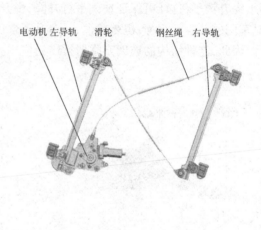

图 8-27 单导轨绳轮式电动升降器

四、车门密封系统

车门的密封系统主要针对两个区域:一个是门洞区域(车门侧围部分的孔洞)的密封,另一个是门窗区域。门洞区域的密封主要是靠安装在侧围门洞翻边上的一圈内侧门密封条或是安装在车门上的一圈外侧门密封条来密封整个门洞。有些车型两圈密封条都有,有些只用一圈密封条,不同车型根据性能需求或成本目标来选取采用何种密封策略。门窗区域的密封主要是靠窗框上的玻璃导槽密封条和内外侧两根窗台密封条来实现密封,它们同时还要起到使门窗玻璃能够平稳地上、下升降的作用,通常玻璃导槽密封条是整车密封系统中要求最高、结构最为复杂的部件。车门密封系统起到防止雨水、灰尘侵入车内的作用,同时在开关车门时起缓冲作用,在汽车行驶时防止车门振响。

1. 车门密封的结构形式

1) 全尺寸内外板车门密封结构

针对这种车门钣金所采用的密封系统结构一般比较简单。由于玻璃导槽密封条是嵌在隐藏于车门内的窗导轨中的,有较好的隐蔽性,密封条外露部分比较少,对密封条的外观要求比较低。在一些经济型汽车上,车门窗框导轨的两个顶角被设计成半径比较大的圆角,这样可以将导槽密封条设计成只用一种断面而且不需要接角的结构,例如 OPEL CORSA、标致206车型就采用这种形式,密封条的成本可以大大降低。

2) 滚压窗框车门密封结构

滚压窗框结构采用的密封系统如图 8-28b) 所示,通常采用两圈门密封条,外侧门密封条安装在门上,它的压缩面来自于侧围外板,整个一圈压缩面比较光滑,并且与密封条的安装面重合得比较好。外侧门密封条将起到主密封作用,其形状和结构通常比较复杂。外侧门密封条窗台以上的部分通过嵌入窗框上的沟槽进行固定,窗台以下的部分通过装在密封条上的塑料扣钉卡在门内板上一排相间隔的圆孔内实施固定。由于窗框的几段导轨在拼焊连接处均是尖角,这几个部位需要接角过渡。内侧门密封条安装在侧围的门洞翻边上,它的压缩面来自于车门整体,有时一圈压缩面并非来自于一个零件,可能一部分来自于钣金、一部分来自于门内饰件,几个零件的过渡区域和窗框与门内板的焊痕都会导致压缩面不光顺,并且安装面与压缩面的重合性不好,所以它只是起辅助密封作用。玻璃导槽密封条是传统结构,同样因为密封条是嵌在车门钣金内的,可视部分较少,所以外观要求不高。

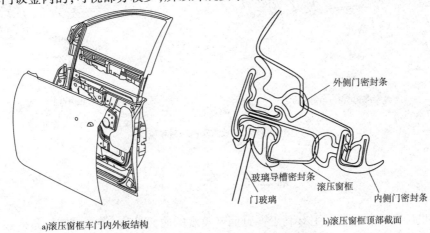

a) 滚压窗框车门内外板结构　　　b) 滚压窗框顶部截面

图 8-28　滚压窗框车门结构及其密封系统

3) 半开放式车门密封结构

通常在这种结构的车门密封系统中,玻璃导槽密封条的结构将变得很复杂,不仅要有密封、导向玻璃的作用,还要有外观装饰的作用。由于没有窗框外框,对玻璃导槽密封条而言,外侧没有钣金箍住密封条,顶部密封条的外侧完全暴露于车外,要求密封条本身要具有一定的刚性,这可以通过内嵌骨架或使用硬度较高的材料实现。图 8-29 显示了两种不同的密封条截面设计。图 8-29a) 所示采用在密封条中嵌入金属骨架,靠骨架的刚性夹持在钣金翻边上,固定住密封条;图 8-29b) 所示则是将密封条卡在钣金或内饰板的钩子上,起到固定作用。半开放式车门密封结构的玻璃导槽密封条的截面形状比传统截面复杂很多,增加了设计难度和制造难度,作为外观件,质量要求和外观要求也大大提高,大大地增加了密封条的成本。由于这种结构的车门在门窗区域的外观装饰效果比较好,目前被越来越多的欧美车系所采用,比如大众的帕萨特 B5、迈腾、福特的新蒙迪欧和上汽通用的新君威等。

2. 车门密封系统的发展趋势

随着对车身外观和密封性能要求的越来越高,以及密封条制造工艺和模具水平的提高,车门密封系统呈现出一些新的设计趋势:

(1) 对车门分缝线做密封处理,既可以减少风噪又能达到更好的外观效果。

(2) 密封条集成化程度越来越高。现在有很多设计把三角窗、三角窗导轨和玻璃导槽密封条做成一体,有些甚至把窗台外侧密封条也集成进来形成一个零件,这样可以减少多个单件匹配产生的尺寸偏差,提高了装配效率,同时得到更好的外观效果。

(3)节能和环保要求在密封条设计中逐渐被重视。传统的密封条使用的橡胶材料硫化后不利于废料的回收处理,一种新的材料 TPE/TPV 正在密封条行业被推广应用。这种材料容易实现回收再利用,而且其密度比橡胶更小,能够降低密封条的质量。

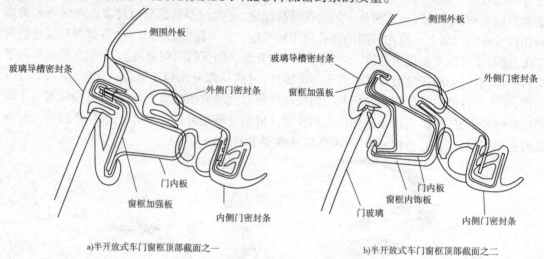

图 8-29 半开放式车门密封系统

第三节 车　　窗

汽车的前、后风窗通常采用有利于视野而又美观的曲面玻璃,借橡胶密封条嵌在窗框上或用专门的黏合剂固定在窗框上。为便于自然通风,汽车的侧窗玻璃通常可上、下或前、后移动,在玻璃与导轨之间装有密封条。侧窗玻璃采用降热层或茶色可使乘员舱内保温并具有安闲宁静的舒适感。具有完善的冷气、暖气、通风及空调设备的高级客车常常将侧窗玻璃设计成全封闭的,以提高车身的密封性。

一、前后风窗

汽车的前后风窗通常采用有利于视野而又美观的曲面玻璃。前风窗多采用曲面全景玻璃,扩大视野,但曲面玻璃会导致物像及人像偏离和重影(由于光线的折射和反射),故玻璃曲率半径不宜太小。曲面玻璃又可分单曲面和双曲面,双曲面玻璃显得更加饱满、圆润,但制造费用较高。轿车及豪华大型客车前风窗多采用双曲面玻璃,公交客车及货车驾驶室多采用单曲面玻璃或平面玻璃。

现代汽车前车窗广泛采用较安全的夹层玻璃。若采用普通玻璃,车窗玻璃在撞车破碎时容易刺伤乘员。树脂车窗打碎时虽很安全,但车窗上容易产生划痕,光反射紊乱,像磨花玻璃那样影响视野。钢化玻璃当尖锐物刺伤某一部分时,整张玻璃便出现裂纹,破裂的裂纹非常细密,容易丧失视野或整块脱落。因此,车前窗多采用夹层玻璃。夹层玻璃中间夹有树脂薄膜,具有较高冲击强度,受冲击后只是产生蜘蛛网状的裂纹,不像钢化玻璃那样丧失视野。中间的树脂膜可防止玻璃碎片的飞溅,减少了玻璃破裂后对乘员的二次伤害。

后风窗多采用平面玻璃,也有采用曲面玻璃。后车窗可用钢化玻璃。

二、侧窗

汽车的侧窗玻璃有升降式、推拉式和全密封式,如图 8-30 所示。

a)升降窗　　　　　　　　b)推拉窗　　　　　　　　c)全封闭窗

图 8-30　侧车窗的结构形式

1. 升降式

升降式侧窗玻璃一般由玻璃升降器来控制玻璃升降,玻璃窗开度大,有利于通风。但由于玻璃和窗框之间有较大的间隙,雨水流入会加速锈蚀,同时增加壁厚,故在客车上已很少采用。侧窗玻璃上、下移动时,在车门内安装有手动或电动玻璃升降器。手动是用手摇动车门内侧的手柄,使玻璃升降器工作。电动是在升降器内装有小型电动机,通过开关操作可开闭车窗。

2. 推拉式

推拉式侧窗玻璃在铝型材的滑槽中往复移动。又可分为有内框和无内框两种。优点是窗框和玻璃滑槽密封性好,不影响侧围骨架,缺点是最大开度仅为侧窗面积的一半,通风量小。

3. 全封闭式

全封闭式侧窗与空调和强制通风系统相配合,车内容易达到较理想的空调效果。但是,一旦空调出故障,车内的乘坐条件就可能变得很恶劣。

三、玻璃结构

汽车用玻璃分两类:钢化玻璃和夹层玻璃。

钢化玻璃是将普通玻璃加热到高温,而后用压缩空气使玻璃表面急剧冷却,如此经过淬火的玻璃,其强度大为提高,而且由于玻璃表面形成残余应力层,当玻璃受力超过抗张强度时首先从内层开始破裂,使玻璃碎成无锋边缘的小块,飞出的动能很小。钢化玻璃又可分为整体钢化玻璃和局部钢化玻璃两种。整体钢化玻璃由于在破碎的瞬间玻璃会失去透明度,玻璃的失透性使驾驶员无法辨认方向,很不安全。

夹层玻璃是将两层普通玻璃板用聚甲基丙烯酸甲酯(HPR)或其他透明塑料薄膜热压而成。玻璃破碎时不会造成整块玻璃变成碎块而影响视野。薄膜还能吸收撞击时的剩余能量,因而能减少伤亡。

第四节　车窗的附件

车窗附件包括刮水器和车窗清洗器等部件,是保持车窗清洁的必要附件。

一、刮水器

刮水器的作用是刮掉附着在前风窗玻璃上的水滴或脏污,确保驾驶员的视野,擦刮不净会形成一层不均匀的水膜扰乱光的反射。

刮水器主要包括刮水器臂、刮水片以及刮水器的传动机构,如图 8-31 所示。

1. 刮水器臂和刮水片

直接刮拭车窗玻璃的橡胶片称为刮水片,支撑刮水片的零件称为刮水器臂。刮水器臂倒下时,靠弹簧力使刮水片压紧在车窗玻璃上,提高刮水能力。

2. 刮水器的传动机构

刮水器靠电动机驱动,电动机的旋转运动被转换为连接在刮水器臂上的连杆的往复运动,使刮水器臂以杆轴为中心做扇形运动。由于左、右刮水器用连杆连接,故左、右刮水器臂是连动的。刮水器中一般都装有根据雨量和行驶速度来转换运动速度的机构,通常包括高速、低速和间隙式三种运动方式。刮水器中还带有可使刮水器臂停止在刮拭范围最下端的机构。

二、车窗清洗器

当仅用刮水器刮拭车窗不能保证视野时,可借助于清洗器冲洗。清洗器是目前汽车上很普通的装置,它由储水箱、水泵、输水管、喷水嘴组成。其中,储水箱一般是 1.5~2L 的塑料罐,水泵是一种微型电动潜水泵,通过它将储水箱专用的清洗剂输向喷水嘴,经 2~4 个喷水嘴的挤压作用将清洗剂分成细小的射流喷向玻璃,配合刮水器起到清洁车窗玻璃的作用,如图 8-32 所示。

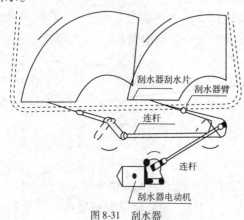

图 8-31 刮水器　　　　图 8-32 车窗清洗器喷水嘴

第九章 座椅设计

座椅是汽车的主要功能件之一。座椅的舒适性在车辆的个性化设计中非常重要,同时也是保障车辆安全性能的一部分。设计合理的汽车座椅能为驾乘人员提供安全、舒适、便于操纵和不易疲劳的驾乘感受。汽车技术的飞速发展和人们对汽车各方面性能要求的提高,对汽车座椅的要求也在不断提高。

第一节 汽车座椅的类型

根据结构、用途及驾乘人员的不同,汽车座椅分为固定座椅和旋转座椅、可调节座椅和不可调节座椅、可翻转座椅和不可翻转座椅、带减振的悬架座椅和不带减振的汽车座椅以及专用汽车座椅等。其中,悬架座椅又可分机械悬架座椅和空气悬架座椅,可调节座椅又分为机械调节座椅、气动调节座椅和电动调节座椅等。

座椅按结构形式可分为:整体式(坐垫、靠背一体)、分体式(坐垫、靠背分开)、戽斗式、长凳式。

座椅按乘员数可分为:单人、双人、多人。

座椅按功能可分为:驾驶员座、乘务员座、乘客座、附加座。

汽车座椅类型如图9-1所示。

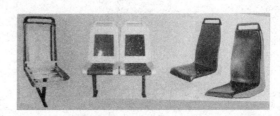

图9-1 汽车座椅的类型

第二节 汽车座椅设计的要求

一、座椅的人机工程学要求

(1)各部位贴合感:要求座椅靠背和坐垫的形状与人体背部、臀部及大腿底面的形状相贴合。贴合感强的座椅将有利于改进接触面积和部位。

(2)横向稳定性:汽车转弯时,人体承受横向加速度,为了提高乘员的身体保持性,要求座椅的侧面稍加高,以便两胯和大腿部能提供身体侧向支撑。

(3)背部和腰部的合理支撑:汽车座椅设计时应提供形状和位置适宜的两点支撑,第一支撑位于人体第5~第6胸椎之间的高度上,作为肩靠,能减轻颈曲变形;第二支撑设置在腰曲部位,作为腰靠,保证在乘坐姿势下近似于正常的腰曲弧线。

(4)各部位合适的软硬感:座椅最重要的作用是支撑乘员的身体,不能只是一把安乐椅,表面硬一些的座椅不易使人疲劳,但与身体不是特别贴合的硬座椅会压迫身体的某一部分,使疲劳感倍增。

二、座椅设计的基本原则

汽车座椅设计是一项复杂的系统工程,它涉及机械、化工、纺织、喷涂、热处理、美学、力学、人体工程学等多门学科,设计时应依据人体工程学原理综合考虑座椅的舒适性、减振性、安全性以及座椅的合理布置,此外,还要考虑人体生理特征及尺寸,进行量身定做,以提高座椅的乘坐舒适性。

1. 安全

设计时首先要绝对保证驾乘者的安全,这就要求座椅要有足够的强度,在发生碰撞时,座椅不会或可以减轻对乘坐者造成伤害,并能起到一定的保护作用。

2. 操纵方便

座椅还需操纵方便,调整手柄和按钮的布置必须在驾乘者伸手可及的位置,并符合常人的习惯且操纵力适中。

3. 乘坐舒适

座椅必须能使乘客保持良好的坐姿,如图9-2所示,使其脊柱自然弯曲,保证合理的体压分布,并使其肌肉松弛,上体通向大腿的血管不受压迫,血液循环正常;并具有腰椎依托感、腰背部贴和感和侧向稳定感。能有效隔离或衰减路面不平产生的振动,满足大多数驾乘者坐姿舒适性的要求。

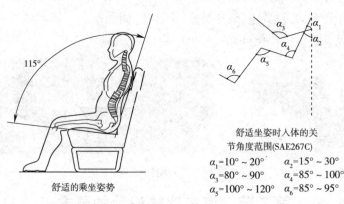

舒适坐姿时人体的关节角度范围(SAE267C)
$\alpha_1 = 10° \sim 20°$ $\alpha_2 = 15° \sim 30°$
$\alpha_3 = 80° \sim 90°$ $\alpha_4 = 85° \sim 100°$
$\alpha_5 = 100° \sim 120°$ $\alpha_6 = 85° \sim 95°$

图9-2 舒适的乘坐姿势

三、对座椅设计的要求

(1)具有良好的静态特性。即座椅的尺寸和形状应使人体具有舒适的坐姿,良好的体压分布,触感良好,透气,并能适当调好尺寸和位置,以保证乘坐稳定、舒适、操作方便、视野良好。

(2)具有良好的动态特性。能缓和与衰减由车身传来的冲击和振动,保证驾驶员极长时间工作而不疲劳,乘员舒适。

(3)足够的强度、刚度、寿命和安全性,不早期损坏(包括面料),不能有硬突。

(4)结构合理、美观大方。包括良好的制造工艺性,减轻质量,降低成本。

四、座椅的静态特性

座椅的静态特性是指座椅的结构形式、几何参数、人体接触坐垫和靠背的体压分布以及由此而形成的受载轮廓等技术参数对乘坐舒适性影响的特性。

1. 人体的舒适乘坐姿势

当使乘坐者的腰曲弧形保持正常、腰背部肌肉处于松弛状态、从腹部通向大腿的血管不受压迫、保持血液循环正常，则可获得舒适的乘坐姿势。

2. 舒适乘坐姿势时的体压分布

根据"人体工程学"的研究，最舒适的乘坐姿势时的体压分布应保证：

（1）人体的大部分质量应以较大的支撑面积、较小的单位压力合理地分布到坐垫和靠背上。

（2）压力分布从小到大平滑过渡，避免突然变化，舒适体压分布如图9-3所示。其中，靠背要求以肩胛骨和腰椎骨两部位的压力最高，这就是所谓的"两点支撑"。肩靠主要给乘员上身提供可靠支撑，腰垫则保持乘员的腰曲弧形，避免腰肌劳损。对乘客座椅来说，应着重于肩靠的设计，对驾驶员座椅则应着重于腰垫的设计。

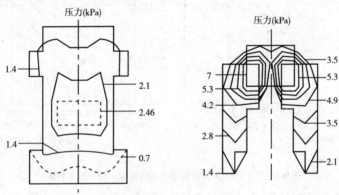

图9-3 舒适乘坐姿势时的体压分布

（3）坐垫应使坐骨部分承受的压力最高，由坐骨周围扩展到臀部外围压力逐渐降低，直接与坐垫接触的大腿下表面的压力应处于最低值，以避免压迫血管造成不适。

此外，运动型座椅还需强调乘员侧面的支撑作用。

五、座椅的动态特性

汽车座椅与普通家庭座椅的区别主要在于普通家用座椅持续乘坐时间不长，可以随意改变乘坐姿势，有较宽敞的活动空间，且处于静止状态；而汽车座椅是处于振动环境中，由于车内空间有限，不宜随便改变乘坐姿势或站立活动，特别是长途汽车，持续乘坐时间长，乘客处于由路面通过轮轴系统、悬架系统传至车身内的振动环境中。因此，汽车设计人员必须合理选择座椅的静态参数和动态特性，才能为乘客提供舒适的乘坐条件。

1. 影响舒适的振动参数

人体对振动的反映与人的身体素质、性别、年龄以及生理和心理状况有关，如身体好的年轻人对振动的反应小一些，而身体较差的老年人对振动的反映大一些，心情轻松、愉快时对振动的反应小一些，心情紧张，沮丧时对振动的反应大一些等。再比如有些车型，男士乘坐舒适，而女士会感觉晕车,这也就说明不同性别的人对振动的反应也是不同的。但是,大量的统计资料表明,人体对振动的反应也存在共性因素。即人体对振动的反应与振动加速度大小、振动持续时间、振动频率、振动的方向有关。

振动加速度越大、表明振动越剧烈,乘客的反应越大;人体对不同频率的振动有不同的反应。这种关系在国际标准 ISO 2631-1:1985 中已列图表表明。图 9-4 中横坐标为振动频率,其数值为 1/3 倍频程中心频率,它是由频率分析的滤波器带宽决定的。纵坐标为振动加速度大小。图 9-4 中的曲线束表示的是人体在各振动频率下持续一定时间而不感觉疲劳的加速度许可值曲线。如标有 1h 的曲线表示加速度少于曲线对应值时,人们能承受持续 1h 的振动而不感觉疲劳。由图 9-4 可以发现,人体耐受垂直振动时在 4~8Hz 所允许的加速度值最小,即 4~8Hz 的振动为人体最敏感、最不舒适的频率范围的振动。

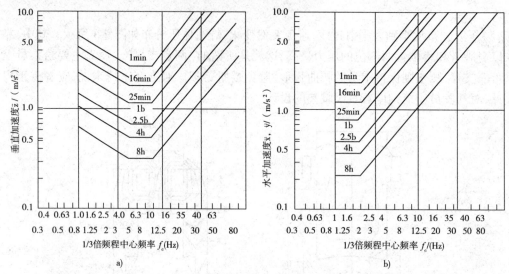

图 9-4 ISO 2361 人体对振动反应的疲劳—降低效率界限

根据人体承受水平振动时的统计结果可知,人体承受水平振动的敏感频率范围为 1~2Hz,有关垂直振动和水平振动的综合评价方法正处于研究中,目前评价舒适性好坏仍主要依据垂直振动来进行。既然乘客的乘坐舒适性与乘客所承受的振动加速度和振动频率等参数有关,那么,坐垫的哪些参数将影响到乘客所承受的振动加速度大小和振动频率特性呢?以人体与座椅构成的单质量系统模型为例,由图 9-5 可知,在地板振动激励的作用下,影响质块振动加速度大小的参数为质块的质量 m,弹簧的刚度 k 及阻尼系数 c。其中,质块的质量 m 通常取标准人体质量 65kg 来进行计算,因此,决定系统振动特性的参数就剩下 k、c 两个。

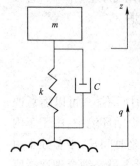

图 9-5 车身单质量系统模型

其中,刚度 k 决定了系统的固有频率,从振动理论可知:

$$f_0 = \frac{1}{2\pi}\sqrt{\frac{k}{m}}$$

阻尼系数 c 决定了系统对振动的衰减性。振动理论中一般用相对阻尼系数 ξ 来评价,两者之间的关系为

$$\xi = \frac{k}{2\sqrt{cm}}$$

座椅系统简化后就是这样一个振动系统。因此,座椅坐垫的刚度及阻尼系数就是座椅系统的两个关键的动态特性参数,如何选择座椅坐垫的刚度及阻尼系数就决定了座椅的动态舒适性好坏。

2. 座椅坐垫的刚度及阻尼系数的选取

图 9-6 为单自由度系统的振动传递特性。其横坐标表示振动频率与系统固有频率的比值,纵坐标表示传递率,传递率也就是系统的振动输出与输入之比,传递大于 1 则表明系统中输出比输入大,振动被放大,传递率小于 1 则表明系统的振动输出比输入少,振动被衰减。由图 9-6 可知,当激振频率与结构系统的固有频率相同时,系统将发生共振,振动将被明显放大。f/f_0 在 $0.75 \sim \sqrt{2}$ 范围为共振区;而当 $f/f_0 > \sqrt{2}$ 则为减振区。在共振区,ξ 越大则振动衰减越大,而在减振区,ξ 越大则振动衰减越小。如上所述,人体最敏感的振动频率为 $4 \sim 8Hz$,因此,选择坐垫刚度时,必须尽量减少由座椅传至人体的 $4 \sim 8Hz$ 频带的振动加速度大小,也就是要使 $4 \sim 8Hz$ 的振动处于振动衰减区。将 f 取 $4Hz$ 代入,则固有频率 f_0 应设计为 $<2.8Hz$,即应使乘客与坐垫形成的振动系统的固有频率小于 $2.8Hz$。这就要求坐垫设计时应减小坐垫刚度。但是,坐垫刚度是不是越小越好呢?并不是这样,因为:

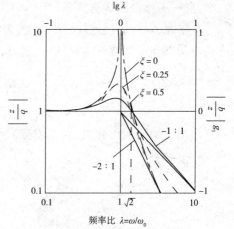

图 9-6 单自由度系统的振动传递特性

(1)坐垫刚度减小会使得振幅加大,静挠度加大,座椅不便布置。

(2)刚度太小将在冲击作用下因坐垫可能压死而将冲击载荷传至人体。

(3)过低频率的振动(1Hz 及以下)将会使人有在海轮上产生的晕船类似的感觉,造成呕吐、晕车等不适。

因此,坐垫刚度的选择有一个最佳范围,这也就是坐垫刚度的设计原则,即:应使人体与坐垫形成的振动系统的固有频率处于 $2 \sim 3Hz$ 的范围内。代入频率计算公式,m 取标准人体质量 $65km$,则刚度 k 的大小应取为 $102.5 \sim 230N/m$。

相对阻尼系数大,可以有效抑制共振峰值的大小,但对衰减振动的效果较差。为了综合考虑,其值不宜过大也不宜过小。试验统计结果表明,ξ 取 $0.25 \sim 0.3$ 比较合适,具体车型其值大小有所差异。对于轿车,由于悬架系统较软,传至车身的低频振动能量较大,故 ξ 可适当增加,而对货车和大型客车,由于悬架系统较硬,故 ξ 可取得稍小以降低高频振动能量。

3. 坐垫的刚度和阻尼系数的实现

老式的汽车座椅是在座椅上安装各种螺旋弹簧、蛇形弹簧或拉簧来实现刚度要求,再用布套将螺旋弹簧包起来,当弹簧变形时使得空气在布套内外进出,从而实现阻尼的要求。现在的汽车座椅取消了螺旋弹簧,采用泡沫塑料来实现对刚度和阻尼系数的要求。泡沫塑料的刚度取决于泡沫塑料的发泡密度。密度大,则刚度大。泡沫塑料的阻尼大小取决于泡沫塑料中的空气孔的多少、形状等。因此,设计人员根据坐垫刚度和阻尼系数的要求,合理设计泡沫塑料的发泡密度和容量,或采用不同密度的泡沫组合,即可实现对坐垫动态参数的优化选择的要求。

4. 座椅的动态特性的评价

为了简便地评价各种座椅的动态特性好坏,20 世纪 80 年代初期有人提出用座椅的"乘坐舒适性数"R 来评价,即

$$R = \frac{K_0}{ABF_n}$$

式中：K_0——座椅的舒适性常数,对不同的座椅有不同的推荐值,估计时可取 $K_0 = 1$;
A——对应座椅共振频率的振动传递率;
B——对应 10Hz 左右的振动传递率;
F_n——座椅的固有频率。

R 越大,则舒适性越好。R 越大,表明 A 或 B 越小,即座椅对高频或低频振动的传递率小,人体承受的振动加速度也就越小,所以,舒适性好。

第三节 汽车座椅的结构

汽车座椅一般由骨架(包括支腿)、坐垫、靠背和调节装置等组成。如图 9-7、图 9-8 所示。

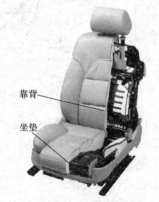

图 9-7 座椅内部结构

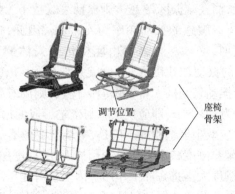

图 9-8 汽车座椅的组成

骨架一般为钢管或钢板焊接而成,在一些高级座椅中,骨架上还装有各种弹性元件,如蛇形弹簧板等,如图 9-9 所示。

坐垫和靠背由弹性元件和外蒙皮组成,老式座椅弹性元件为弹簧,新式座椅弹性元件为树脂泡沫塑料。

外蒙皮根据不同档次可选用人造革、棉、毛织品和真皮制品等,如图 9-10 所示。人造革织品成本低、易清洗,但不透气;棉、毛织品舒适性好,但易脏,不易护理;真皮制品透气性好、质感好,但不易护理、成本高等。

图 9-9 汽车座椅骨架

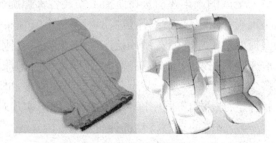

图 9-10 汽车座椅外蒙皮

座椅的调节装置包括前后调节、上下调节、靠背角度调节等基本调节装置,座椅还可根据需要实现头枕调节、腰垫调节、坐垫调节等,并可由电动机驱动。

第四节 汽车座椅主要部件的设计

座椅部件主要包括坐垫、靠背、头枕、骨架、蒙皮、减振机构、调节机构等。设计原则的依据是:坐垫、靠背的造型和曲线应与人体放松状态下的背部曲线和臀部曲线相吻合,能支撑到腰椎部位,不会因血液循环不良而引起肢体麻木,长时间乘坐不易感到疲劳;骨架及各机构应能满足强度(安全)要求和使用要求,通过对座椅的前后上下、靠背的倾斜角度、头枕前后上下等位置的有限调节,使大部分人处于舒适状态。

一、靠背

靠背的设计主要包括强度设计和造型设计,设计时应使靠背的高度、形状符合人体曲线,使背部肌肉处于放松状态,并能给背部、肩部有效可靠的支撑,使驾驶员保持稳定的坐姿,还要有足够的侧背支撑,从而减少高速转弯时的横向滑动。设计时,靠背的高度和宽度一般分别为600mm 和 480mm。不同的靠背倾角会导致不同的椎间盘内压力及背部肌肉负荷。当靠背倾角超过110°时,椎间盘压力显著减小,所以设计时应考虑合理的靠背倾角。为了提高舒适性,满足驾乘人员在休息时的需求,靠背倾角应为可调式,并且调整范围尽可能大。一般载货汽车为100°~115°,大型客车为95°~135°,轿车为80°~170°。

此外,腰部支撑和扶手也可以减少椎间盘的压力。设计时,腰部支撑要有一定厚度、硬度和透气性,确保乘坐人员的体重能够均匀地分布于坐骨结节区域。腰部支撑的位置应处于第3~第5腰椎部位,且支撑厚度以5 cm左右为宜。腰部支撑分机械支撑和空气支撑。机械支撑是通过机械装置支撑人体,支撑部位刚度较大,舒适性差。空气支撑是用空气气囊来支撑人体,通过气囊控制阀控制气囊的充放气,使腰部得到良好的保护和有效支撑。腰支撑气囊一般采用厚度为0.4~0.8mm的聚氨酯板经高频焊接而成,具有工艺简单、成本低、耐磨性好、耐老化、使用寿命长等特点,目前已得到推广应用。腰支撑气囊控制阀除可以控制气囊的进排气外,还能起溢流保护的作用,即当气囊内压力超过气囊的额定压力时,气囊控制阀溢流卸压,保证气囊的安全使用。座椅扶手的安装位置应符合人体坐姿时肘部的高度尺寸,一般安装在距坐垫水平面高250 mm处。座椅扶手有固定式、角度可调式和可翻转式,可翻转式又有横向翻转式和纵向翻转式。

二、坐垫

坐垫设计主要是坐垫深度和坐垫倾角的确定。坐垫深度的设计原则是在充分利用靠背的情况下,使臀部得到合理支撑。人体在坐姿状态下,坐骨与小腿足部构成稳定的人体支撑。坐垫深度过大时,造成人体躯干相对前移,腰部得不到良好的支撑,引起疲劳;坐垫深度过小时,会因大腿得不到良好的支撑而感到不舒适。因此,坐垫的深度应按臀部至大腿下表面全长3/4设计,一般取400~480mm。坐垫的倾角应兼顾安全性和舒适性,一般为2°~10°。

三、头枕

头枕是为提高汽车乘坐舒适性和安全性而设置的一种辅助装置。头枕的主要作用除休息时支撑头部外,还要保障行车时的安全。一旦汽车发生追尾碰撞,颈椎会受到很大的加速度冲击而容易受伤害。有了头枕的承托,可以减少头部自由移动的空间,降低对颈椎的冲击力,起到避免或减轻乘员头部受伤的作用。按照国家标准,汽车座椅头枕属汽车整车强制认证检测项目之一,汽车前排座椅应装有头枕。头枕要起到保护颈椎的作用。正确的安装位置十分重要,头枕应该安装在至少与耳朵上缘平齐的地方,后脑与头枕之间的距离最好不要超过10cm。

四、座椅蒙皮

座椅蒙皮是包裹在座椅总成表面的一层材料,它直接与乘员接触,既对座椅泡沫有保护作用,同时又可直接体现设计者的设计意图。座椅蒙皮必须阻燃,其燃烧特性必须符合《汽车内饰材料的燃烧特性》(GB 8410—1994)要求。

五、泡沫软垫

目前坐垫、靠背缓冲用的软垫基本上是由软质聚氨酯泡沫塑料发泡而成,在汽车上应用较多的是高回弹软质聚氨酯泡沫塑料。考虑到座椅的舒适性和人体坐姿时的体压分布,需将泡沫软垫的密度设计为不同,即"软硬兼施"。主要生产方法有两种:

一是拼接法,将坐垫前端与大腿接触的部分用低硬度泡沫塑料,与坐骨处接触的部分用中硬度泡沫塑料,下部及两侧用高硬度泡沫塑料。这种方法工艺繁杂且效率低,一般极少采用。

二是嵌件法,如图9-11所示,在浇注软垫时,在模具中相应部放入高密度泡沫塑料嵌件,然后在周围浇注低密度泡沫塑料。这种方法可以解决体压分布和横向支撑问题,并且工艺适合批量生产。

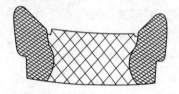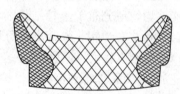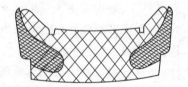

图9-11 嵌件法坐垫横截面

六、座椅骨架

座椅骨架必须能够承受一定的载荷,在正常使用和法规规定的碰撞条件下不应该发生较大的变形或损坏。通常所指的座椅强度其实就是座椅骨架的强度,它属于汽车整车强制认证检测项目之一,应符合《汽车座椅系统强度要求及实验方法》(GB 15083—1994)的规定。靠背及坐垫骨架的形状,应以能满足人体生理特征、给驾驶员提供安全和有效支撑为目的进行设计。

参 考 文 献

[1] 任金东. 汽车人机工程学[M]. 北京:北京大学出版社,2010.
[2] 温吾凡. 人体工程学在汽车设计中的应用[J]. 汽车工程,1988(01).
[3] 黄天泽,黄金陵. 汽车车身结构与设计[M]. 北京:机械工业出版社,1997.
[4] SAE J826-2008.《Devices for Use in Defining and Measuring Vehicle Seating Accommodation》.
[5] 占建云,任金东. 面向汽车布置设计的人体模型研究[J]. 汽车技术,2002.
[6] SAE J941.《Motor Vehicle Driver's Eye Range》.
[7] 杜子学,伍毅. SAE 眼椭圆和 RAMSIS 眼点在仪表板盲区校核上的比较[J]. 北京汽车. 2011(5):36-43.
[8] 朱燕辉,卢健涛. 眼椭圆在工程机械仪表板设计中的应用[J]. 机械制造与研究. 2006(2):31-34.
[9] Matthew P. Reed. An Eyellipse for Rear Seats with Fixed Seat Back Angles[J]. SAE 2011 World Congress & Exhibition. 2011
[10] SAE J1050-2003.《Describing and measuring the drivers field of view》.
[11] ISO 3958.《Passenger cars - Driver hand-control reach》.
[12] 吴佳林,孔军. 汽车后视镜盲区及预测方法[J]. 武汉理工大学学报. 2010.32(6).
[13] 李天兵. 基于人机工程学原理的汽车车身布置方法研究和利用[D]. 上海:同济大学,2002.
[14] 郭荣春,张华. 眼椭圆在汽车车身设计中的应用[J]. 农业装备与车辆工程. 2010(9).
[15] 杨宁. 汽车风窗玻璃刮净率校核方法的研究[J]. 现代机械. 2007(3).
[16] 任金东,范子杰,黄金陵. 数字人体模型技术及其在汽车人机工程设计中的应用综述[J]. 汽车工程. 2006(7).
[17] 陈波等. 基于 CATIA V5 的中国成年人数字人体模型研究[J]. 人类工效学. 2011(1).
[18] 黄金陵. 汽车车身设计[M]. 北京:机械工业出版社. 2007(9).
[19] 许苘. 浅谈汽车仪表反光及炫目校核[J]. 海峡科学. 2010(12).
[20] 汽车工程手册编辑委员会. 汽车工程手册-设计篇[M]. 北京:人民交通出版社,2001.
[21] 陈家瑞,马天飞. 汽车构造[M].5 版. 北京:人民交通出版社,2006.
[22] 黄天泽,黄金陵. 汽车车身结构与设计[M]. 北京:机械工业出版社,2000.
[23] 武田信之. 载货汽车设计[M]. 方泳龙译. 北京:人民交通出版社,1997.
[24] 周福庚,张林涛. 轻型载货汽车驾驶室翻转机构的结构特点及设计[J]. 农业装备与车辆工程,No.1 2008:13-19.
[25] 刘青,刘攀,吕应明. 人机工程学在机车驾驶室设计中的应用研究[J]. 机械研究与应用. 2006,19(4):28-30.